高职高专"十三五"规划教材

# 经济法教程

## （第二版）

主　编　刘艾莉

副主编　范丽丽　张云莉　桂严玲

　　　　程　宁　张隽旖　彭　爽

轻松下载教学资源
电子书在手，时时学

南京大学出版社

# 摘 要

《经济法教程》是一本贴近生活又不失法律真意的教科书。在体系安排上讲求实用性和逻辑性,并力求与会计师、注册会计师等经管类职业资格考试内容相衔接。教材共分为十六章,全面阐述了市场经济条件下经济生活中的基本市场运行规则。教材体系安排新颖,阐述深入浅出,设计了"知识目标"、"能力目标"、"典型案例"等专栏,从不同视角拓展教材的知识点,有利于学生更好地把握教材的重点和难点。每章都附有"章节小结",对教材内容进行系统总结,有利于学生对教材内容的总体把握,提高学习效果。

《经济法教程》适用非法学专业本科经济法课程教学,尤其是经管类院校的非法学专业,也可供高职高专、经济管理类干部培训、社会读者自学选用。

## 图书在版编目(CIP)数据

经济法教程 / 刘艾莉主编. -- 2 版. -- 南京:南京大学出版社,2017.11

高职高专"十三五"规划教材

ISBN 978 - 7 - 305 - 19551 - 8

Ⅰ. ①经… Ⅱ. ①刘… Ⅲ. ①经济法-中国-高等职业教育-教材 Ⅳ. ①D922.29

中国版本图书馆 CIP 数据核字(2017)第 267718 号

出版发行　南京大学出版社
社　　址　南京市汉口路 22 号　　　邮　编　210093
出 版 人　金鑫荣

丛 书 名　高职高专"十三五"规划教材
**书　　名**　**经济法教程(第二版)**
主　　编　刘艾莉
责任编辑　王大学　尤　佳　　　　编辑热线　025 - 83592123

照　　排　南京南琳图文制作有限公司
印　　刷　江苏扬中印刷有限公司
开　　本　787×1092　1/16　印张 16.5　字数 412 千
版　　次　2017 年 11 月第 1 版　2017 年 11 月第 1 次印刷
ISBN 978 - 7 - 305 - 19551 - 8
定　　价　42.00 元

网址:http://www.njupco.com
官方微博:http://weibo.com/njupco
官方微信号:njupress
销售咨询热线:(025)83594756

* 版权所有,侵权必究
* 凡购买南大版图书,如有印装质量问题,请与所购图书销售部门联系调换

# 前　言

经济法作为在现代市场经济条件下调整特定社会关系的法律规范,是国家法律体系的重要组成部分。经济法与民法、商法在调整范围和调整手段上长期存在争论。本书作为高职教材,抛开纯粹的理论争议,以财经类学生专业需求为指导方向,兼收民法、商法和传统经济法的内容,以适应高职院校的培养目标。同时在体系设计上兼顾与其他专业课程(尤其是财经类专业课)的衔接以及学生未来就业的发展方向,做到内容上和体系上的收放自如,既方便教师授课,也便于学生自学。

本教材面向高职高专财经类及相关专业,本着"必需、够用"的编写原则,以高职高专学生就业和持续学习所需的经济法专业知识为着眼点,在掌握一定经济法基础理论的基础上力求提高学生的实际应用能力。

**一、内容特色**

1. 在经济法基础知识部分简要介绍法学基础理论和本教材的知识模块,以方便学生总体把握教材内容;为以后具体内容的学习定好位。

2. 结合财经专业的教学需要对传统经济法教材的各个章节进行取舍,既照顾到学科体系的相对完整,更要考虑学生的兴趣和实际需要;同时结合财经专业的课程体系进行编排。

3. 在章节的安排上考虑各个章节之间的内在逻辑关系,便于教师授课,也易于学生理解和掌握。

4. 正文结束后附加典型案例及分析(尤其是真实案例)——这是最好的"实战演习"。

**二、形式特色**

1. 在绪论部分介绍经济法的学科定位和经济法的学习方法。

2. 各个章节正文之前都以简练的语言对本章的重点、难点进行介绍:以方便学生对具体知识的学习和掌握。

3. 正文中除了体现基本的知识内容外,要对两类知识进行拓展(1)与注册会计师考试的知识点相结合,适当增加内容(但普通专科教学可不作要求);(2)与本章内容相关的国际国内最新经济法律知识(根据教材版本逐年更新)。既增加教材可读性,又为学生以后的职业发展打基础。

4. 正文结束后附有本章小结,以进一步深化学生对本章知识的理解。

本书由刘艾莉担任主编,范丽丽、张云莉、桂严玲、程宁、张隽旖、彭爽任副主编。全书由刘艾莉负责拟定大纲并总撰定稿。在本书出版之际,感谢郑州工程技术学院、河南应用技术职业学院、信阳农林学院领导与相关专业老师的大力支持与帮助,另外,在本书的编写过程中,借鉴了大量参考文献资料,在此向有关单位及作者一并表示感谢。

由于时间仓促和水平所限,书中难免有错误或不当之处,敬请广大读者批评指正,以便再版时修订。

编　者

**2017 年 10 月**

# 目　录

# 第一章　经济法基础理论

◆ **知识目标：**

- 了解经济法的特点、基本原则
- 理解经济法律关系的概念、代理的概念、诉讼时效的概念
- 掌握经济法的概念、经济法律关系的要素、无效代理

◆ **能力目标：**

- 能对基本的法律关系进行判别
- 能运用诉讼时效理论解决实际问题

## 第一节　经济法概述

### 一、经济法的概念

#### （一）经济法的历史发展

"经济法"这个概念,是 18 世纪法国空想社会主义者摩莱里在其名著《自然法典》中首先提出的。之后,另一位法国空想社会主义者德萨米在 1842 年出版的《公有法典》中使用了"经济法"的概念并有所发展。1865 年蒲鲁东在《工人阶级的政治权力》一书中也使用了这一概念,并提出了经济法的独立地位。这些使用为经济法的产生奠定了语源基础。

现代经济法的产生,相对于传统的法律部门(如民法、刑法、行政法)较为晚近。一般认为,现代意义的经济法是在市场经济从自由竞争阶段进入到垄断阶段以后才产生的,美国 1890 年制定的《谢尔曼反托拉斯法》被认为是现代经济法产生的里程碑,随后德国 1896 年制定了《反对不正当竞争法》,1919 年制定了《煤炭经济法》。以上法律的出现,都体现了现代国家对市场经济的干预、协调,德国学术界率先开展了以经济法为研究对象的法学研究,经济法逐渐形成新兴的法律学科。二战后的日本也制定了大量的经济法规以调整社会经济关系。我国自 1979 年以来也广泛使用了"经济法"的概念,并逐步形成了社会主义市场经济法律框架。

#### （二）经济法的概念

一般认为,经济法是国家基于公共利益需要对经济诸环节进行干预之法。

第一,经济法的产生是克服传统民法局限性的结果;其次,市场经济本身的缺陷为国家干预经济提供了可能;第三,现代国家经济职能的转变促进了经济法作为法律部门的独立。

国家立法机关在关于《中华人民共和国民法通则》(下称《民法通则》)的立法说明中就民法

与经济法、行政法的关系问题做了解释:"民法主要调整平等主体间的财产关系,即横向的财产、经济关系。政府对经济的管理,国家和企业之间以及企业内部等纵向经济关系或者行政管理关系,不是平等主体之间的经济关系,主要由有关经济法、行政法调整,民法基本上不作规定。"依此说明,经济法所调整的经济关系往往是基于国家对经济管理而在国家与企业之间发生的经济关系、企业内部基于行政管理而发生的经济关系以及国家与企业存在的管理与被管理、监督与被监督、指令与服从的行政强制经济关系等。

## 二、经济法的调整对象

与经济法概念相联系的调整对象问题在学术上存在极大分歧。主要的观点有两个:"二分法"和"三分法"。

主张"二分法"的学者认为经济法的调整对象包括两个方面:一个是宏观调控关系,主要涉及财税、金融、计划等领域,它们同各国在宏观调控方面通常采用的财税、金融、计划三大手段是相一致的。一个是市场规制关系,主要涉及反垄断、反不正当竞争、消费者保护等领域,体现的是对市场行为或市场结构等方面的规制。

主张"三分法"的学者认为我国经济法的调整对象分为三个方面,即市场主体关系、市场监督关系、宏观调控关系。其中市场主体关系主要调整国家与市场主体之间的关系,主要解决市场主体资格、准入、行为方式等问题,旨在维护社会主义市场经济秩序及交易安全,包括国有企业法、独资企业法、合伙企业法、外商投资企业法、公司法等内容。市场监督关系重在发挥国家对市场的监督职能,为市场主体提供公平、安全的市场交易环境,包括产品质量法、反不正当竞争法、反垄断法、广告法、消费者权益保护法等。宏观调控法则是通过对市场运行进行适时的调控,解决市场发展过程中存在的结构、速度、均衡等问题,包括财政税收法、会计审计法、金融法等。

如前所述,虽然学界对经济法的调整对象分歧颇多,但有两点必须明确:一是作为非法律专业的学生,在类似的问题上不必给予过多关注,因为非法律专业的学生所用教材与法律专业尤其是经济法专业的学生所学习的《经济法》是有区别的,后者是为了明确经济法的学术地位和研究方法,而前者主要是学习具体的法律规定并能指导实践,并不需要关注其学术争论。这也造成了非法律专业经济法教材的实用性往往更强。二是对经济法的调整对象无论存在怎样的争论,所有的部门法实际都要解决四个基本问题,一个是主体的法律地位;二是主体从事的行为;三是享有的权利;四是担负的法律责任。

## 三、经济法的特征

经济法具有一般法律的基本特征,即国家意志性、特殊的规范性和应有的强制性。经济法与其他法律部门相比较,又有自己的一些特点。具体表现在以下几个方面:

### (一) 经济法律规范的易变性

法律作为调整社会关系的上层建筑,经常会随着其调整的社会关系的变化进行相应的调整。与其他传统法律部门相比较,经济法律规范的易变性更为明显。这主要是因为我国目前正处在经济转型期,经济制度、经济体制、经济关系、经济规律、经济思想、经济政策等方面的不确定性很大,经常要根据国家政策进行调整,这样就导致经济法律规范的更新速度比较快。

### （二）公法和私法的合一性

在现代国家的政治生活中,公法和私法扮演着不同的角色,各自调整属于自己范围内的社会关系,但二者必须相互结合或配合才能实现对国家事务的管理。经济法在其实施过程中表现出较好的利益协调功能,能实现社会利益与个体利益的平衡,既强调社会利益优先,又不牺牲个人利益,在依法治国理念的支撑下既保障社会的发展,又照顾到社会个体的自由和发展。因此,经济法是公私兼顾的法。

### （三）程序保障的依赖性

与民法、刑法、行政法相比,经济法没有自己独立的程序法作为保障。但也许正因为如此,经济法才能综合利用多种诉讼手段,为了实现国家的宏观调控和私人利益的实现而保持其独特的灵活性。当然,从实践上看,经济法的救济手段更多地借鉴了民法的程序,表现出了在自由市场经济条件下政府作为管理者的自信和大度。

### （四）经济管理行为的不可诉性

经济法调整的社会关系基本可分为两个大的类别:经济管理行为和经济协作行为。经济协作强调当事人法律地位的平等和意思自治,而经济管理行为则强调服从和执行的效率。在现阶段,虽然经济政策为了建设和谐社会的需要而采用较为温和的治理手段,但经济管理的效率仍是不容忽视的选择。所以,现实生活中的许多管理行为都是不可诉的,即不能通过诉讼的途径解决。这样可以保证行政决策快速有效地执行,节约管理成本,提高管理效率。当然,这一切都要依法进行。

## 四、经济法的形式

经济法的形式,亦称经济法的渊源,是指经济法的存在或表现形式。就现有立法情况来看,经济法的表现形式主要有以下几种:

### （一）宪法

宪法是国家的根本大法,由全国人民代表大会制定和修改,具有最高法律效力。经济法以宪法为渊源,除与其他法律、法规、规章、命令、指示等一样,不得与之相违背之外,主要是从中吸收有关经济制度的精神,诸如:"中华人民共和国的社会主义经济制度的基础是生产资料的社会主义公有制,即全民所有制和劳动群众集体所有制";"国家实行社会主义市场经济。国家加强经济立法,完善宏观调控"等。

### （二）法律

法律是由全国人民代表大会及其常委会制定的规范性文件,在地位和效力上仅次于宪法。以法律形式表现的经济法构成其主体和核心部分,如:《中华人民共和国公司法》、《中华人民共和国全民所有制工业企业法》、《中华人民共和国证券法》、《中华人民共和国预算法》、《中华人民共和国土地管理法》、《中华人民共和国反不正当竞争法》、《中华人民共和国价格法》、《中华人民共和国税收征收管理法》、《中华人民共和国外商投资企业和外国企业所得税法》、《中华人民共和国个人所得税法》、《中华人民共和国会计法》、《中华人民共和国审计法》等等。

### （三）行政法规

行政法规是指作为国家最高行政机关的国务院制定的规范性文件,其地位和效力仅次于宪法和法律。经济法大量以该种形式存在，这是由经济的社会化以及政府对经济的全方位管理和参与的客观条件所决定的。如：《全民所有制工业企业转换经营机制条例》、《中华人民共和国外汇管理条例》、《国务院关于鼓励外商投资的规定》、《中华人民共和国企业法人登记管理条例》、《中华人民共和国公司登记管理条例》等。

### （四）地方性法规

地方性法规是地方国家机关制定的规范性文件，其不得与宪法、法律和行政法规相抵触。全国人民代表大会及其常委会还专门制定了一些授权法，授权有关地方国家机关可以就经济体制改革和对外开放方面的问题制定法规和规章。

### （五）部门规章

部门规章是指国务院的组成部门及其直属机构在其职权范围内制定的规范性文件，如：中国人民银行颁布的《人民币银行结算账户管理办法》、《支付结算办法》等；中国证监会发布的《证券市场禁入暂行规定》、《公开发行股票公司信息披露实施细则》等；国有资产监督管理委员会发布的《企业国有产权转让管理暂行办法》、《企业国有产权无偿划转管理暂行办法》、《企业国有产权向管理层转让暂行规定》等。

### （六）司法解释

司法解释是最高人民法院在总结审判经验的基础上发布的指导性文件和法律解释，这也是经济法的重要形式之一。如：最高人民法院颁发的《关于审理商标民事纠纷案件适用法律若干问题的解释》、《关于审理不正当竞争民事案件应用法律若干问题的解释》、《〈中华人民共和国担保法〉若干问题的解释》、《关于审理技术合同纠纷案件适用法律若干问题的解释》、《关于审理建设工程施工合同纠纷案件适用法律问题的解释》等。

### （七）国际条约或协定

国际条约或协定是指我国作为国际法主体同外国或地区缔结的双边、多边协议和其他具有条约、协定性质的文件。上述文件生效以后，就对缔约国的国家机关、团体和公民具有法律上的约束力，因而，国际条约或协定便成为经济法的重要形式之一，如我国加入世界贸易组织与相关国家签订的协议、我国与有关发达国家签订的双边投资保护协定等。

# 第二节　经济法律关系

## 一、经济法律关系的概念

### （一）法律关系

法律关系是指法律规范在调整人们行为过程中形成的权利义务关系。与其他社会关系相比较，具有以下特征：

1. 它是一种意志关系，属上层建筑范畴。这里的意志是指国家的意志（即统治者的意志）和行为人的意志，法律关系是反映统治者意志和行为人意志而形成的关系，因而不属经济基础范畴。

2. 它是由法律规定和调整的关系。法律关系的产生、变更和消灭是以得到法律认可为前提的,因而法律规范是法律关系存废的前提条件。

3. 它是以权利义务为内容的关系。法律规定和调整人们的行为是通过界定行为人的权利义务得以实现的,因而,没有权利义务的法律关系是不存在的。

4. 它是受国家强制力保证实施的关系。法律规范是由国家强制力保证实施的行为规范,故由此而形成的关系受国家强制力的保护。

在法律关系中,由于其反映的物质社会关系的不同,从而会形成不同的法律关系。以调整平等主体之间的财产关系和人身非财产关系而形成的法律关系,称为民事法律关系;以调整婚姻家庭关系而形成的法律关系,称为婚姻家庭法律关系;以调整行政管理关系而形成的法律关系,称为行政法律关系;以调整刑事犯罪与惩罚关系而形成的法律关系,称为刑事法律关系;以调整经济管理与协调关系而形成的法律关系,称为经济法律关系等等。

### (二) 经济法律关系

经济法律关系是指经济法主体在进行经济管理和经济活动中形成的,由经济法确认的权利义务关系。

1. 经济法律关系是在经济领域中发生的意志关系

经济法律关系产生于经济领域,至于这一领域的范围,则是多方面的,主要可归为经济领域的管理关系和协调关系。这一关系体现的是国家意志和当事人意志,而后者必须以前者为依据,不能违背前者的基本内容,与此同时,后者又是前者的归宿,即国家意志最终要靠当事人意志来实现调整经济关系的目的,没有当事人意志,经济法律关系既不能形成,也不可能实现。

2. 经济法律关系是经济法规定和调整的法律关系

由于经济法规是经济法律关系产生和其内容得以实现的前提,因而,没有经济法规的具体规定,该法律关系不能产生,其内容亦无法实现。从此意义而言,经济法律关系也是经济法规调整经济关系的必然结果。

3. 经济法律关系是一种具有经济内容的权利义务关系

权利义务是法律关系的核心,法律确认某一法律关系的目的亦是依靠确认权利义务来实现的。经济法律关系所体现的权利义务则具有经济内容,即是为了完成一定的经济任务和实现一定的经济目的。权利义务关系的确定是经济法律关系形成的标志,其变更也是经济法律关系变更的依据,其实现也是当事人参与经济法律关系的根本目的。

4. 经济法律关系是具有强制性的权利义务关系

经济法律关系的权利义务一旦形成,即受国家强制力保护,任何一方当事人都不得违背。如果某一方不履行经济法律关系确定的义务,将会受到法律的追究,任何一方的权利受到侵害,都可请求法律的保护。

## 二、经济法律关系的主体

任何经济法律关系都具有三个基本构成要素,即主体、内容和客体。这三个要素缺一不可,其中任何一项内容发生变更,都可能会引起经济法律关系的变更。

### (一) 经济法律关系主体

经济法律关系的主体是指在经济管理和协调过程中依法独立享有一定权利和承担一定义

务的当事人。享有一定权利的当事人叫作权利主体,承担一定义务的当事人则称为义务主体。一般地,各方主体既享有经济权利又同时承担经济义务,具有权利主体和义务主体的双重身份。

在理解经济法律关系主体的概念时,应把握以下几点:

1. 能够以自己名义独立地参加经济法律关系。无论何种主体参与经济法律关系,都是以自己的名义进行的,即使是国家机关代表国家参与经济管理、经济协调法律关系,也不是宽泛地以国家名义,而只能以自己的名义独立地进行经济法律行为。

2. 是经济法律关系中权利和义务的担当者。经济法律关系中的权利义务直接归属于经济法律关系的主体,凡是在经济法律关系中享有一定权利和承担一定义务的人,就是经济法律关系的主体。

3. 能够独立地承担经济法律责任。经济法律关系的主体不履行一定义务时,即承担一定经济法律责任。由于该责任往往涉及经济内容,故经济法律关系的主体必须具有一定财产权,有相应的财产作为承担责任的物质基础。

### (二)经济法律关系的主体资格

经济法律关系的主体必须具备一定的主体资格。主体资格是指当事人参加经济法律关系,享受一定权利和承担一定义务的资格或能力。只有具有经济法律关系主体资格的当事人,才能参与经济法律关系,享受一定权利和承担一定义务。经济法律关系的主体资格既可由经济法律部门规定,也可由其他法律部门规定。

经济法律关系的主体资格的认可,一般采用法律规定一定条件或规定一定程序成立的方式予以确认,包括:依照宪法和法律由国家各级权力机关批准成立;依照法律和法规由国家各级行政机关批准成立;依照法律、法规或章程由经济组织自身批准成立;依照法律、法规由主体自己向国家有关机关申请并经核准登记而成立;由法律、法规直接赋予一定身份而成立等各种情形。

未取得经济法律关系的主体资格的组织不能参与经济法律关系,不能从中享有权利和承担义务,不受法律保护。但是,依法成立的经济法律关系的主体也只能在法律规定或认可的范围内参与经济法律关系,超越法律规定或认可范围的,则不具有参与相应经济法律关系的主体资格。

### (三)经济法律关系主体的范围

经济法律关系主体范围是由经济法调整的对象范围决定的。由于经济法调整的对象范围的广泛性,这一主体范围亦十分广泛,其大致可分为两大类:

1. 经济管理主体

这主要是指依据宪法和行政法及其他有关法律、法规设立,由宪法和行政法及其他有关法律、法规规定其性质、职能、任务、隶属关系等,承担组织、管理和协调经济职能的组织或者机构。其主要为国务院及其承担经济管理职能的部、委、局、会、行和地方政府及其相应机构,也包括各级权力机关,以及由国家和法律授权而承担某种经济管理职能的其他组织等。

2. 经济活动的主体

这是指依据民法、经济法、行政法以及其他法律、法规设立,从事经济活动的组织和个人。这类主体主要包括:

（1）各类企业。这是指拥有独立资产，以营利为目的，具备一定组织机构，从事生产、流通和服务性活动的经济实体，包括各类法人企业及其他非法人企业。

（2）事业单位。这是指由国家财政或其他单位拨款，不以营利为目的的文化、教育、卫生等组织。它们往往以法人资格参与经济法律关系。

（3）社会团体。这是指由人民群众或组织依据自愿原则组织的进行社会活动的社会组织，包括群众团体、公益组织、文化团体、学术研究团体、协会等。它们也可以法人资格参与经济法律关系。

（4）农村承包经营户、个体工商户。农村承包经营户是指农村集体经济组织的成员，在法律允许的范围内按照承包合同规定从事商品经营。个体工商户是指公民个人不雇用或少量雇用他人，以营利为目的，从事生产经营的个体经济。他们以"户"的名义参与经济法律关系，其一般承担无限连带责任。

（5）公民个人。公民个人承包或租赁企业，参与税收、工商管理、竞争法律关系等。

此外，经济组织的内部机构，虽不具有独立法律人格，但在一定条件下也是经济法律关系的主体，如担负企业一定生产经营职能的分支机构、职能科室和基层业务活动的组织等，依法与企业订立承包或租赁等责任制合同；分公司、分店等依法作为纳税人参加税收法律关系等。

国家机关和国家作为整体，除作为经济管理的主体之外，在一定条件下也是经济活动关系的主体，如国家对外签订政府贷款和担保合同、对内对外发行政府债券、政府部门出让土地使用权等。

## 三、经济法律关系的内容

### （一）经济法律关系内容的概念

经济法律关系的内容是指经济法律关系主体享有的权利和承担的义务。这是经济法律关系的核心，直接体现了经济法律关系主体的利益和要求，因而，没有权利和义务的经济法律关系是不存在的。

经济权利和经济义务依法律性质的不同而有所不同。在具体的经济法律关系中，此一法律关系的权利和义务亦可能与彼一法律关系的权利和义务有所区别，这是由经济法律规范的不同规定和当事人参与经济法律关系的目的不同所决定的。经济法律关系的权利和义务一旦确定之后，即受国家强制力的保护。

### （二）经济权利

经济权利是指经济法律关系的主体在经济管理和经济协调关系中依法具有的自己为一定行为或不为一定行为和要求他人为一定行为或不为一定行为的资格。它包括以下几个方面的含义：

1. 经济法律关系的主体在法定范围内依照自己的利益需要，根据自己的意志实施一定的经济行为。这一行为包括作为和不作为，前者指按其意志进行某种行为，后者则是依其意志不进行某种行为。

2. 经济法律关系的主体有权依法要求负有义务的人做出或不做出一定的行为，以实现自己的利益。如：税务机关有权要求纳税人依法纳税；消费者有权要求商户提供符合产品质量要求的产品等。

3. 经济法律关系的主体在其合法权利受到侵害或不能实现时,有权依法请求国家有关机关给予强制力保护。

经济权利的本质在于满足经济法律关系主体的经济利益。经济法律关系主体通过权利的行使,在实现自身利益的过程中,同时也实现了国家利益和社会利益。因此,经济利益是权利的实质和核心内容。经济法赋予经济法律关系主体一定的权利,就意味着经济法律关系主体获得了实现经济利益的自由。

### (三)经济义务

经济义务是指经济法律关系主体为了满足特定的权利主体的权利,在法律规定的范围内必须实施或不实施某种经济行为。这是以相对权利而存在的,是法律对经济法律关系主体行为的限制和约束。它包括以下几个方面的含义:

1. 义务主体必须做出或者不做出一定行为。这一行为的目的在于满足权利主体的利益需要。

2. 义务主体实施的义务行为是在法定的范围内进行的。超越法律规定的限度,义务主体则不受限制和约束。

3. 义务主体不依法履行义务,就应承担相应的法律责任,受到法律的制裁。权利与义务是相互依存的。经济法律关系主体不能只享受权利而不尽义务,亦不能只尽义务而不享受权利;一方的权利依赖于另一方的义务来实现,另一方的义务则是为了满足一方的权利。

## 四、经济法律关系的客体

### (一)经济法律关系客体的概念

经济法律关系的客体是指经济法律关系的主体享有权利和承担义务所共同指向的对象。客体是确立权利义务关系性质和具体内容的依据,也是确定权利行使与否和义务是否履行的客观标准。如果没有客体,权利义务就失去了依附的目标和载体,也不可能发生权利义务。因此,客体是经济法律关系不可缺少的要素之一。

### (二)经济法律关系客体的类型

1. 物

物,一般指有体物。这是指可以为人们控制和支配,有一定经济价值并以物质形态表现出来的物体。有些物不能为人所控制或支配,或即使可为人们控制和支配,但无一定经济价值的物,都不能作为经济法律关系的客体。从法的角度来看,物亦可作多种划分,如:生产资料和生活资料;流通物与限制流通物;特定物和种类物;有形物与无形物;主物与从物等。

2. 行为

这是指经济法律关系的主体为达到一定经济目的所进行的行为。它包括经济管理行为、完成一定工作的行为和提供一定劳务的行为。经济管理行为是指经济法律关系的主体行使经济管理权或者经营管理权所指向的行为,如经济决策行为、经济命令行为、审查批准行为以及经济监督检查行为等。完成一定工作的行为是指经济法律关系的主体的一方利用自己的资金和技术设备为对方完成一定的工作任务,而对方根据完成工作的数量和质量支付一定报酬的行为。提供一定劳务的行为是指为对方提供一定劳务或服务满足对方的需求,而对方支付一定酬金的行为。这一行为与完成一定的工作不同的是,前者通过一定行为最终体现为一定的经济效果,后者则是通过劳动最终表现为一定的客观物质成果。

3. 智力成果

这是指人们创造的能够带来经济价值的创造性脑力劳动成果。如专利权、专有技术、著作权等。随着社会进步和科学技术的发展,智力成果在社会财富中将日显重要,其成为经济法律关系的客体也就是一种必然。

此外,在现实经济生活中,权利亦可能成为经济法律关系的客体。权利本是经济法律关系的内容,但是当某种权利成为另一权利的对象时,该权利就成为客体的组成部分。如:土地使用权的客体是土地,但是当土地使用权在土地出让和转让法律关系中成为这一法律关系指向的对象时,土地使用权就构成该法律关系的客体。

# 第三节 法律行为与代理

## 一、法律行为

### (一) 法律行为的概念

1. 法律行为是指以意思表示为要素,设立、变更、终止权利义务的合法行为。

2. 意思表示。

意思表示的表示方式一般采用明示,特定情况下,当事人的默示也构成意思表示。法律行为以意思表示为核心要素,所以法律行为形式就是意思表示形式。民法通则第 56 条规定:民事法律行为可以采取书面形式、口头形式或者其他形式。法律规定用特定形式的,应当依照法律规定。即民事法律行为以意思发表的载体,可分为明示和默示两种形式。区分明示与默示的法律意义,在于若非法律特别规定,以民事法律行为处分权利的,须经当事人明示始得成立。

(1) 明示。明示是使用直接语汇实施的表示行为,除常见的口头语言、文字、表情语汇外,还包括依习惯使用的特定形体语汇,如举手招呼出租汽车,即表示有租用该车之意。

(2) 默示。默示是含蓄或者间接表达意思的方式。默示所包含的意思,他人不能直接把握,而要通过推理手段才能理解。因此,默示只有在有法律规定或交易习惯允许时才被使用。

3. 有相对人的意思表示与无相对人的意思表示。

意思表示,依其是否以向相对人实施为要件,划分为有相对人的表示与无相对人的表示。

向相对当事人作的意思表示,为有相对人的意思表示,如要约与承诺、债务免除、合同解除、授予代理权等。意思表示有相对人时,如果意思表示到达相对人有传递的在途时间,则该意思表示以到达相对人时生效。为无相对人的意思表示,如遗嘱、捐助行为等,类似"自说自话",该意思表示自完成时生效。

### (二) 法律行为的分类

1. 单方的法律行为和多方的法律行为

单方的法律行为是根据一方当事人的意思表示而成立的法律行为。该法律行为仅有一方当事人的意思表示而无须他方的同意即可发生法律效力,如委托代理的撤销、债务的免除、无权代理的追认等。

多方的法律行为是两个以上的当事人意思表示一致而成立的法律行为。该法律行为的当事人有两个以上，不仅各自需要进行意思表示，而且意思表示还需一致，如合同行为等。

2. 有偿的法律行为和无偿的法律行为

有偿的法律行为是指当事人互为给付一定代价（包括金钱、财产、劳务）的法律行为，如买方为获得对方的货物而支付价款、承揽人为获得对方的报酬而提供劳务等。

无偿的法律行为是指一方当事人承担给付一定代价的义务，而他方当事人不承担相应给付义务的法律行为，如赠与行为、无偿委托、无偿消费借贷等。

3. 要式的法律行为和不要式的法律行为

要式的法律行为是指法律规定必须采取一定的形式或者履行一定的程序才能成立的法律行为，如《合同法》第二百七十条规定："建设工程合同应当采用书面形式"等。

不要式的法律行为是指法律不要求采取一定形式，当事人自由选择一种形式即可成立的法律行为。该类法律行为的形式可由当事人协商确定。

4. 主法律行为和从法律行为

主法律行为是指不需要有其他法律行为的存在就可以独立成立的法律行为。从法律行为是指从属于其他法律行为而存在的法律行为。如当事人之间订立一项借贷合同，为保证该合同的履行，又订立一项担保合同，其中借贷合同是主合同，担保合同为从合同。从法律行为的效力依附于主法律行为，主法律行为不成立，从法律行为则不能成立；主法律行为无效，则从法律行为亦不能生效。但是，主法律行为履行完毕，并不必然导致从法律行为的效力的丧失。

法律行为除以上分类外，还有双务的法律行为和单务的法律行为、独立的法律行为和辅助的法律行为等分类。

**（三）法律行为的有效要件**

法律行为的有效是指法律行为足以引起权利义务的设立、变更、终止的法律效力。法律行为的成立是法律行为有效的前提，但是，已成立的法律行为不一定必然发生法律效力，只有具备一定有效要件的法律行为，才能产生预期的法律效果。法律行为的有效要件分为实质有效要件和形式有效要件。

1. 法律行为的实质有效要件

《民法通则》第五十五条规定："民事法律行为应当具备下列条件：（1）行为人具有相应的民事行为能力；（2）意思表示真实；（3）不违反法律或者社会公共利益。"这是指的法律行为的实质有效要件。

2. 法律行为的形式有效要件

这是指行为人的意思表示的形式必须符合法律的规定。《民法通则》第五十六条规定："民事法律行为可以采用书面形式、口头形式或者其他形式。法律规定用特定形式的，应当依照法律规定。"如果行为人进行某项特定的法律行为时，未能采用法律规定的特定形式的，则不能产生法律效力。书面形式有一般书面形式和特殊书面形式。特殊书面形式主要指公证形式、审核批准形式、登记、公告形式等。一般而言，书面形式优于口头形式，特殊书面形式优于一般书面形式。在实践中，还有一种不通过文字或语言，而以沉默的方式进行意思表示的形式，该形式只有在法律有规定或当事人有约定的情况下才能产生法律效力。

### （四）附条件和附期限的法律行为

**1. 附条件的法律行为**

这是指在法律行为中指定一定的条件,把该条件的成就(或发生)或不成就(或不发生)作为法律行为效力的发生或终止的根据。

**2. 附期限的法律行为**

这是指在法律行为中指明一定的期限,把期限的到来作为法律行为生效或终止的依据。期限是必然到来的事实,这与附条件的法律行为所附的条件不同。法律行为所附期限可以是明确的期限,如某年某月某日,也可以是不确定的期限,如"某人死亡之日"、"果实成熟之时"等。

### （五）无效的民事行为

**1. 无效民事行为的概念和种类**

无效民事行为是指欠缺法律行为的有效要件,行为人设立、变更和终止权利义务的内容不发生法律效力的行为。

《民法通则》第五十八条对无效民事行为作了列举性规定,该类民事行为包括以下几种:

(1) 无行为能力人实施的民事行为;

(2) 限制民事行为能力人依法不能独立实施的民事行为;

(3) 一方以欺诈、胁迫的手段或者乘人之危,使对方在违背真实意思的情况下所为的民事行为;

(4) 恶意串通,损害国家、集体或者第三人利益的民事行为;

(5) 违反法律或者公共利益的民事行为;

(6) 违反国家指令性计划的民事行为;

(7) 以合法形式掩盖非法目的的民事行为。

**2. 部分无效的民事行为**

这是指部分无效且不影响其他部分效力的民事行为。部分无效的民事行为的无效部分从行为开始即无法律约束力,而其余部分仍对当事人有约束力。

**3. 无效民事行为的法律后果**

无效民事行为从行为开始起就没有法律约束力。其在法律上产生以下法律后果:

(1) 恢复原状。即恢复到无效民事行为发生之前的状态,当事人因该行为取得的财产应当返还给受损失的一方。

(2) 赔偿损失。即有过错的一方应当赔偿对方因此所受的损失,但如果双方都有过错的,应当各自承担相应的责任。

(3) 收归国家或集体所有或返还第三人。即指双方恶意串通,实施的民事行为损害国家、集体或者第三人利益的,应当追缴双方取得的财产,收归国家、集体所有或者返还第三人。

(4) 其他制裁。如果行为人因实施无效民事行为而损害国家利益或社会利益的,还可以给予行政处分、罚款,构成犯罪的,还要依法追究刑事责任。

### （六）可撤销的民事行为

**1. 可撤销民事行为的概念和特征**

这是指依照法律的规定,可以因行为人自愿的撤销行为而自始归于无效的民事行为。

2. 可撤销民事行为的种类

可撤销民事行为主要包括:

(1) 行为人对行为内容有重大误解的民事行为。这是指民事行为的当事人在做出意思表示时,对涉及行为法律效果的重要事项存在认识上的显著缺陷。该误解包括对行为的性质、标的物、当事人、价格、数量、包装、运输方式、履行地点、履行期限等存在误解,并且该误解是重大的。

(2) 显失公平的民事行为。这是指对一方当事人明显有利而对另一方当事人有重大不利的民事行为。该行为使得当事人一方明显处于权利义务不对等、经济利益严重失衡的境地,并且违反了公平和等价有偿的原则。但是,当事人不得借口无经验、无技能或不了解市场行情等原因而随意撤销其实施的民事行为。

《合同法》将一方以欺诈、胁迫的手段或者乘人之危,使对方在违背真实意思的情况下订立的合同列入可撤销合同。

3. 可撤销民事行为的后果

如果享有撤销权的当事人未在法定的期间内行使撤销权,则可撤销民事行为视同为法律行为,对当事人具有约束力。如果可撤销的民事行为被依法撤销,则具有与无效民事行为相同的法律后果。

## 二、代理

### (一) 代理的概念和特征

代理是指代理人在代理权限内,以被代理人的名义与第三人实施法律行为,由此产生的法律后果直接由被代理人承担的一种法律制度。代理关系的主体包括代理人、被代理人(亦称本人)和第三人(亦称相对人)。代理人是代替被代理人实施法律行为的人;被代理人是代理人替自己实施法律行为的人;第三人是与代理人实施法律行为的人。

代理具有以下特征:

1. 代理人以被代理人的名义实施法律行为。根据《民法通则》的规定,代理人必须以被代理人的名义实施法律行为。非以被代理人的名义而以自己的名义代替他人实施法律行为,不属代理行为,如行纪、寄售等受托处分财产的行为。

2. 代理人直接向第三人进行意思表示。代理行为的目的在于与第三人设立、变更或终止权利义务关系。因此,只有代理人直接向第三人为意思表示,才能实现代理之目的。

3. 代理人在代理权限内独立地进行意思表示。代理人在代理权限内,有权根据情况,独立地进行判断,并进行意思表示。非独立进行意思表示的行为,不属代理行为,如传递信息、居间行为等均不属代理行为。

4. 代理行为的法律效果直接归属于被代理人。尽管代理行为是在代理人与第三人之间进行的,但却在被代理人与第三人之间设立、变更或终止了某种权利义务关系,因此,其法律后果当然也应由被代理人承担。

### (二) 代理的种类

根据我国《民法通则》的规定,代理可分为以下几种:

1. 委托代理

这是基于被代理人的委托而发生的代理。被代理人的委托可以基于授权行为发生,也可依据合伙关系、职务关系等发生。委托代理中的授权行为一般以代理证书(亦称授权委托书)的形式表现。

**2. 法定代理**

这是基于法律的直接规定而发生的代理。法定代理通常适用于被代理人是无行为能力人、限制行为能力人的情况。

**3. 指定代理**

这是基于人民法院或者有关单位的指定行为而发生的代理。指定代理适用于被代理人既无委托代理人,又无法定代理人而又有特定事项需要代理人代理的情况。

**(三) 无权代理**

**1. 无权代理的概念**

无权代理是指没有代理权而以他人名义进行的民事行为。无权代理包括三种情况:一是没有代理权的代理;二是超越代理权的代理;三是代理权终止后而为的代理。

**2. 无权代理的法律后果**

在无权代理的情况下,如果经过本人追认或者本人知道他人以本人名义实施民事行为而不作否认表示的,无权代理人所为代理行为的法律效果归属于被代理人,视为有权代理。此外,无权代理人所为的代理行为,善意相对人有理由相信其有代理权,在此情形下,被代理人应当承担代理的法律后果。这主要是为了保护善意的无过失当事人的利益。学理界称此种情况为"表见代理"。表见代理的情形有:被代理人对第三人表示已将代理权授予他人,而实际并未授权;被代理人将某种有代理权的证明文件(如盖有公章的空白介绍信、空白合同文本、合同专用章等)交给他人,他人以该种文件使第三人相信其有代理权并与之进行法律行为;代理授权不明;代理人违反被代理人的意思或者超越代理权,第三人无过失地相信其有代理权而与之进行法律行为;代理关系终止后未采取必要的措施而使第三人仍然相信行为人有代理权,并与之进行法律行为。

除上述几种情况之外,无权代理均不对被代理人产生任何法律效力。无权代理行为视同为无效民事行为,并产生与之相同的法律后果。

# 第四节　经济法律责任

## 一、法律责任的概念

法律责任是指行为人因违法行为、违约行为或者法律规定而应承担的不利的法律后果。经济法律责任是由经济法规定,在经济法主体违反经济义务时必须承担的法律后果。

经济法律责任具备法律责任的一般特征,但又有所区别:第一,经济法律责任具有综合性和统一性,即它不是指某种单一的法律责任,而是民事责任、行政责任和刑事责任的统一。第二,经济法律责任具有双重处罚性。一方面,它在对违法的法人进行经济制裁时又可对直接责任者给予民事、刑事或行政制裁;另一方面,对同一违法主体,可同时适用多种制裁措施。第三,经济法律责任具有多元追究性,即有权追究违法主体的经济法律责任并实施法律制裁的机关除了司法机关外,还有国家行政管理机关和仲裁机构。

## 二、承担经济法律责任的形式

### （一）民事责任

民事责任是指由于违反民事法律、违约或者依照民事法律的规定所应承担的法律责任。民事责任主要是财产责任。在法律允许的条件下,民事责任可以由当事人协商解决。根据《民法通则》的规定,民事责任大体可分为违约责任和侵权责任,具体形式主要有:排除妨碍、返还财产、赔偿损失、支付违约金等。

### （二）行政责任

行政责任是指由国家行政机关或者国家授权的有关单位对违反经济法的单位或个人依法采取的行政制裁。行政责任大体可分为行政处分和行政处罚。单位承担行政责任的具体形式主要有:警告、限期停业整顿、吊销营业执照、勒令关闭、罚款等;个人承担行政责任的具体形式主要有:警告、记过、记大过、降级、降职、撤职、留用察看、开除等。

### （三）刑事责任

刑事责任是指违反经济法,造成严重后果,已触犯国家刑事法律,由国家审判机关依法给予行为人以相应的刑事制裁。根据我国《刑法》的规定,刑事责任分为主刑和附加刑。主刑有管制、拘役、有期徒刑、无期徒刑、死刑;附加刑有罚金、剥夺政治权利、没收财产。

## 本章小结:

本章是全书学习的基础,是对经济法基础理论的介绍。其具体内容包括:经济法的历史发展、经济法的概念和基本原则、经济法的调整对象、经济法的渊源、经济法律责任;法律关系三要素、代理的基础知识和诉讼时效制度。以上三类制度之间没有明显的逻辑关系,但它们是以后学习的基础。

**思考题:**
1. 经济法的概念和特点。
2. 经济法律关系三要素。
3. 法律行为的概念和分类。
4. 无权代理的种类。

## 拓展阅读:

### 经济法产生的背景

**一、关于经济法产生的社会经济根源的一般观点:市场失灵**

国内学者一般认为,市场经济发展到一定程度之后,出现了市场失灵,促使国家不得不干预经济,而经济法就是国家干预经济的法律形式,因此在论述经济法产生的社会经济根源时,均以"市场失灵"一词来概括。

有人认为,在资本主义国家,无论是在自由市场经济时期还是现代市场经济时期,经济运行都不能没有国家协调。其原因是"市场对资源配置虽然起着基础性作用,但是它并不是万能的,在经济运行中存在着'市场失效'或'市场失灵',市场调节具有自发性、滞后性和一定盲目性,这就决定国家协调经济运行的必要。"有人认为,市场经济高度发展导致市场失效日益加剧使民商法无能为力,因此国家对市场经济进行宏观调控和规制,真正的经济法就在现代市场经济条件下应运而生。也有人认为,从经济角度看,只有随着商品经济的发展,特别是商品经济朝着高级阶段即市场经济阶段发展,经济法才可能在各国法律体系中兴起,经济法的功能就是克服市场失灵。综上可知,在学术界,一般认为市场失灵是经济法产生的社会经济根源。

## 二、"市场失灵"的含义

《新帕尔格雷夫经济学大辞典》将市场失灵定义为:"市场在资源配置方面是低效率之时的市场运行状态。……如果市场太少、非竞争行为或均衡不存在,市场失灵就可能出现。根本性的市场失灵的例子有自然垄断、外部不经济、公共财货和信息的垄断。"现代西方经济学的代表人物保罗·A·萨缪尔森认为:"市场失灵主要发生在两个领域,一个是微观市场领域,表现为不完全竞争、外部性和不完全信息;另一个是社会分配领域,表现为完全竞争市场条件下的有效率的收入分配,却不被社会所接受。"

## 三、经济法产生的社会经济根源:市场与政府的博弈

从世界范围看,美国经济法产生的原因是国家经济由自由资本主义进入垄断资本主义时期,垄断和限制竞争导致市场的唯利性、滞后性和盲目性的缺陷凸显,价值规律无法发挥作用,引发经济危机,促使美国政府干预经济,经济法由此产生。德国则是因为市场发展速度无法满足其战争需要和迅速崛起的野心,因此政府采用经济法手段强行干预经济。中国经济法则是在中国经济体制转轨的过程中逐渐成长起来的,政府以经济法为手段组建、培育市场和弥补一般市场缺陷。

可以看出,是市场与政府的博弈促使了经济法的产生。无论是美国、德国还是中国,其经济法的产生都是因为市场调节作用的发挥无法满足政府发展经济的需要。具体而言,美国是由于市场调节作用无法发挥,德国则是由于市场调节无法集中经济资源,中国的市场本身还存在着不成熟的地方,其市场作用的发挥更容易偏离经济发展轨道。

# 第二章 公司法

◆ **知识目标：**

- 了解公司的概念和特点、公司的合并和分立
- 理解公司的分类、有限责任公司的概念和组织机构、股份有限公司的概念和组织机构
- 掌握有限责任公司的出资方式、股份有限责任公司的设立程序、股票的分类、公司债券的分类

◆ **能力目标：**

- 能判断或列举滥用公司独立人格行为
- 能运用公司法基本理论解决公司注册和组织管理的基本问题

# 第一节 公司法概述

## 一、公司的概念与特征

### （一）公司的概念

公司是指依法定条件和程序设立的、以营利为目的企业法人。

### （二）公司的特征

1. 公司是法人，具有独立人格。公司是具有独立财产、组织机构并独立承担财产责任的经济实体，具有独立的民事主体资格，依法独立享有民事权利和承担民事义务。

2. 公司是社团法人，具有联合性。公司是由数人集资而成的企业，从其组成要素看，是出资人的联合。所以，公司是社团法人的一种。

3. 公司是以营利为目的的，具有营利性。出资者出资组建公司的目的在于通过公司的经营活动获取利润，所以，不论公司从事什么行业，都要盈利。

4. 任何公司都必须按照法律规定进行组织和活动。公司的成立，运行和操作都要受公司法以及其他法律的规范。因此，公司又具有法定性。

5. 公司在国家许可的范围内可以自由选择其所从事的行业，并可以自由地采用适当的经营方式。公司一方面受法律的严格约束，但作为一种企业组织形式，仍具有一定的自由性。

## 二、公司的分类

（一）依股东责任的不同分为：

1. 无限责任公司，指由两个以上股东组成，股东对公司的债务承担无限连带责任的公司。

2. 有限责任公司，指由一定数额股东组成，股东以其出资额为限，对公司债务承担责任的公司。

3. 股份有限责任公司，指由一定数量以上股东组成，股东以其认购的股份为限对公司债务承担责任的公司。

4. 两合公司，指由无限责任股东和有限责任股东组成的公司。无限责任股东对公司债务负无限连带清偿责任，有限责任股东对公司债务仅以其出资额为限对公司债务负责。

（二）根据公司信用基础的不同可分为：

1. 人合公司，指信用基础建立在股东个人的信用之上，而不在公司资本的多少的公司。无限责任公司是典型的人合公司。

2. 资合公司，指信用基础完全建立在公司资产数额上，而与股东个人信用无关的公司。股份有限责任公司是典型的资合公司。

3. 人合兼资合公司，指信用基础建立有股东个人的信用和公司资产数额两方面之上的公司。有限责任公司是典型的人合兼资合公司。

（三）根据国籍的不同可分为本国公司、外国公司与跨国公司。

（四）根据公司管辖系统分类，分为总公司与分公司。

（五）根据公司间的控制和依附关系分为母公司和子公司。

## 三、公司法的概念和特点

### （一）公司法的概念

公司法是规定公司法律地位、调整公司组织关系、规范公司在设立、变更与终止过程中的组织行为的法律规范的总称。

狭义的公司法，仅指专门调整公司问题的法律，如《中华人民共和国公司法》。广义的公司法，除包括专门的公司法外，还包括其他有关公司的法律、法规、行政规章、司法解释以及其他各法之中的调整公司组织关系、规范公司组织行为的法律规范，如《公司登记管理条例》、《民法通则》、《中外合资经营企业法》等。

### （二）公司法的特点

1. 公司法是一种企业法。公司是企业的具体形式，而公司法主要规定公司的组织和活动的基本准则。因此，公司法没有脱离其作为企业法的基本性质。

2. 公司法兼具程序法和实体法性质。公司法既有关于公司设立、变更、清算、解散等属于程序法的内容，又有关于公司和股东权利义务、公司机构职责、公司和股东权利义务、公司机构职责等属于实体法的内容。所以，公司法是实体法和程序法的结合体。

3. 公司法兼有强制性规范和任意性规范的内容。公司法关于公司种类、公司经营项目的选择等为任意性规范；关于公司的设立、股票的发行及利润分配等方面的规定多为强制性规范。公司法的这一特征反映了经济生活上的自由，也反映了国家对经济生活予以一定的干预。

4. 公司法具有国际性。这一特征主要体现各国公司法的实体内容大同小异,出现了互相渗透的发展趋势。

### 四、公司法人财产权与公司人格否认制度

#### (一) 公司法人财产权

一般认为,法人财产权是指公司拥有由股东投资形成的法人财产,并依法对财产行使占有、使用、收益、处分的权利。《公司法》规定,公司作为企业法人享有法人财产权。因此,股东投资于公司的财产需要通过对资本的注册与股东的其他财产明确分开,不允许股东在公司成立后又抽逃投资,或占用、支配公司的资金、财产。

#### (二) 公司人格否认制度

公司人格否认,在美国又称"揭开公司面纱",是指为阻止公司独立人格的滥用和保护公司债权人利益及社会公共利益,就具体法律关系中的特定事实,否认公司与股东各自独立的人格及股东的有限责任,责令股东对公司债权人或公共利益直接负责,以实现公平、正义的法律制度。

我国公司法也确立了公司人格否认制度。《公司法》第二十条规定:公司股东应当遵守法律、行政法规和公司章程,依法行使股东权利,不得滥用股东权利损害公司或者其他股东的利益;不得滥用公司法人独立地位和股东有限责任损害公司债权人的利益。公司股东滥用股东权利给公司或者其他股东造成损失的,应当依法承担赔偿责任。公司股东滥用公司法人独立地位和股东有限责任,逃避债务,严重损害公司债权人利益的,应当对公司债务承担连带责任。

# 第二节 有限责任公司

## 一、有限责任公司的概念和特点

### (一) 有限责任公司的概念

有限责任公司也称有限公司,是指依照公司法设立的,股东以其出资额为限对公司承担有限责任,公司以其全部资产对其债务承担责任的公司。

在我国,有限责任公司可以分为一般有限责任公司和特殊有限责任公司两种。前者是指由 50 个以下股东共同出资设立的有限责任公司;后者分两类:一是国有独资公司,二是一人公司。

### (二) 有限责任公司的特点

1. 有限责任公司的出资人以其出资额对公司承担责任,公司以其全部资产对公司的债务承担责任。公司股东不直接对公司的债权人负责,而只以自己认缴的出资额为限对公司的债务负责。

2. 有限责任公司的出资人或者股东是法定的,并且有一定人数限制的,各国对此的规定不尽相同。

3. 有限责任公司的设立程序和权力机关设置简便灵活。有限责任公司可根据自身的规

模和业务需要决定设立自身的权力机构。

4. 有限责任公司不能公开募集公司资本,不能发行股票。有限责任公司在对股东出资进行验证后所发给各位股东的证明股东出资的权利证书——股单,只是一种表明股东对公司注册资本拥有份额的证明文件,它不是有价证券,不得在证券市场上流通、买卖。

5. 有限责任公司的股东在转让其出资时,特别是向股东以外的人转让出资时,受到严格的法律和公司章程的限制。

6. 有限责任公司是企业法人。这意味着有限责任公司必须符合我国《民法通则》中关于企业法人条件的规定,否则就不能登记成为有限责任公司。

## 二、有限责任公司的设立

### (一) 设立条件

1. 股东符合法定人数。

《公司法》规定有限责任公司由 50 个以下股东出资设立,取消了原有限责任公司股东最少为 2 人的下限,允许设立一人公司。

2. 符合公司章程规定的全体股东认缴的出资额。

在注册资本方面,现行公司法废除了注册资本最低限额的要求,有限责任公司的注册资本为在公司登记机关登记的全体股东认缴的出资额,法律、行政法规以及国务院决定对有限责任公司注册资本实缴、注册资本最低限额另有规定的,从其规定。

3. 股东共同制定公司章程。

章程是记载公司组织、活动基本准则的公开性法律文件。有限责任公司章程应当载明下列事项:(1) 公司名称和住所;(2) 公司经营范围;(3) 公司注册资本;(4) 股东的姓名或者名称;(5) 股东的出资方式、出资额和出资时间;(6) 公司的机构及其产生办法、职权、议事规则;(7) 公司法定代表人;(8) 股东会会议认为需要规定的其他事项。股东应当在公司章程上签名、盖章。

4. 有公司名称,建立符合有限责任公司要求的组织机构。

5. 有公司住所。

### (二) 有限责任公司的股东出资

1. 注册资本

有限责任公司的注册资本为在公司登记机关登记的全体股东认缴的出资额。我国现行《公司法》废除了对公司全体股东的首次出资额的最低限额要求及对股东实际完成出资的期限要求,对公司全体股东出资的期限、份额等安排及要求可在公司章程中进行约定。

2. 出资方式及相关规定

股东可以用货币出资,也可以用实物、知识产权、土地使用权等可以用货币估价并可以依法转让的非货币财产作价出资;但是,法律、行政法规规定不得作为出资的财产除外。对作为出资的非货币财产应当评估作价,核实财产,不得高估或者低估作价。法律、行政法规对评估作价有规定的,从其规定。

股东应当按期足额缴纳公司章程中规定的各自所认缴的出资额。以货币出资的,应当将货币出资足额存入有限责任公司在银行开设的账户;以非货币财产出资的,应当依法办理其财产权的转移手续。股东不按照规定缴纳出资的,除应当向公司足额缴纳外,还应当向已按期足额缴纳出资的股东承担违约责任。

股东认足公司章程规定的出资后,由全体股东指定的代表或者共同委托的代理人向公司登记机关报送公司登记申请书、公司章程等文件,申请设立登记。公司成立后,股东不得抽逃出资。

3. 出资填补责任

有限责任公司成立后,发现作为设立公司出资的非货币财产的实际价额显著低于公司章程所定价额的,应当由交付该出资的股东补足其差额;公司设立时的其他股东承担连带责任。

4. 有限责任公司股东的权利

有限责任公司成立后,应当向股东签发出资证明书。

有限责任公司应当置备股东名册。记载于股东名册的股东,可以依股东名册主张行使股东权利。

股东有权查阅、复制公司章程、股东会会议记录、董事会会议决议、监事会会议决议和财务会计报告。股东可以要求查阅公司会计账簿。公司拒绝提供查阅的,股东可以请求人民法院要求公司提供查阅。

在一般情况下,股东按照实缴的出资比例分取红利;公司新增资本时,股东有权优先按照实缴的出资比例认缴出资。

### 三、有限责任公司的组织机构

#### (一) 股东会

有限责任公司股东会是公司的权力机构,由全体股东组成。

股东会行使下列职权:(1) 决定公司的经营方针和投资计划;(2) 选举和更换非由职工代表担任的董事、监事,决定有关董事、监事的报酬事项;(3) 审议批准董事会的报告;(4) 审议批准监事会或者监事的报告;(5) 审议批准公司的年度财务预算方案、决算方案;(6) 审议批准公司的利润分配方案和弥补亏损方案;(7) 对公司增加或者减少注册资本做出决议;(8) 对发行公司债券做出决议;(9) 对公司合并、分立、变更公司形式、解散和清算等事项做出决议;(10) 修改公司章程;(11) 公司章程规定的其他职权。对上述事项股东以书面形式一致表示同意的,可以不召开股东会会议,直接做出决定,并由全体股东在决定文件上签名、盖章。

股东会会议分为定期会议和临时会议。定期会议应当依照公司章程的规定按时召开。代表 1/10 以上表决权的股东、1/3 以上的董事、监事会或者不设监事会的公司的监事提议召开临时会议的,应当召开临时会议。

首次股东会会议由出资最多的股东召集和主持,依法行使职权。以后的股东会会议,公司设立董事会的,由董事会召集,董事长主持;董事长不能或者不履行职务的,由副董事长主持;副董事长不能或者不履行职务的,由半数以上董事共同推举一名董事主持。公司不设董事会的,股东会会议由执行董事召集和主持。董事会或者执行董事不能或者不履行召集股东会会议职责的,由监事会或者不设监事会的公司的监事召集和主持;监事会或者监事不召集和主持的,代表 1/10 以上表决权的股东可以自行召集和主持。

召开股东会会议,应当于会议召开 15 日以前通知全体股东,但公司章程另有规定或者全体股东另有约定的除外。股东会应当对所议事项的决定做成会议记录,出席会议的股东应当在会议记录上签名。

股东会会议做出修改公司章程、增加或者减少注册资本的决议,以及公司合并、分立、解散或者变更公司形式的决议,必须经代表 2/3 以上表决权的股东通过。

### (二) 董事会

有限责任公司设董事会,其成员为 3 人至 13 人。两个以上的国有企业或者其他两个以上的国有投资主体投资设立的有限责任公司,其董事会成员中应当有公司职工代表;其他有限责任公司董事会成员中可以有公司职工代表。董事会中的职工代表由公司职工通过职工代表大会、职工大会或者其他形式民主选举产生。董事会设董事长 1 人,可以设副董事长。董事长、副董事长的产生办法由公司章程规定。

董事任期由公司章程规定,但每届任期不得超过 3 年。董事任期届满,连选可以连任。

董事会对股东会负责,行使下列职权:(1) 召集股东会会议,并向股东会报告工作;(2) 执行股东会的决议;(3) 决定公司的经营计划和投资方案;(4) 制订公司的年度财务预算方案、决算方案;(5) 制订公司的利润分配方案和弥补亏损方案;(6) 制订公司增加或者减少注册资本以及发行公司债券的方案;(7) 制订公司合并、分立、变更公司形式、解散的方案;(8) 决定公司内部管理机构的设置;(9) 决定聘任或者解聘公司经理及其报酬事项,并根据经理的提名决定聘任或者解聘公司副经理、财务负责人及其报酬事项;(10) 制定公司的基本管理制度;(11) 公司章程规定的其他职权。

董事会会议由董事长召集和主持;董事长不能或者不履行职务的,由副董事长召集和主持;副董事长不能或者不履行职务的,由半数以上董事共同推举一名董事召集和主持。

董事会决议的表决,实行一人一票。董事会应当对所议事项的决定做成会议记录,出席会议的董事应当在会议记录上签名。

股东人数较少或者规模较小的有限责任公司,可以设一名执行董事,不设立董事会。执行董事可以兼任公司经理。执行董事的职权由公司章程规定。

### (三) 经理

有限责任公司可以设经理,由董事会决定聘任或者解聘。公司章程可以规定不设经理,而设总裁、首席执行官等职务,行使公司的管理职权。

经理对董事会负责,行使下列职权:(1) 主持公司的生产经营管理工作,组织实施董事会决议;(2) 组织实施公司年度经营计划和投资方案;(3) 拟订公司内部管理机构设置方案;(4) 拟订公司的基本管理制度;(5) 制定公司的具体规章;(6) 提请聘任或者解聘公司副经理、财务负责人;(7) 决定聘任或者解聘除应由董事会决定聘任或者解聘以外的负责管理人员;(8) 董事会授予的其他职权。经理列席董事会会议。公司章程对经理职权另有规定的,从其规定。

### (四) 监事会

有限责任公司设立监事会,其成员不得少于 3 人。股东人数较少或者规模较小的有限责任公司,可以设一至二名监事,不设立监事会。监事会应当包括股东代表和适当比例的公司职工代表,其中职工代表的比例不得低于 1/3,具体比例由公司章程规定。监事会中的职工代表由公司职工通过职工代表大会、职工大会或者其他形式民主选举产生。监事会设主席一人,由全体监事过半数选举产生。监事会主席召集和主持监事会会议;监事会主席不能或者不履行职务的,由半数以上监事共同推举一名监事召集和主持监事会会议。董事、高级管理人员不得兼任监事。

监事的任期每届为 3 年。监事任期届满,连选可以连任。

监事会、不设监事会的公司的监事行使下列职权:(1) 检查公司财务;(2) 对董事、高级管理人员执行公司职务的行为进行监督,对违反法律、行政法规、公司章程或者股东会决议的董事、高级管理人员提出罢免的建议;(3) 当董事、高级管理人员的行为损害公司的利益时,要求董事、高级管理人员予以纠正;(4) 提议召开临时股东会会议,在董事会不履行本法规定的召集和主持股东会会议职责时召集和主持股东会会议;(5) 向股东会会议提出提案;(6) 对董事、高级管理人员提起诉讼;(7) 公司章程规定的其他职权。

监事会每年度至少召开一次会议,监事可以提议召开临时监事会会议。监事会的议事方式和表决程序,除《公司法》有规定的以外,由公司章程规定。监事会决议应当经半数以上监事通过。监事会应当对所议事项的决定做成会议记录,出席会议的监事应当在会议记录上签名。

## 四、一人有限责任公司

### (一) 概念

一人有限责任公司,是指只有一个自然人股东或者一个法人股东的有限责任公司。

### (二) 特别规定

一个自然人只能投资设立一个一人有限责任公司,该一人有限责任公司不能投资设立新的一人有限责任公司。

一人有限责任公司应当在公司登记中注明自然人独资或者法人独资,并在公司营业执照中载明。

一人有限责任公司不设股东会。法律规定的股东会职权由股东行使,当股东行使相应职权做出决定时,应当采用书面形式,并由股东签字后置备于公司。一人有限责任公司应当在每一会计年度终了时编制财务会计报告,并经会计师事务所审计。

一人有限责任公司的股东不能证明公司财产独立于股东自己财产的,应当对公司债务承担连带责任。

## 五、国有独资公司

### (一) 概念

国有独资公司,是指国家单独出资、由国务院或者地方人民政府委托本级人民政府国有资产监督管理机构履行出资人职责的有限责任公司。

### (二) 特别规定

国有独资公司章程由国有资产监督管理机构制定,或者由董事会制订报国有资产监督管理机构批准。

国有独资公司不设股东会,由国有资产监督管理机构行使股东会职权。国有资产监督管理机构可以授权公司董事会行使股东会的部分职权,决定公司的重大事项,但公司的合并、分立、解散、增减注册资本和发行公司债券,必须由国有资产监督管理机构决定;其中,国务院有关规定确定的重要国有独资公司的合并、分立、解散、申请破产,应当由国有资产监督管理机构审核后,报本级人民政府批准。

国有独资公司设立董事会,依照法律规定的有限责任公司董事会的职权和国有资产监督管理机构的授权行使职权。董事每届任期不得超过 3 年。董事会成员中应当有公司职工代表。董事会成员由国有资产监督管理机构委派;但是,董事会成员中的职工代表由公司职工代表大会选举产生。董事会设董事长一人,可以设副董事长。董事长、副董事长由国有资产监督管理机构从董事会成员中指定。

国有独资公司设经理,由董事会聘任或者解聘。国有独资公司经理的职权与普通有限责任公司相同。经国有资产监督管理机构同意,董事会成员可以兼任经理。

国有独资公司的董事长、副董事长、董事、高级管理人员,未经国有资产监督管理机构同意,不得在其他有限责任公司、股份有限公司或者其他经济组织兼职。

国有独资公司监事会成员不得少于 5 人,其中职工代表的比例不得低于 1/3,具体比例由公司章程规定。监事会成员由国有资产监督管理机构委派;但是,监事会中的职工代表由公司职工代表大会选举产生。监事会主席由国有资产监督管理机构从监事会成员中指定。国有独资公司监事会的职权范围小于普通有限责任公司的监事会,包括:检查公司财务;对董事、高级管理人员执行公司职务的行为进行监督,对违反法律、行政法规、公司章程或者股东会决议的董事、高级管理人员提出罢免的建议;当董事、高级管理人员的行为损害公司的利益时,要求董事、高级管理人员予以纠正;以及国务院规定的其他职权。

## 六、有限责任公司的股权转让

### (一) 一般规定

有限责任公司的股东之间可以相互转让其全部或者部分股权。股东向股东以外的人转让股权,应当经其他股东过半数同意。股东应就其股权转让事项书面通知其他股东征求同意,其他股东自接到书面通知之日起满 30 日未答复的,视为同意转让。其他股东半数以上不同意转让的,不同意的股东应当购买该转让的股权;不购买的,视为同意转让。经股东同意转让的股权,在同等条件下,其他股东有优先购买权。两个以上股东主张行使优先购买权的,协商确定各自的购买比例;协商不成的,按照转让时各自的出资比例行使优先购买权。公司章程对股权转让另有规定的,从其规定。

### (二) 特殊情况下的股权转让问题

人民法院依照法律规定的强制执行程序转让股东的股权时,应当通知公司及全体股东,其他股东在同等条件下有优先购买权。其他股东自人民法院通知之日起满 20 日不行使优先购买权的,视为放弃优先购买权。自然人股东死亡后,其合法继承人可以继承股东资格,但公司章程另有规定的除外。

股东转让股权后,公司应当注销原股东的出资证明书,向新股东签发出资证明书,并相应修改公司章程和股东名册中有关股东及其出资额的记载。对公司章程的该项修改不需再由股东会表决。

股东的股权回购请求权。有下列情形之一的,对股东会该项决议投反对票的股东可以请求公司按照合理的价格收购其股权:(1)公司连续 5 年不向股东分配利润,而公司该 5 年连续盈利,并且符合法律规定的分配利润条件的;(2)公司合并、分立、转让主要财产的;(3)公司章程规定的营业期限届满或者章程规定的其他解散事由出现,股东会会议通过决议修改章程使公司存续的。自股东会会议决议通过之日起 60 日内,股东与公司不能达成股权收购协议的,股东可以自股东会会议决议通过之日起 90 日内向人民法院提起诉讼。

# 第三节 股份有限公司

## 一、股份有限公司的概念和特点

### (一)概念

股份有限责任公司是指由一定数量的股东依法设立的、全部资本分为等额的股份,其成员以其认购的股份为限对公司债务承担责任的公司。

### (二)特点

1. 股份有限责任公司是典型的公司形式,即典型的营利性社团法人。与其他公司形式相比最具有法人性,是单纯的资合公司,公司信用完全建立在资本的基础上。

2. 股份有限责任公司的股份是等额的。股份有限责任公司注册资本总额是由若干股份单位组成,股份单位的数额可由公司根据自身情况来决定,但无论多少都必须是相等的。

3. 股份有限责任公司的股份体现为股票形式。股票是一种有价证券,在股票市场上发行和流通,任何人购买股票都可以成为公司股东,任何持有股票者都可在市场上自由转让股票。

4. 股份有限责任公司的股东以其投资入股为限。公司亏损,不损及股东个人私产。

## 二、股份有限公司的设立

### (一)设立方式

股份有限公司可以采取发起设立或者募集设立的方式。发起设立,是指由发起人认购公司应发行的全部股份而设立公司。募集设立,是指由发起人认购公司应发行股份的一部分,其余股份向社会公开募集或者向特定对象募集而设立公司。

### (二)设立条件

设立股份有限公司,应当具备下列条件:

1. 发起人符合法定人数。

即有 2 人以上 200 人以下为发起人,其中须有半数以上的发起人在中国境内有住所。股份有限公司发起人承担公司筹办事务。发起人应当签订发起人协议,明确各自在公司设立过程中的权利和义务。

2. 有符合公司章程规定的全体发起人认购的股本总额或者募集的实收股本总额。

股份有限公司采取发起设立方式设立的,注册资本为在公司登记机关登记的全体发起人认购的股本总额。在发起人认购的股份缴足前.不得向他人募集股份。股份有限公司采取募集方式设立的,注册资本为在公司登记机关登记的实收股本总额。法律、行政法规以及国务院决定对股份有限公司注册资本实缴、注册资本最低限额另有规定的,从其规定。

股份有限公司发起人的出资方式与有限责任公司股东相同。

3. 股份发行、筹办事项符合法律规定。

4. 发起人制订公司章程,采用募集方式设立的须经创立大会通过。

股份有限公司章程应当载明下列事项:(1)公司名称和住所;(2)公司经营范围;(3)公司设立方式;(4)公司股份总数、每股金额和注册资本;(5)发起人的姓名或者名称、认购的股份数、出资方式和出资时间;(6)董事会的组成、职权、任期和议事规则;(7)公司法定代表人;(8)监事会的组成、职权、任期和议事规则;(9)公司利润分配办法;(10)公司的解散事由与清算办法;(11)公司的通知和公告办法;(12)股东大会会议认为需要规定的其他事项。

5. 有公司名称,建立符合股份有限公司要求的组织机构。

6. 有公司住所。

### (三)股份有限公司的发起人的责任

股份有限公司的发起人应当承担下列责任:1. 公司不能成立时,对设立行为所产生的债务和费用负连带责任;2. 公司不能成立时,对认股人已缴纳的股款,负返还股款并加算银行同期存款利息的连带责任;3. 在公司设立过程中,由于发起人的过失致使公司利益受到损害的,应当对公司承担赔偿责任。

### (四)设立程序

1. 发起设立的程序

以发起设立方式设立股份有限公司的,发起人应当书面认足公司章程规定其认购的股份,并按照公司章程规定缴纳出资。以非货币财产出资的,应当依法办理其财产权的转移手续。发起人不按照规定缴纳出资的,应当按照发起人协议承担违约责任。发起人认足公司章程规定的出资后,应当选举董事会和监事会,由董事会依法向公司登记机关申请设立登记。

2. 募集设立的程序

以募集设立方式设立股份有限公司的,发起人认购的股份不得少于公司股份总数的35%;但法律、行政法规另有规定的,从其规定。

发起人向社会公开募集股份,必须公告招股说明书,并制作认股书。认股书应当载明法律所列事项,由认股人填写认购股数、金额、住所,并签名、盖章。认股人按照所认购股数缴纳股款,招股说明书应当附有发起人制订的公司章程,并载明下列事项:(1)发起人认购的股份数;(2)每股的票面金额和发行价格;(3)无记名股票的发行总数;(4)募集资金的用途;(5)认股人的权利、义务;(6)本次募股的起止期限及逾期未募足时认股人可以撤回所认股份的说明。

发起人向社会公开募集股份,应当由依法设立的证券公司承销,签订承销协议,应当同银行签订代收股款协议。代收股款的银行应当按照协议代收和保存股款,向缴纳股款的认股人出具收款单据,并负有向有关部门出具收款证明的义务。

发行股份的股款缴足后,必须经依法设立的验资机构验资并出具证明。发起人应当自股款缴足之日起30日内主持召开公司创立大会。创立大会由发起人、认股人组成。发行的股份超过招股说明书规定的截止期限尚未募足的,或者发行股份的股款缴足后,发起人在30日内未召开创立大会的,认股人可以按照所缴股款并加算银行同期存款利息,要求发起人返还。

发起人应当在创立大会召开15日前将会议日期通知各认股人或者予以公告。创立大会应有代表股份总数过半数的发起人、认股人出席,方可举行。创立大会行使下列职权:(1)审议发起人关于公司筹办情况的报告;(2)通过公司章程;(3)选举董事会成员;(4)选举监事会成员;(5)对公司的设立费用进行审核;(6)对发起人用于抵作股款的财产的作价进行审核;(7)发生不可抗力或者经营条件发生重大变化直接影响公司设立的,可以做出不设立公司的决议。创立大会对上述事项做出决议,必须经出席会议的认股人所持表决权过半数通过。

发起人、认股人缴纳股款或者交付抵作股款的出资后,除未按期募足股份、发起人未按期召开创立大会或者创立大会决议不设立公司的情形外,不得抽回其股本。

董事会应于创立大会结束后30日内,依法向公司登记机关申请设立登记。

### (五)出资填补责任

股份有限公司成立后,发起人未按照公司章程的规定缴足出资的,应当补缴;其他发起人承担连带责任。股份有限公司成立后,发现作为设立公司出资的非货币财产的实际价额显著低于公司章程所定价额的,应当由交付该出资的发起人补足其差额;其他发起人承担连带责任。

## 三、股份有限公司的组织机构

### (一)股东大会

股份有限公司股东大会由全体股东组成。股东大会是公司的权力机构,依法行使职权,其职权范围与有限责任公司股东会相同。

股东大会分为年会与临时大会。股东大会年会应当每年召开一次。有下列情形之一的,应当在两个月内召开临时股东大会:(1)董事人数不足《公司法》规定人数或者公司章程所定人数的2/3时;(2)公司未弥补的亏损达实收股本总额1/3时;(3)单独或者合计持有公司10%以上股份的股东请求时;(4)董事会认为必要时;(5)监事会提议召开时;(6)公司章程规定的其他情形。

股东大会会议由董事会召集,董事长主持;董事长不能或者不履行职务的,由副董事长主持;副董事长不能或者不履行职务的,由半数以上董事共同推举一名董事主持。董事会不能或者不履行召集股东大会会议职责的,监事会应当及时召集和主持;监事会不召集和主持的,连续90日以上单独或者合计持有公司10%以上股份的股东可以自行召集和主持。

召开股东大会会议,应当将会议召开的时间、地点和审议的事项于会议召开20日前通知各股东;临时股东大会应当于会议召开15日前通知各股东;发行无记名股票的,应当于会议召开30日前公告会议召开的时间、地点和审议事项。

单独或者合计持有公司3%以上股份的股东,可以在股东大会召开10日前提出临时提案并书面提交董事会;董事会应当在收到提案后2日内通知其他股东,并将该临时提案提交股东大会审议。临时提案的内容应当属于股东大会职权范围,并有明确议题和具体决议事项。股东大会不得对向股东通知中未列明的事项做出决议。无记名股票持有人出席股东大会会议的,应当于会议召开5日前至股东大会闭会时将股票交于公司。

股东出席股东大会会议,所持每一股份有一表决权。股东可以委托代理人出席股东大会会议,代理人应当向公司提交股东授权委托书,并在授权范围内行使表决权。公司持有的本公司股份没有表决权。

股东大会决议的事项分为普通事项与特别事项两类。股东大会对普通事项做出决议,必须经出席会议的股东所持表决权过半数通过。股东大会对修改公司章程、增加或者减少注册资本,以及公司合并、分立、解散或者变更公司形式的特别事项做出决议,必须经出席会议的股东所持表决权的 2/3 以上通过。

《公司法》和公司章程规定公司转让、受让重大资产或者对外提供担保等事项必须经股东大会做出决议的,董事会应当及时召集股东大会会议,由股东大会就上述事项进行表决。

股东大会选举董事、监事,可以根据公司章程的规定或者股东大会的决议,实行累积投票制。累积投票制,是指股东大会选举董事或者监事时,每一股份拥有与应选董事或者监事人数相同的表决权,股东拥有的表决权可以集中使用。

股东大会应当对所议事项的决定做成会议记录,主持人、出席会议的董事应当在会议记录上签名。会议记录应当与出席股东的签名册及代理出席的委托书一并保存。

### (二) 董事会

股份有限公司设董事会,其成员为 5 人至 19 人。董事会成员中可以有公司职工代表。董事会中的职工代表由公司职工通过职工代表大会、职工大会或者其他形式民主选举产生。股份有限公司董事的任期、董事会的职权与有限责任公司相同。

董事会设董事长一人,可以设副董事长。董事长和副董事长由董事会以全体董事的过半数选举产生。董事长召集和主持董事会会议,检查董事会决议的实施情况。副董事长协助董事长工作,董事长不能或者不履行职务的,由副董事长履行职务;副董事长不能或者不履行职务的。由半数以上董事共同推举一名董事履行职务。

董事会每年度至少召开两次会议,每次会议应当于会议召开 10 日前通知全体董事和监事。代表 1/10 以上表决权的股东、1/3 以上董事或者监事会,可以提议召开董事会临时会议。董事长应当自接到提议后 10 日内,召集和主持董事会会议。董事会召开临时会议,可以另定召集董事会的通知方式和通知时限。

董事会会议应有过半数的董事出席方可举行。董事会做出决议必须经全体董事的过半数通过。董事会决议的表决实行一人一票。董事会会议应由董事本人出席,董事因故不能出席,可以书面委托其他董事代为出席,委托书中应载明授权范围。

董事会应当对会议所议事项的决定做成会议记录,出席会议的董事应当在会议记录上签名。董事应当对董事会的决议承担责任。董事会的决议违反法律、行政法规或者公司章程、股东大会决议,致使公司遭受严重损失的,参与决议的董事对公司负赔偿责任。但经证明在表决时曾表明异议并记载于会议记录的,该董事可以免除责任。

### (三) 经理

股份有限公司设经理,由董事会决定聘任或者解聘,其职权与有限责任公司经理相同。公司董事会可以决定由董事会成员兼任经理。

公司应当定期向股东披露董事、监事、高级管理人员从公司获得报酬的情况。公司不得直接或者通过子公司向董事、监事、高级管理人员提供借款。

### (四) 监事会

股份有限公司设立监事会,其成员不得少于 3 人。监事会应当包括股东代表和适当比例的公司职工代表,其中职工代表的比例不得低于 1/3,具体比例由公司章程规定。监事会中的职工代表由公司职工通过职工代表大会、职工大会或者其他形式民主选举产生。董事、高级管理人员不得兼任监事。

监事会设主席一人,可以设副主席。监事会主席和副主席由全体监事过半数选举产生。监事会主席召集和主持监事会会议;监事会主席不能或者不履行职务的.由监事会副主席召集和主持监事会会议;监事会副主席不能或者不履行职务的.由半数以上监事共同推举一名监事召集和主持监事会会议。

股份有限公司监事的任期、监事会的职权与有限责任公司相同。监事会行使职权所必需的费用,由公司承担。

监事会每 6 个月至少召开一次会议。监事可以提议召开临时监事会会议。监事会决议应当经半数以上监事通过。监事会的议事方式和表决程序,除法律有规定的外,由公司章程规定。监事会应当对所议事项的决定做成会议记录,出席会议的监事应当在会议记录上签名。

## 四、股份有限公司的股份发行和转让

### (一) 股份的概念和种类

1. 股份的概念

股份是表示股东权利和义务的最基本的计算单位。它具有两种含义:一是公司资本的最小组成单位,公司全部股份金额的总和即为公司资本总额;二是股东权利义务产生的根据,股东权利义务的大小取决于其拥有的股份数额。

2. 股份的分类

(1) 依股份所代表的股东权的内容分为普通股与特别股,特别股又分为优先股与劣后股;(2) 依股东姓名是否记载于股票上可分为记名股与无记名股;(3) 依股份是否以金额表示可分为额面股(金额股)与无额面股(比例股或分数股);(4) 依持股主体不同分为国有股、法人股、个人股及外资股;(5) 依是否以人民币认购和交易可分为人民币股(A 股)和人民币特别股(B 股和 H 股)。

### (二) 股份发行

股份的发行,实行公平、公正的原则,同种类的每一股份应当具有同等权利。同次发行的同种类股票,每股的发行条件和价格应当相同;任何单位或者个人所认购的股份,每股应当支付相同价额。

股票发行价格可以按票面金额,也可以超过票面金额,但不得低于票面金额。因为低于票面金额发行股票,违背资本充实原则,使股票发行募集的资金低于公司相应的注册资本数额,出现资本虚增,会影响交易安全,危及债权人的利益。

股票应当载明下列主要事项:(1) 公司名称;(2) 公司成立日期;(3) 股票种类、票面金额及代表的股份数;(4) 股票的编号。股票由法定代表人签名,公司盖章。股份有限公司成立后,即向股东正式交付股票。公司成立前不得向股东交付股票。

公司发行的股票,可以为记名股票,也可以为无记名股票。发起人的股票,应当标明发起人股票字样。公司向发起人、法人发行的股票为记名股票,应当记载该发起人、法人的名称或者姓名,不得另立户名或者以代表人姓名记名。

公司发行记名股票的,应当置备股东名册,记载下列事项:(1) 股东的姓名或者名称及住所;(2) 各股东所持股份数;(3) 各股东所持股票的编号;(4) 各股东取得股份的日期。发行无记名股票的,公司应当记载其股票数量、编号及发行日期。

公司发行新股,股东大会应当对下列事项做出决议:(1)新股种类及数额;(2)新股发行价格;(3)新股发行的起止日期;(4)向原有股东发行新股的种类及数额。

公司经国务院证券监督管理机构核准公开发行新股时,必须公告新股招股说明书和财务会计报告,并制作认股书。公司公开发行新股应当由依法设立的证券公司承销,签订承销协议,并同银行签订代收股款协议。公司发行新股,可以根据公司经营情况和财务状况,确定其作价方案。公司发行新股募足股款后,必须向公司登记机关办理变更登记,并公告。

### (三)股份转让

股东持有的股份可以依法转让。股东转让其股份,应当在依法设立的证券交易场所进行或者按照国务院规定的其他方式进行。上市公司的股票,依照有关法律、行政法规及证券交易所交易规则上市交易。

记名股票,由股东以背书方式或者法律、行政法规规定的其他方式转让;转让后由公司将受让人的姓名或者名称及住所记载于股东名册。股东大会召开前 20 日内或者公司决定分配股利的基准日前 5 日内,不得进行股东名册的变更登记,但法律对上市公司股东名册变更登记另有规定的,从其规定。无记名股票的转让,由股东将该股票交付给受让人后即发生转让的效力。

发起人持有的本公司股份,自公司成立之日起 1 年内不得转让。公司公开发行股份前已发行的股份,自公司股票在证券交易所上市交易之日起 1 年内不得转让。

公司董事、监事、高级管理人员应当向公司申报所持有的本公司的股份及其变动情况,在任职期间每年转让的股份不得超过其所持有本公司股份总数的 25%;所持本公司股份自公司股票上市交易之日起 1 年内不得转让。上述人员离职后半年内,不得转让其所持有的本公司股份。

公司不得收购本公司股份,但有下列情形之一的除外:(1)减少公司注册资本;(2)与持有本公司股份的其他公司合并;(3)将股份奖励给本公司职工;(4)股东因对股东大会做出的公司合并、分立决议持异议,要求公司收购其股份的。

记名股票被盗、遗失或者灭失,股东可以依照《民事诉讼法》规定的公示催告程序,请求人民法院宣告该股票失效。人民法院宣告该股票失效后,股东可以向公司申请补发股票。

## 五、上市公司的特别规定

### (一)概念

上市公司,是指其股票在证券交易所上市交易的股份有限公司。

### (二)特别规定

1. 股东大会特别决议事项。上市公司在一年内购买、出售重大资产或者担保金额超过公司资产总额 30% 的,应当由股东大会做出决议,并经出席会议的股东所持表决权的 2/3 以上通过。

2. 上市公司设立独立董事,具体办法由国务院规定。独立董事,是指不在公司担任除董事外的其他职务,并与其所受聘的上市公司及其主要股东不存在可能妨碍其进行独立客观判断的关系的董事。独立董事除了应履行董事的一般职责外,主要职责在于对控股股东及其选任的上市公司的董事、高级管理人员,以及其与公司进行的关联交易等进行监督。

3. 上市公司设立董事会秘书,负责公司股东大会和董事会会议的筹备、文件保管以及公司股东资料管理,办理信息披露事务等事宜。

4. 上市公司董事与董事会会议决议事项所涉及的企业有关联关系的,不得对该项决议行使表决权,也不得代理其他董事行使表决权。该董事会会议由过半数的无关联关系董事出席即可举行,董事会会议所做决议须经无关联关系董事过半数通过。出席董事会的无关联关系董事人数不足3人的,应将该事项提交上市公司股东大会审议。

## 六、公司董事、监事、高级管理人员的资格和义务

### (一) 公司董事、监事、高级管理人员的资格

有下列情形之一的,不得担任公司的董事、监事、高级管理人员:(1) 无民事行为能力或者限制民事行为能力人;(2) 因贪污、贿赂、侵占财产、挪用财产或者破坏社会主义市场经济秩序,被判处刑罚,执行期满未逾5年,或者因犯罪被剥夺政治权利,执行期满未逾5年;(3) 担任破产清算的公司、企业的董事或者厂长、经理,对该公司、企业的破产负有个人责任的,自该公司、企业破产清算完结之日起未逾3年;(4) 担任因违法被吊销营业执照、责令关闭的公司、企业的法定代表人,并负有个人责任的,自该公司、企业被吊销营业执照之日起未逾3年;(5) 个人所负数额较大的债务到期未清偿。

公司违反《公司法》的上述规定选举、委派董事、监事或者聘任高级管理人员的,该选举、委派或者聘任无效。公司董事、监事、高级管理人员在任职期间出现上述所列情形的,公司应当解除其职务。

### (二) 公司董事、监事、高级管理人员的义务

公司董事、监事、高级管理人员应当遵守法律、行政法规和公司章程,对公司负有忠实义务和勤勉义务。公司董事、监事、高级管理人员不得利用职权收受贿赂或者其他非法收入,不得侵占公司的财产。

公司董事、高级管理人员不得有下列行为:(1) 挪用公司资金;(2) 将公司资金以其个人名义或者以其他个人名义开立账户存储;(3) 违反公司章程的规定,未经股东会、股东大会或者董事会同意,将公司资金借贷给他人或者以公司财产为他人提供担保;(4) 违反公司章程的规定或者未经股东会、股东大会同意,与本公司订立合同或者进行交易;(5) 未经股东会或者股东大会同意,利用职务便利为自己或者他人谋取属于公司的商业机会,自营或者为他人经营与所任职公司同类的业务;(6) 接受他人与公司交易的佣金归为己有;(7) 擅自披露公司秘密;(8) 违反对公司忠实义务的其他行为。公司董事、高级管理人员违反上述规定所得的收入应当归公司所有。

公司董事、监事、高级管理人员执行公司职务时违反法律、行政法规或者公司章程的规定,给公司造成损失的,应当承担赔偿责任。

公司股东会或者股东大会要求董事、监事、高级管理人员列席会议的,董事、监事、高级管理人员应当列席并接受股东的质询。董事、高级管理人员应当如实向公司监事会提供有关情况和资料,不得妨碍监事会行使职权。

# 第四节 公司债券

## 一、公司债券的概念和种类

### (一) 公司债券的概念

公司债券是指公司依照法定程序发行、约定在一定期限还本付息的有价证券。

公司债券与公司股票的区别:(1) 公司债券的持有人是公司的债权人,对公司享有民法上规定的债权人的所有权利,而股票的持有人则是公司的股东,享有《公司法》所规定的股东权利;(2) 公司债券的持有人,无论公司是否有盈利,公司应按照约定给付利息,而股票持有人,则必须在公司有盈利时才能依法获得股利分配;(3) 公司债券到了约定期限,公司必须偿还债券本金,而股票持有人仅在公司解散时方可请求分配剩余财产;(4) 公司债券的持有人享有优先于股票持有人获得清偿的权利,而股票持有人必须在公司全部债务清偿之后,方可就公司剩余财产请求分配;(5) 公司债券的利率一般是固定不变的,风险较小,而股票股利分配的高低,与公司经营好坏密切相关,故常有变动,风险较大。

### (二) 公司债券的种类

依照不同的标准,对公司债券可作不同的分类。

1. 记名公司债券和无记名公司债券

记名公司债券是指在公司债券上记载债权人姓名或者名称的债券;无记名公司债券是指在公司债券上不记载债权人姓名或者名称的债券。区分记名公司债券和无记名公司债券的法律意义在于两者转让的要求不同。

2. 可转换公司债券和不可转换公司债券

可转换公司债券是指可以转换成公司股票的公司债券。这种公司债券在发行时规定了转换为公司股票的条件与办法,当条件具备时,债券持有人拥有将公司债券转换为公司股票的选择权。不可转换公司债券是指不能转换为公司股票的公司债券。凡在发行债券时未做出转换约定的,均为不可转换公司债券。

3. 担保公司债券与无担保公司债券

担保公司债券是指公司在发行债券时以特定财产或第三人对该债券的还本付息做出担保的公司债券。无担保公司债券指,既没有提供任何特定财产作抵押,也没有第三人作保证,仅以公司的信用为基础所发行的公司债券。担保公司债比无担保公司债更能保障债权人的利益。我国公司法未作规定。

## 二、公司债券的发行和转让

### (一) 公司债券的发行

发行公司债券的申请经国务院授权的部门核准后,应当公告公司债券募集办法。公司债券募集办法中应当载明下列主要事项:(1) 公司名称;(2) 债券募集资金的用途;(3) 债券总额和债券的票面金额;(4) 债券利率的确定方式;(5) 还本付息的期限和方式;(6) 债券担保情况;(7) 债券的发行价格、发行的起止日期;(8) 公司净资产额;(9) 已发行的尚未到期的公司债券总额;(10) 公司债券的承销机构。

公司以实物券方式发行公司债券的,必须在债券上载明公司名称、债券票面金额、利率、偿还期限等事项,并由法定代表人签名,公司盖章。

公司发行公司债券应当置备公司债券存根簿。公司债券,可以为记名债券,也可以为无记名债券。发行记名公司债券的,应当在公司债券存根簿上载明下列事项:(1) 债券持有人的姓名或者名称及住所;(2) 债券持有人取得债券的日期及债券的编号;(3) 债券总额,债券的票面金额、利率、还本付息的期限和方式;(4) 债券的发行日期。发行无记名公司债券的,应当在公司债券存根簿上载明债券总额、利率、偿还期限和方式、发行日期及债券的编号。

上市公司经股东大会决议可以发行可转换为股票的公司债券,并在公司债券募集办法中规定具体的转换办法。上市公司发行可转换为股票的公司债券,应当报国务院证券监督管理机构核准。发行可转换为股票的公司债券,应当在债券上标明可转换公司债券字样,并在公司债券存根簿上载明可转换公司债券的数额。

### (二) 公司债券的转让

公司债券可以转让,转让价格由转让人与受让人约定。公司债券在证券交易所上市交易的,按照证券交易所的交易规则转让。

记名公司债券,由债券持有人以背书方式或者法律、行政法规规定的其他方式转让;转让后由公司将受让人的姓名或者名称及住所记载于公司债券存根簿,以备公司存查。无记名公司债券的转让,由债券持有人将该债券交付给受让人后即发生转让的效力;受让人一经持有该债券,即成为公司的债权人。

发行可转换为股票的公司债券的,公司应当按照其转换办法向债券持有人换发股票,但债券持有人对转换股票或者不转换股票有选择权。

## 第五节 公司财务、会计

### 一、公司利润分配

公司利润是指公司在一定会计期间的经营成果。公司应当按照如下顺序进行利润分配:

1. 弥补以前年度的亏损,但不得超过税法规定的弥补期限;
2. 缴纳所得税;
3. 弥补在税前利润弥补亏损之后仍存在的亏损;
4. 提取法定公积金;
5. 提取任意公积金;
6. 向股东分配利润。

公司弥补亏损和提取公积金后所余税后利润,有限责任公司按照股东实缴的出资比例分配,但全体股东约定不按照出资比例分配的除外;股份有限公司按照股东持有的股份比例分配,但股份有限公司章程规定不按持股比例分配的除外。

公司股东会、股东大会或者董事会违反规定,在公司弥补亏损和提取法定公积金之前向股东分配利润的,股东必须将违反规定分配的利润退还公司。公司持有的本公司股份不得分配利润。

## 二、公积金

### (一) 分类

公积金分为盈余公积金和资本公积金两类。盈余公积金是从公司税后利润中提取的公积金,分为法定公积金和任意公积金两种。法定公积金按照公司税后利润的 10% 提取,当公司法定公积金累计额为公司注册资本的 50% 以上时可以不再提取。公司的法定公积金不足以弥补以前年度亏损的,在依照规定提取法定公积金之前,应当先用当年利润弥补亏损。任意公积金按照公司股东会或者股东大会决议,从公司税后利润中提取。资本公积金是直接由资本原因形成的公积金,股份有限公司以超过股票票面金额的发行价格发行股份所得的溢价款以及国务院财政部门规定列入资本公积金的其他收入,应当列为公司资本公积金。

### (二) 用途

公积金应当按照规定的用途使用,其用途主要如下:

#### 1. 弥补公司亏损

公司的亏损按照国家税法规定可以用缴纳所得税前的利润弥补,超过用所得税前利润弥补期限仍未补足的亏损,可以用公司税后利润弥补;发生特大亏损,税后利润仍不足弥补的,可以用公司的公积金弥补。但是,资本公积金不得用于弥补公司的亏损。

#### 2. 扩大公司生产经营

公司可以根据生产经营的需要,用公积金来扩大生产经营规模。

#### 3. 转增公司资本

公司为了实现增加资本的目的,可以将公积金的一部分转为资本。对用任意公积金转增资本的,法律没有限制,但用法定公积金转增资本时,《公司法》规定,转增后所留存的该项公积金不得少于转增前公司注册资本的 25%。

# 第六节　公司合并、分立、解散和清算

## 一、公司合并

### (一) 合并的概念与形式

公司合并是指两个以上的公司依照法定程序变为一个公司的行为。其形式有两种:一是吸收合并;二是新设合并。吸收合并是指一个公司吸收其他公司加入本公司,被吸收的公司解散。新设合并是指两个以上公司合并设立一个新的公司,合并各方解散。

### (二) 合并的程序

#### 1. 签订合并协议

合并协议应当包括以下主要内容:(1) 合并各方的名称、住所;(2) 合并后存续公司或新设公司的名称、住所;(3) 合并各方的债权债务处理办法;(4) 合并各方的资产状况及其处理办法;(5) 存续公司或新设公司因合并而增资所发行的股份总额、种类和数量;(6) 合并各方认为需要载明的其他事项。

2. 编制资产负债表及财产清单

3. 做出合并决议

公司在签订合并协议并编制资产负债表及财产清单后,应当就公司合并的有关事项做出合并决议。

4. 通知债权人

公司应当自做出合并决议之日起 10 日内通知债权人.并于 30 日内在报纸上公告。债权人自接到通知书之日起 30 日内,未接到通知书的自公告之日起 45 日内,可以要求公司清偿债务或者提供相应的担保。

5. 依法进行登记

公司合并后,应当依法向公司登记机关办理相应的变更登记、注销登记、设立登记。

**(三) 合并各方的债权、债务**

公司合并时,合并各方的债权、债务,应当由合并后存续的公司或者新设的公司承继。

## 二、公司分立

**(一) 分立的概念与形式**

公司分立是指一个公司依法分为两个以上的公司。公司分立的形式有两种:一是公司以其部分财产另设一个或数个新的公司,原公司存续;二是公司以其全部财产分别归入两个以上的新设公司,原公司解散。

**(二) 分立的程序**

公司分立的程序与公司合并的程序基本一样,要签订分立协议,编制资产负债表及财产清单,做出分立决议,通知债权人,办理工商变更登记等。

**(三) 分立前的债务**

公司分立前的债务由分立后的公司承担连带责任。但是,公司在分立前与债权人就债务清偿达成的书面协议另有约定的除外。

## 三、公司的解散

公司解散的原因有以下五种情形:(1) 公司章程规定的营业期限届满或者公司章程规定的其他解散事由出现;(2) 股东会或者股东大会决议解散;(3) 因公司合并或者分立需要解散;(4) 依法被吊销营业执照、责令关闭或者被撤销;(5) 人民法院依法予以解散。

公司有上述第1项情形的,可以通过修改公司章程而存续。公司依照规定修改公司章程的,有限责任公司须经持有 2/3 以上表决权的股东通过,股份有限公司须经出席股东大会会议的股东所持表决权的 2/3 以上通过。

公司经营管理发生严重困难,继续存续会使股东利益受到重大损失,通过其他途径不能解决的,持有公司全部股东表决权 10% 以上的股东,可以请求人民法院解散公司。

公司被依法宣告破产的,依照有关企业破产的法律实施破产清算。

#### 四、公司的清算

##### （一）成立清算组

公司解散时，除因合并或者分立者外，应当依法进行清算。公司应当在解散事由出现之日起 15 日内成立清算组，开始清算。有限责任公司的清算组由股东组成，股份有限公司的清算组由董事或者股东大会确定的人员组成。逾期不成立清算组进行清算的，或虽然成立清算组但故意拖延清算的、违反清算可能严重损害债权人或者股东利益的，债权人可以申请人民法院指定有关人员组成清算组进行清算。在上述情况下，若债权人未提起清算申请，公司股东申请人民法院指定清算组对公司进行清算的，人民法院应当受理该申请，并及时组织清算组进行清算。

人民法院受理公司清算案件，应当及时指定有关人员组成清算组。清算组成员可以从下列人员或者机构中产生：(1) 公司股东、董事、监事、高级管理人员；(2) 依法设立的律师事务所、会计师事务所、破产清算事务所等社会中介机构；(3) 依法设立的律师事务所、会计师事务所、破产清算事务所等社会中介机构中具备相关专业知识并取得执业资格的人员。

人民法院指定的清算组成员有下列情形之一的，人民法院可以根据债权人、股东的申请，或者依职权更换清算组成员：(1) 有违反法律或者行政法规的行为；(2) 丧失执业能力或者民事行为能力；(3) 有严重损害公司或者债权人利益的行为。

##### （二）清算组的职权

清算组在清算期间行使下列职权：(1) 清理公司财产，分别编制资产负债表和财产清单；(2) 通知、公告债权人；(3) 处理与清算有关的公司未了结的业务；(4) 清缴所欠税款以及清算过程中产生的税款；(5) 清理债权、债务；(6) 处理公司清偿债务后的剩余财产；(7) 代表公司参与民事诉讼活动。

公司依法清算结束并办理注销登记前，有关公司的民事诉讼，应当以公司的名义进行。公司成立清算组的，由清算组负责人代表公司参加诉讼；尚未成立清算组的，由原法定代表人代表公司参加诉讼。

清算组成员应当忠于职守，依法履行清算义务。清算组成员不得利用职权收受贿赂或者其他非法收入，不得侵占公司财产。清算组成员因故意或者重大过失给公司或者债权人造成损失的，应当承担赔偿责任。

##### （三）清算程序

###### 1. 登记债权

清算组应当自成立之日起 10 日内通知债权人，并于 60 日内根据公司规模和营业地域范围在全国或者公司注册登记地省级有影响的报纸上进行公告。债权人应当自接到通知书之日起 30 日内，未接到通知书的自公告之日起 45 日内，向清算组申报其债权。清算组未按照法律规定履行通知和公告义务，导致债权人未及时申报债权而未获清偿，债权人主张清算组成员对因此造成的损失承担赔偿责任的，人民法院应依法予以支持。

债权人申报债权，应当说明债权的有关事项，并提供证明材料，清算组应当对债权进行登记。债权人在规定的期限内未申报债权，在公司清算报告经股东会、股东大会或者人民法院确认完毕前补充申报的，清算组应予登记。在申报债权期间，清算组不得对债权人进行清偿。公司清算时,债权人对清算组核定的债权有异议的,可以要求清算组重新核定。清算组不予重新核定,或者债权人对重新核定的债权仍有异议,债权人以公司为被告向人民法院提起诉讼请求确认的,人民法院应予受理。

2. 清理公司财产,制定清算方案

清算组应当对公司财产进行清理,编制资产负债表和财产清单,制定清算方案。清算方案应当报股东会、股东大会或者人民法院确认,未经确认的清算方案,清算组不得执行。清算组在清理公司财产、编制资产负债表和财产清单后,发现公司财产不足清偿债务的,应当依法向人民法院申请宣告破产。公司经人民法院裁定宣告破产后,清算组应当将清算事务移交给人民法院。

人民法院指定的清算组在清理公司财产、编制资产负债表和财产清单时,发现公司财产不足清偿债务的,可以与债权人协商制作有关债务清偿方案。债务清偿方案经全体债权人确认且不损害其他利害关系人利益的,人民法院可依清算组的申请裁定予以认可。清算组依据该清偿方案清偿债务后,应当向人民法院申请裁定终结清算程序。债权人对债务清偿方案不予确认或者人民法院不予认可的,清算组应当依法向人民法院申请宣告破产。

3. 清偿债务

公司财产在分别支付清算费用、职工的工资、社会保险费用和法定补偿金,缴纳所欠税款,清偿公司债务后的剩余财产,有限责任公司按照股东的出资比例分配,股份有限公司按照股东持有的股份比例分配。

公司解散时,股东尚未缴纳的出资均应作为清算财产。公司财产不足以清偿债务时,未缴出资股东,以及公司设立时的其他股东或者发起人在未缴出资范围内对公司债务承担连带清偿责任。

清算期间,公司存续,但不得开展与清算无关的经营活动。公司财产在未按上述规定清偿前,不得分配给股东。

4. 公告公司终止

公司清算结束后,清算组应当制作清算报告,报股东会、股东大会或者人民法院确认,并报送公司登记机关,申请注销公司登记,公告公司终止。

公司解散应当在依法清算完毕后,申请办理注销登记。公司未经清算即办理注销登记,导致公司无法进行清算,债权人主张有限责任公司的股东、股份有限公司的董事和控股股东,以及公司的实际控制人对公司债务承担清偿责任的,人民法院应依法予以支持。公司未经依法清算即办理注销登记,股东或者第三人在公司登记机关办理注销登记时承诺对公司债务承担责任,债权人主张其对公司债务承担相应民事责任的,人民法院应依法予以支持。

## ▌▌▌ 本章小结:

作为现代企业制度的支柱,公司法在制度设计、对企业资本风险的控制、企业的制度公开等方面都做出了典范。尤其是公司人格否认制度,更是完善了公司法的治理结构,成为现代公司法的亮点。一人公司的设立降低了公司设立的门槛,同时也对管理者的智慧提出了考验。

思考题：

1. 公司的概念和分类。
2. 公司法的特点。
3. 有限责任公司和股份有限公司的区别。

## 案例分析：

A 有限责任公司有甲、乙、丙、丁四位股东，没有设立董事会和监事会。股东甲持有 40％ 的股份，担任公司执行董事；股东乙持有 30％ 的股份，担任公司监事；股东丙持有 20％ 的股份；股东丁持有 10％ 的股份。2015 年 9 月 1 日，股东乙提议召开临时股东会，按照公司章程的规定，审议如下事项：为股东乙担任董事的 B 公司提供担保。全体股东出席了临时股东会，虽然股东丁持反对意见，但是股东会还是通过了该项决议。为此，股东丁要求公司按照合理的价格收购其股权，退出公司。

根据以上事实，并结合相关法律规定，分别回答下列问题：

1. 股东乙是否有权提议召开临时股东会？
2. 股东丁要求公司按照合理的价格收购其股权是否符合法律规定？

分析：

1. 股东乙有权提议召开临时股东会。根据《公司法》第 39 条的规定，代表 1/10 以上表决权的股东，1/3 以上的董事，监事会或者不设监事会的公司的监事提议召开临时会议的，应当召开临时会议。本案中，股东乙持有 30％ 的股份，且担任公司监事，因此，符合提议召开临时股东会的资格要求。

2. 股东丁要求公司按照合理的价格收购其股权不符合法律规定。根据《公司法》第 74 条规定，对股东会该项决议投反对票的股东可以请求公司按照合理的价格收购其股权：（1）公司连续五年不向股东分配利润，而公司该五年连续盈利，并且符合本法规定的分配利润条件的；（2）公司合并、分立、转让主要财产的；（3）公司章程规定的营业期限届满或者章程规定的其他解散事由出现，股东会会议通过决议修改章程使公司存续的。本案中丁要求公司收购其股权的理由不属于上述规定情形。

## 典型案例及分析：

2000 年 5 月 16 日，广东省电子工业总公司（全民所有制）与王某乙等 376 名自然人签订《设立广东省粤晶高科股份有限公司出资协议书》，发起设立"广东省粤晶高科股份有限公司"（以下简称"粤晶公司"），注册资本 1 000 万元，其中自然人合计出资 700 万元（均已实际出资），占公司股本 70％，其中王某乙出资 15 100 元，股份占比 0.151％，经工商部门 2000 年 10 月 20 日核准登记正式成立。因受设立公司股东人数的限制，公司股东（发起人）仅登记为广东省电子工业总公司和杨某、胡某甲、胡某乙、郑某、李云桂、揭英亮、张某、赖某乙、陈某 9 名自然人，公司章程规定股份总额为 1 000 万股，每股 1 元，自然人出资 700 万元，376 名出资人所持公司股份在公司登记在 9 名自然人股东名下,由公司发给股份证书,可以继承和转让,向股东以外的人转让须经全体股东同意,不同意转让的股东应当购买该转让的股份,如果不购买视为同意转让。2002 年 10 月 20 日,"粤晶公司"发给王某乙编号为 212 的《持股证明书》,确认其股东身份及持股数为 15 100 股。

2010 年 12 月 17 日,"粤晶公司"股东大会决议通过同意"风华高新"以现金收购广东省电子工业总公司所持有的公司股份,同时对公司进行增资,最终"风华高新"持有公司股份 4 300 万股,占公司股本总数 86%。2012 年 8 月 30 日,"粤晶公司"经核准变更为"风华芯电"。2013 年 9 月 9 日,"风华芯电"的法定代表人兼董事长廖永忠主持召开股东大会,通过了关于"风华芯电"自然人股东股权转让议案的决议,经与会股东及股东授权代表一致表决通过,由"风华创业"(该公司为"风华高新"的全资子公司)以 2 元/股的价格收购"风华芯电"自然人股东股权,占股本总数的 14%。同年 9 月 23 日,上述 9 名自然人股东与"风华创业"正式签订了《股权转让合同》。同年 10 月 25 日,"风华创业"依约将扣除税费后的转让款汇入上述自然人股东账户。

公司发起人之一王某乙于 2002 年至 2008 年领取了公司的股份分红,于 2014 年 11 月 15 日去世,没有对涉案股权的处分立遗嘱,其妻子麦冬梅与女儿王小春、王小燕均健在。2015 年 12 月,麦冬梅、王小春、王小燕到工商部门查询时,原 9 名自然人股东代表作为转让方与作为受让方的"风华创业"及作为标的企业的"风华芯电"恶意串通,在王某乙及其家人毫不知情的情况下,签订了《股权转让合同》,将代各自然人股东所持的股份全部转让给了"风华创业",并办理了工商变更登记手续,但王某乙未收取任何转让款。因此,麦冬梅、王小春、王小燕作为王某乙的合法继承人,根据《公司法》的有关规定,认为上述转让行为无效,损害了其的合法权益,特提起诉讼。

**问题:**

1. 若麦冬梅、王小春、王小燕向法院主张原登记在 9 名自然人股东名下的其中 15100 股份原应为王某乙所有,现应由其三人继承,能否得到法院支持? 为什么?

2. 若原告麦冬梅、王小春、王小燕主张确认其股东资格,能否得到法院支持?

3. "风华创业"收购"风华芯电"自然人股东股权所签订的《股权转让合同》是否有效? 为什么?

**分析:**

1. 根据《公司法》及《继承法》有关规定,麦冬梅、王小春、王小燕的这一诉讼请求能够得到法院的支持。根据本案事实可知,"风华芯电"初始设立时的发起人无论是工商部门的备案还是公司章程均登记为 9 名自然人股东和一位法人股东,而工商登记和公司章程对公司及股东之外的第三人具有公示效力,但当公司内部股东与登记备案内容之间的情况不一致时,应根据公司内部股东之间签订的协议和实际履行情况作为认定股权份额的依据,不能仅以登记内容作为判断标准。根据《最高人民法院关于适用〈中华人民共和国公司法〉若干问题的规定(三)》第 22 条的规定,当事人之间对股权归属发生争议,一方请求人民法院确认其享有股权的,应当证明已经依法向公司出资或者认缴出资,且不违反法律法规强制性规定。就本案来说,有王某乙等三百多名自然人股东与法人股东广东省电子工业总公司签订《出资协议书》可以证明王某乙有份出资设立"风华芯电",且"风华芯电"还发给了王某乙《持股证明书》,进一步确认了其股东身份,此后其也参与了公司的利润分配,享有股东权利。同时,上述出资协议及持股证明书的发放均是当事人的真实意思表示,并不违反法律的强制性规定,应受法律保护。故可以确认

"风华芯电"实质是由包括王某乙在内的三百多名自然人股东和一名法人股东广东省电子工业总公司出资设立的,王某乙为"风华芯电"的股东之一。同时,王某乙在诉前已去世,根据公司章程的规定,其股份可以继承,根据《继承法》规定,在未订立遗嘱的情况下,其妻子、子女为第一顺位继承人,因此原告三人有权继承该部分股份。

2. 可以。根据该公司章程的规定,该公司股份可以继承,且股份公司属资合性、开放型公司,不是人合性的有限公司,无须取得其他股东的同意,故麦冬梅、王小春、王小燕作为王某乙的继承人因继承而取得股东资格,可以得到法院支持。

3. 无效。"风华创业"就本案而言实际上是第三人的角色,其与工商备案登记、"风华芯电"公司章程所记载的自然人股东进行股权受让,从遵循公司的公示效力及外观主义原则来看,为了维护交易安全,应保护其受让的利益。但"风华芯电"与其设立之初的其他自然人股东均知道本案王某乙等隐名股东的存在。作为受让方的"风华创业"是"风华芯电"中控股股东"风华高新"的全资子公司,受"风华高新"的全权控制,因而"风华创业"当然应当知道登记在"风华芯电"9名自然人股东名下的股权含有其他隐名股东的份额。"风华创业"在没有得到其他隐名股东授权的情况下签订股权转让合同,应为非善意。根据《最高人民法院关于适用〈中华人民共和国公司法〉若干问题的规定(三)》第25条的规定,名义股东将登记于其名下的股权转让、质押或者以其他方式处分,实际出资人以其对于股权享有实际权利为由,请求认定处分股权行为无效的,若股权受让人为非善意,则法院应当予以支持。故本案中涉及王某乙股权的转让无效。

# 第三章　外商投资企业法

◆ **知识目标：**

- 了解我国的外商投资产业政策、我国法律对外资的保护
- 理解三类外商投资企业的含义和特点
- 掌握中外合资经营企业的特点、外商投资企业股与债之比、外商投资企业的出资方式

◆ **能力目标：**

- 能运用所学内容对三资企业进行区分
- 能运用所学理论操作三资企业申请的基本程序

## 第一节　外商投资企业法概述

### 一、外商投资企业和外商投资企业法概述

#### (一) 外商投资企业的概念

外商投资企业,是指依照中国法律的规定,在中国境内设立的、由中国投资者和外国投资者共同投资或仅由外国投资者投资的企业。

我国目前的外商投资企业主要有以下四种:

1. 中外合资经营企业

中外合资经营企业亦称股权式合营企业。该形式按照中外投资者的出资比例来确定投资者的风险、责任和利润分配,较多地应用于投资规模大、技术性强、合作时间长的项目。

2. 中外合作经营企业

中外合作经营企业亦称契约式合营企业。其特点是合作方式较为灵活,既解决了我国企业资金缺乏的问题,也允许外国投资者先行回收投资,对外国投资者有较大的吸引力。

3. 外资企业

外资企业又称外商独资企业。其投资完全属于外国投资者,外方更愿意采用较先进的技术、设备和技术。在国家不投入大量资金的情况下,可以扩大就业,增加税收。

4. 中外合资股份有限公司

中外合资股份有限公司,是指外国的公司、企业和其他经济组织或者个人同中国的公司、企业或者其他经济组织依照中国法律、在中国境内设立的,全部资本由等额股份构成、股东以其所认购的股份对公司承担责任,公司以其全部财产对公司债务承担责任,中外股东共同持有公司股份的企业法人。

本书重点介绍前三种外资企业形式。

### (二) 外商投资企业法

外商投资企业法,是调整国家在协调经济运行过程中发生的与外资企业有关的经济关系的法律规范的总称,实践中主要是通过一系列有关的法律、法规表现出来的,如《中华人民共和国中外合资经营企业法》、《中华人民共和国中外合作经营企业法》、《中华人民共和国外资企业法》、《中华人民共和国中外合资经营企业法实施条例》、《中华人民共和国中外合作经营企业法实施细则》、《中华人民共和国外资企业法实施细则》、《国务院关于鼓励外商投资的规定》、《中外合资经营企业合营各方出资的若干规定》、《指导外商投资方向规定》、《外商投资产业指导目录》、《中西部地区外商投资优势产业目录》、《关于设立外商投资股份有限公司若干问题的暂行规定》等。

此外,我国颁布的《中华人民共和国民法通则》、《中华人民共和国外商投资企业和外国企业所得税法》、《中华人民共和国专利法》、《中华人民共和国商标法》、《中华人民共和国劳动法》、《中华人民共和国企业法人登记管理条例》等法律、法规及规章也是规范和保护外商投资企业的法律。

## 二、外商投资企业的投资项目

根据 2002 年国务院发布的《指导外商投资方向规定》,外商投资企业的投资项目分为鼓励、允许、限制和禁止四类。

### (一) 鼓励类外商投资项目

1. 属于农业新技术、农业综合开发和能源、交通、重要原材料工业的;2. 属于高新技术、先进适用技术,能够改进产品性能、提高企业技术经济效益或者生产国内生产能力不足的新设备、新材料的;3. 适应市场需求,能够提高产品档次、开拓新兴市场或者增加产品国际竞争能力的;4. 属于新技术、新设备,能够节约能源和原材料、综合利用资源和再生资源以及防治环境污染的;5. 能够发挥中西部地区的人力和资源优势,并符合国家产业政策的;6.法律、行政法规规定的其他情形。

### (二) 限制类外商投资项目

1. 技术水平落后的;2. 不利于节约资源和改善生态环境的;3. 从事国家规定实行保护性开采的特定矿种勘探、开采的;4. 属于国家逐步开放的产业的;5. 法律、行政法规规定的其他情形。

### (三) 禁止类外商投资项目

1. 危害国家安全或者损害社会公众利益的;2. 对环境造成污染损害,破坏自然资源或者损害人体健康的;3. 占用大量耕地,不利于保护、开发土地资源的;4. 危害军事设施安全和使用效能的;5. 运用我国特有工艺或者技术生产产品的;6. 法律、行政法规规定的其他情形。

### (四) 允许类外商投资项目

不属于鼓励类、限制类和禁止类的外商投资项目,为允许类外商投资项目。

产品全部直接出口的允许类外商投资项目,视为鼓励类外商投资项目。产品出口销售额占其产品销售总额 70% 以上的限制类外商投资项目,经省、自治区、直辖市及计划单列市人民政府或者国务院主管部门批准,可以视为允许类外商投资项目。

## 三、外商投资企业的出资方式、比例及期限

### (一)外商投资企业的出资方式

1. 现金

外方投资者以现金出资时,只能以外币缴付出资,不能以人民币缴付出资。外方投资者用外币缴付出资,应当按照缴款当日中国人民银行公布的基准汇率折算成人民币或者套算成约定的外币。中方投资者用人民币缴付出资,如需折合成外币,应当按照缴款当日中国人民银行公布的基准汇率折算。

2. 实物

实物出资一般是以机器设备、原材料、零部件、建筑物、厂房等作为投资。在实践中,外方投资者一般以机器设备和其他物料投资,中方投资者一般以现有厂房、建筑物、辅助设备等投资。中外投资者以实物出资需要作价时,其作价由中外投资各方按照公平合理的原则协商确定,或者聘请中外投资各方同意的第三者评定。

中外投资者用作投资的实物,必须为自己所有且未设立任何担保物权,并应当出具其拥有所有权和处置权的有效证明,任何一方都不得用以企业名义取得的贷款、租赁的设备或者其他财产,以及用自己以外的他人财产作为自己的实物出资,也不得以企业或者投资他方的财产和权益为其出资担保。外方投资者用以投资的机器设备或者其他物料还应报审查批准机关批准。

外方投资者以机器设备或者其他物料出资的,应符合下列条件:(1) 为企业生产所必需的;(2) 作价不得高于同类机器设备或其他物料当时的国际市场价格。

3. 场地使用权

在举办中外合资经营企业和中外合作经营企业时,中方投资者可以用场地使用权作为出资。如果未用场地使用权作为中方投资者出资的,则举办的外商投资企业应向中国政府缴纳场地使用费。中方投资者以场地使用权作价出资的,其作价金额应与取得同类场地使用权所应缴纳的使用费相同。

4. 工业产权、专有技术

外方投资者出资的工业产权、专有技术必须符合下列条件之一:(1) 能显著改进现有产品的性能、质量,提高生产效率;(2) 能显著节约原材料、燃料、动力。中外投资者出资的工业产权或专有技术,必须是自己所有并且未设立任何担保物权的工业产权、专有技术。凡是以工业产权、专有技术作价出资的,出资者应当出具拥有所有权和处置权的有效证明,并提交该工业产权或专有技术的有关资料,包括专利证书或商标注册证书的复制件、有效状况及其技术特性、实用价值、作价的计算依据、签订的作价协议等有关文件,作为合营(或合作)合同的附件。外国合营者作为出资的工业产权或专有技术,应当报审批机关批准。

5. 其他财产权利出资

其他财产权利主要包括国有企业的经营权、国有自然资源的使用经营权、公民或集体组织的承包经营权、公司股份或其他形式的权益等。

经审批机关批准,外国投资者也可以用其从中国境内举办的其他外商投资企业获得的人民币利润出资。

### (二) 外商投资企业的出资比例

在中外合资经营企业中,外国合营者的投资比例一般不得低于合营企业注册资本的25％。在中外合作经营企业中,对取得法人资格的合作企业,外国合作者的投资比例一般不得低于注册资本的 25％;对不具备法人资格的合作企业,合作各方的投资比例或合作条件,由国务院规定。在外资企业中,外资企业的注册资本全部由外国投资者投入。在中外合资股份有限公司中,外国股东购买并持有的股份应不低于公司注册资本的 25％。

### (三) 外商投资企业的出资期限

外商投资企业合同中规定一次缴付出资的,投资各方应当自营业执照签发之日起 6 个月内缴清;合同中规定分期缴付出资的,投资各方第一期出资不得低于各自认缴出资额的 15％,并且应当在营业执照签发之日起 3 个月内缴清。外商投资企业投资各方未能在规定的期限内缴付出资的,视同外商投资企业自动解散。外商投资企业批准证书自动失效。

## 四、外国投资者并购境内企业

### (一) 外国投资者并购境内企业的含义

外国投资者并购境内企业,是指外国投资者购买境内非外商投资企业股东的股权或认购境内公司增资,使该境内公司变更设立为外商投资企业(股权并购);或者,外国投资者设立外商投资企业,并通过该企业协议购买境内企业资产且运营该资产,或外国投资者协议购买境内企业资产,并以该资产投资设立外商投资企业运营该资产(资产并购)。

2006 年 8 月商务部发布了修订后的《关于外国投资者并购境内企业的规定》。

### (二) 外国投资者并购境内企业应当遵循的原则

1. 外国投资者并购境内企业,应当遵守中国的法律、行政法规和规章,遵循公平合理、等价有偿、诚实信用的原则,不得造成过度集中、排除或限制竞争,不得扰乱社会经济秩序和损害社会公共利益,不得导致国有资产流失。

2. 外国投资者并购境内企业,应当符合中国法律、行政法规和规章对投资者资格的要求及产业、土地、环保等政策。依照《外商投资产业指导目录》不允许外国投资者独资经营的产业,并购不得导致外国投资者持有企业的全部股权;需由中方控股或相对控股的产业,该产业的企业被并购后,仍应由中方在企业中占控股或相对控股地位;禁止外国投资者经营的产业,外国投资者不得并购从事该产业的企业。

3. 外国投资者并购境内企业,涉及企业国有产权转让和上市公司国有股权管理事宜的,应当遵守国有资产管理的相关规定。

### (三) 外国投资者并购境内企业的具体要求

1. 境内公司、企业或自然人以其在境外合法设立或控制的公司名义并购与其有关联关系的境内的公司,应报商务部审批。

2. 外国投资者并购境内企业并取得实际控制权,涉及重点行业、存在影响或可能影响国家经济安全因素或者导致拥有驰名商标或中华老字号的境内企业实际控制权转移的,当事人应就此向商务部进行申报。

3. 外国投资者股权并购的,并购后所设外商投资企业承继被并购境内公司的债权和债务。外国投资者资产并购的，出售资产的境内企业承担其原有的债权和债务。外国投资者、被并购境内企业、债权人及其他当事人可以对被并购境内企业的债权债务的处置另行达成协议，但是该协议不得损害第三人利益和社会公共利益。债权债务的处置协议应报送审批机关。出售资产的境内企业应当在投资者向审批机关报送申请文件之前至少15日，向债权人发出通知书，并在全国发行的省级以上报纸上发布公告。

### （四）反垄断审查

外国投资者并购境内企业有下列情形之一的，投资者应就所涉情形向商务部和国家工商行政管理总局报告：（1）并购一方当事人当年在中国市场营业额超过15亿元人民币；（2）一年内并购国内关联行业的企业累计超过10个；（3）并购一方当事人在中国的市场占有率已经达到20%；（4）并购导致并购一方当事人在中国的市场占有率达到25%。

商务部和国家工商行政管理总局应自收到规定报送的全部文件之日起90日内，共同或经协商单独召集有关部门、机构、企业以及其他利害关系方举行听证会，并依法决定批准或不批准。

境外并购有下列情形之一的，并购方应在对外公布并购方案之前或者报所在国主管机构的同时，向商务部和国家工商行政管理总局报送并购方案：（1）境外并购一方当事人在我国境内拥有资产30亿元人民币以上；（2）境外并购一方当事人当年在中国市场上的营业额15亿元人民币以上；（3）境外并购一方当事人及与其有关联关系的企业在中国市场占有率已经达到20%；（4）由于境外并购，境外并购一方当事人及与其有关联关系的企业在中国的市场占有率达到25%；（5）由于境外并购，境外并购一方当事人直接或间接参股境内相关行业的外商投资企业将超过15家。商务部和国家工商行政管理总局应予审查并做出是否同意的决定。

有下列情形之一的并购，并购一方当事人可以向商务部和国家工商行政管理总局申请审查豁免：（1）可以改善市场公平竞争条件的；（2）重组亏损企业并保障就业的；（3）引进先进技术和管理人才并能提高企业国际竞争力的；（4）可以改善环境的。

## 五、我国对外商投资企业的法律保护

我国对外资企业合法权益的保护主要表现在以下几个方面：（1）外国投资者对其在中国境内投资设立的外资企业和获得的利润，享有财产所有权；（2）外国投资者和外资企业的外籍职工的合法收入可以通过中国银行汇往境外；（3）外资企业享有完全的经营管理权，其依照经批准的章程进行管理经营的活动不受干涉；（4）外资企业在中国境内的合法权益受到损害时，有权依中国法律向中国仲裁机构或法院提请仲裁或起诉；（5）国家对中外合资经营企业、外资企业不实行国有化和征收。但在特殊情况下，根据社会公共利益的需要，对中外合资经营企业和外资企业可以依照法律程序实行征收，并给予相应的补偿。

# 第二节 中外合资经营企业法

## 一、中外合资经营企业的概念和特点

### （一）概念

中外合资经营企业亦称股权式合营企业。它是由外国公司、企业和其他经济组织或者个人同中国的公司、企业或者其他经济组织，依照中国的法律和行政法规，经中国政府批准，设在中国境内的，由双方共同投资、共同经营，按照各自的出资比例共担风险、共负盈亏的企业。

### （二）特点

1. 合营企业的一方为外国合营者，另一方为中国合营者。外国合营者可以是公司、企业、其他经济组织或者个人。中国合营者可以是公司、企业或者其他经济组织。

2. 中外合营各方共同投资、共同经营，按各自的出资比例共担风险、共负盈亏。共同投资是指中外合营者都要有投资，并且各方出资折成一定的出资比例。

3. 合营企业的组织形式为有限责任公司，合营各方对合营企业的责任以各自认缴的出资额为限。董事会为合营企业最高权力机构。

4. 合营企业是经中国政府批准设立的中国法人，必须遵守中国的法律和行政法规，并受中国的法律和行政法规的保护。

## 二、设立中外合资经营企业的条件和法律程序

### （一）设立合营企业的条件

在中国境内设立合营企业，应当能够促进中国经济的发展和科学技术水平的提高，有利于社会主义现代化建设。国家鼓励、允许、限制或者禁止设立合营企业的行业，按照国家指导外商投资方向的规定及外商投资产业指导目录执行。

申请设立合营企业有下列情况之一的，不予批准：（1）有损中国主权的；（2）违反中国法律的；（3）不符合中国国民经济发展要求的；（4）造成环境污染的；（5）签订的协议、合同、章程显属不公平，损害合营一方权益的。

### （二）设立合营企业的审批机关

根据规定，设立合营企业的审批机关是中华人民共和国对外贸易经济合作部及由国务院授权的省、自治区、直辖市的人民政府或国务院有关部门。

### （三）设立合营企业的法律程序

1. 由中外合营者共同向审批机关报送有关文件。包括：（1）设立合营企业的申请书；（2）合营各方共同编制的可行性研究报告；（3）由合营各方授权代表签署的合营企业协议、合同和章程；（4）由合营各方委派的合营企业董事长、副董事长、董事人选名单；（5）审批机关规定的其他文件。

2. 审批机关审批。审批机关应当在收到全部文件之日起 3 个月内决定批准或者不批准。

审批机关如发现报送的文件有不当之处,应当要求限期修改,否则不予批准。合营企业经批准后由审批机关发给批准证书。

3. 合营企业应当自收到批准证书之日起1个月内按照国家有关规定,向工商行政管理机关办理登记手续,领取营业执照,开始营业。合营企业的营业执照签发日期,即为该合营企业的成立日期。

## 三、中外合资经营企业的注册资本与投资总额

### (一) 合营企业的注册资本

合营企业的注册资本,是指为设立合营企业在工商行政管理机关登记注册的资本,应为合营各方认缴的出资额之和。依照我国有关法律、法规的规定,合营企业的注册资本应当符合下列要求:

1. 在合营企业的注册资本中,外国合营者的出资比例一般不得低于25%。

2. 合营企业在合营期限内,不得减少其注册资本。因投资总额和生产经营规模等发生变化,确需减少的,须经审批机构批准。合营企业增加、减少注册资本,应当由董事会会议通过,并报审批机构批准,向登记管理机构办理变更登记手续。

3. 合营企业的注册资本应符合《公司法》规定的有限责任公司的注册资本的最低限额。

### (二) 合营企业的投资总额

合营企业的投资总额,是指按照合营企业的合同、章程规定的生产规模需要投入的基本建设资金和生产流动资金的总和,由注册资本与借款构成。

《关于中外合资经营企业注册资本与投资总额比例的暂行规定》明确了合营企业注册资本与投资总额的比例,其主要内容是:

1. 投资总额在300万(含300万)美元以下的,注册资本至少应占投资总额的7/10;

2. 投资总额在300万美元以上至1 000万(含1 000万)美元的,注册资本至少应占投资总额的1/2,其中投资总额在420万美元以下的,注册资本不得低于210万美元;

3. 投资总额在1 000万美元以上至3 000万(含3 000万)美元的,注册资本至少应占投资总额的2/5,其中投资总额在1 250万美元以下的,注册资本不得低于500万美元;

4. 投资总额在3 000万美元以上的,注册资本至少应占投资总额的1/3,其中投资总额在3 600万美元以下的,注册资本不得低于1 200万美元。

## 四、中外合资经营企业的出资额的转让

合营企业出资额的转让是指在合营企业中合营一方将其全部或部分出资额转让给合营企业另一方或第三者。

### (一) 合营企业出资额的转让条件

1. 合营企业出资额的转让须经合营各方同意;2. 合营企业出资额的转让须经董事会会议通过后,报原审批机关批准;3. 合营企业一方转让其全部或部分出资额时,合营他方有优先购买权。

### (二)合营企业出资额转让程序

**1. 申请**

当合营一方提出转让出资额要求时,合营他方应认真研究其是否正当、合法。如确实必须转让的,合营他方应做出明确表示,告知同意转让。同时合营他方应考虑是否购买部分或全部转让的出资额,如决定不买,应及时通知对方寻找第三者。

**2. 董事会审查决定**

在确定合营企业出资额转让时,董事会应召集董事会会议进行审查。董事会审查时应注意掌握:(1)出资额的转让是否经合营各方同意;(2)出资额的转让是否获得了必要的审批;(3)是否对出资额的受让方进行了资格审查,是否符合转让条件。

**3. 报告审批机关批准**

合营企业出资额转让经董事会审查后,应报原审批机关批准。报批时应报送以下文件:(1)转让出资额的申请书;(2)转让出资额的协议书;(3)原合营企业合同、章程修正本;(4)受让者资信情况表及营业执照副本;(5)受让者委托的董事名单;(6)审批机关规定的其他文件。审批机构受理后,应在 3 个月内做出批准或不批准的决定。

**4. 办理变更登记手续**

转让出资额经审批机关批准后,合营企业应向原登记管理机关办理变更登记手续。

## 五、中外合资经营企业的组织机构

### (一) 董事会

董事会是合营企业的最高权力机构,根据合营企业章程的规定,讨论决定合营企业的一切重大问题。董事会由董事长、副董事长及董事组成。董事会成员不得少于 3 人。董事长和副董事长由合营各方协商确定或者由董事会选举产生。中外合营者的一方担任董事长的,由他方担任副董事长。董事名额的分配由合营各方参照出资比例协商确定,董事由合营各方按照分配的名额委派和撤换。董事任期 4 年,可以连任。

董事会会议由董事长召集,董事长不能召集时,可以由董事长委托副董事长或者其他董事召集。董事会每年至少召开一次董事会会议,经 1/3 以上董事提议,可以由董事长召开董事会临时会议。董事会会议讨论的重大问题具体包括:企业发展规划、生产经营活动方案、收支预算、利润分配、劳动工资计划、停业以及总经理、副总经理等高级管理人员的任命或聘请及其职权和待遇等。

董事会会议应有 2/3 以上董事出席,其决议方式可以根据合营企业章程载明的议事规则做出。但涉及合营企业的下列事项,必须经出席董事会会议的董事一致通过方可做出决议:(1)合营企业章程的修改;(2)合营企业的终止、解散;(3)合营企业注册资本的增加、减少;(4)合营企业的合并、分立。

### (二) 经营管理机构

经营管理机构负责合营企业的日常经营管理工作。经营管理机构设总经理 1 人,副总经理若干人,其他高级管理人员若干人。

总经理的职责主要有:(1) 执行董事会会议的各项决议;(2) 组织领导合营企业的日常经营管理工作;(3) 在董事会的授权范围内,代表合营企业对外进行各项经营业务;(4) 任免下属人员;(5) 行使董事会授予的其他职权。

## 六、中外合资经营企业的期限、解散和清算

### (一) 合营企业的期限

《中外合资经营企业法实施条例》和《中外合资经营企业合营期限暂行规定》对合营企业的合营期限作了具体规定:

1. 合营企业的合营期限,一般项目原则上为 10~30 年。投资大、建设周期长、资金利润率低的项目以及由外国合营者提供先进技术或者关键技术生产尖端产品的项目;或者在国际上有竞争能力的产品项目,其合营期限可以延长到 50 年。经国务院特别批准的,可以在 50 年以上。

举办合营企业,属于下列行业的,合营各方应当依照国家有关法律、行政法规的规定,在合营合同中约定合营企业的合营期限:(1) 服务性行业,如饭店、公寓、写字楼、娱乐、饮食、出租汽车、彩扩、洗像、维修、咨询等;(2) 从事土地开发及经营房地产的;(3) 从事资源勘查开发的;(4) 国家规定限制投资项目的;(5) 国家其他法律、法规规定需要约定合营期限的。

对于属于国家规定鼓励投资和允许投资项目的合营企业,除上述行业外,合营各方可以在合同中约定合营期限,也可以不约定合营期限。合营各方在合营合同中不约定合营期限的合营企业,按照国家规定的审批权限和程序审批。除对外经济贸易部直接审批的外,其他审批机关应当在批准后 30 天内报对外经济贸易部备案。

2. 合营企业约定合营期限,合营各方同意延长合营期限的,应当在距合营期满 6 个月前向审查批准机关提出申请。审查批准机关应当在收到申请之日起 1 个月内决定批准或者不批准。合营企业合营各方如一致同意将合营合同中约定的合营期限条款修改为不约定合营期限的协议,应提出申请,报原审批机关审查。原审批机关应当自收到上述申请文件之日起 90 日内决定批准或不批准。

3. 由于《外商投资企业和外国企业所得税法》及其实施细则对合营企业规定的优惠条件,是以其经营期限为前提的,如税法规定,合营企业经营期限在 10 年以上的,从开始获利的年度起,第 1 年和第 2 年免征所得税,第 3~5 年减半征收企业所得税。因此,合营各方在合营合同中不约定合营期限的合营企业,经税务机关批准,可以按照国家有关的税收规定享受减税、免税的优惠。如合营企业实际经营期限未达到国家有关税收优惠政策规定的年限,则应当依法补缴已减免的税款。

### (二) 中外合资经营企业的解散

合营企业解散的原因主要有:(1) 合营企业合同或章程确定的合营期限已经到期,而投资各方又无意继续延长合营期限;(2) 企业因经营管理不善或者其他原因,造成严重亏损,企业无力继续经营;(3) 合营一方不履行合营企业协议、合同、章程规定的义务,致使企业无法继续经营;(4) 因自然灾害、战争等不可抗力遭受严重损失,无法继续经营;(5) 合营企业未达到其经营目的,同时又无发展前途;(6) 合营合同、章程所规定的其他解散原因已经出现。

### (三) 中外合资经营企业的清算

合营企业宣告解散时,应当进行清算。除企业破产清算应当按照有关法律规定的程序进行清算外,合营企业的清算应当按照《外商投资企业清算办法》的规定成立清算委员会,由清算

委员会负责清算事宜。

清算委员会的成员一般应当在合营企业的董事中选任。董事不能担任或者不适合担任清算委员会成员时,合营企业可以聘请中国的注册会计师、律师担任。审批机关认为必要时,可以派人进行监督。

清算委员会的任务主要有:(1) 对合营企业财产、债权、债务进行全面清查。(2) 编制资产负债表和财产目录,提出财产作价依据,制定清算方案。(3) 履行企业偿债义务。清算委员会制订的清算方案经董事会通过后,由清算委员会代合营企业履行偿债义务,偿债顺序按照国家有关法律和行政法规执行。(4) 清算期间,清算委员会代表该合营企业起诉或者应诉。

合营企业以其全部资产对其债务承担责任。合营企业清偿债务后的剩余财产按照合营各方的出资比例进行分配,但合营企业协议、合同、章程另有规定的除外。合营企业解散时,其资产净额或者剩余财产减除企业未分配利润、各项基金和清算费用后的余额,超过实缴资本的部分为清算所得,应当依法缴纳所得税。

合营企业的清算工作结束后,由清算委员会提出清算结束报告,提请董事会会议通过后,报告审批机构,并向登记管理机关办理注销登记手续,缴销营业执照。

# 第三节　中外合作经营企业法律制度

## 一、中外合作经营企业的概念和特点

### (一) 概念

中外合作经营企业亦称契约式合营企业。它是由外国公司、企业和其他经济组织或者个人同中国的公司、企业或者其他经济组织,依照中国的法律和行政法规,经中国政府批准,设在中国境内的,双方通过合作经营企业合同约定各自的权利和义务的企业。

### (二) 中外合作经营合作企业的特点

1. 合作企业是一种契约式的合营企业。中外合作者各自的权利义务是由双方在平等互利的原则下,通过协商用书面合同规定的。双方根据合同所定的比例,分享利润或产品,分担风险和亏损。

2. 合作企业的出资方式较为灵活。可以各种方式出资,不一定以货币计算股权,只需确定各方的合作条件,并可提前回收投资。

3. 合作企业的组织形式和组织机构多样化,既可组织法人型合作企业,设立统一的经营管理机构;也可以组织不具有法人资格的合伙型合作企业,设立联合管理机构,还可由合作各方确定委托合作一方或第三方管理企业,其他合作者对其实施监督。

## 二、设立中外合作经营企业的条件和法律程序

### (一) 设立合作企业的条件

在中国境内设立合作企业,应当符合国家的发展政策和产业政策,遵守国家关于指导外商投资方向的规定。国家鼓励举办的合作企业是:(1) 产品出口的生产型合作企业。这是指企

业产品主要用于出口创汇的生产型合作企业。（2）技术先进的生产型合作企业。这是指外国合作者提供先进技术,从事新产品的开发,实现产品升级换代,以增加出口创汇或者替代进口的生产型合作企业。

### （二）设立合作企业的法律程序

1. 由中国合作者向审查批准机关报送有关文件。

2. 审查批准机关审批。设立合营企业的审批机关是对外经济贸易经济合作部和国务院授权的部门和地方人民政府。国家规定的限额以上、限制投资和涉及配额、许可证管理的合营企业的设立由国务院对外经济贸易主管部门负责核准。当拟设立的合营企业的投资总额在国务院规定的投资审批权限以内,中国合营者的资金来源已经落实,并且不需要国家增拨原材料,不影响燃料、动力、交通运输、外贸出口配额等全国平衡的情况下,可由国务院授权的省、自治区、直辖市人民政府及国务院有关行政机关审批,报国务院对外经济贸易主管部门备案。

审查批准机关应当自收到规定的全部文件之日起45日内决定批准或者不予批准。

3. 批准设立的合作企业依法向工商行政管理机关申请登记,领取营业执照。

## 三、中外合作经营企业的注册资本和投资总额

### （一）合作企业的注册资本

合作企业的注册资本,是指为设立合作企业,在工商行政管理机关登记的合作各方认缴的出资额之和。注册资本可以用人民币表示,也可以用合作各方约定的可自由兑换的外币表示。合作企业的注册资本在合作期限内不得减少。但因投资总额和生产经营规模等变化,确需减少的,须经审查批准机关批准。

### （二）合作企业的投资总额

合作企业的投资总额,是指按照合作企业合同、章程规定的生产经营规模,需要投入的资金总和。合作企业的注册资本与投资总额的比例,参照中外合资经营企业注册资本与投资总额比例的有关规定执行。在不具有法人资格的合作企业中,对合作各方向合作企业投资或者提供合作条件的具体要求,由对外贸易经济合作部规定。

## 四、中外合作经营企业的组织形式、组织机构和经营管理

### （一）合作企业的组织形式

合作企业可以申请为具有法人资格的合作企业,也可以申请为不具有法人资格的合作企业。

具有法人资格的合作企业,其组织形式为有限责任公司。除合作企业合同另有约定外,合作各方对合作企业承担的责任以其投资或者提供的合作条件为限。合作企业以其全部资产对其债务承担责任。

不具有法人资格的合作企业,合作各方的关系是一种合伙关系。合作各方依照中国民事法律的有关规定,承担民事责任。

### （二）合作企业的组织机构

1. 董事会或者联合管理委员会

具备法人资格的合作企业,一般设立董事会;不具备法人资格的合作企业一般设立联合管

理委员会。董事会或者联合管理委员会是合作企业的权力机构,按照合作企业章程的规定,决定合作企业的重大问题。董事会或者联合管理委员会成员不得少于 3 人,其名额的分配由中外合作者参照其投资或者提供的合作条件协商确定。董事会或者联合管理委员会成员由合作各方自行委派或者撤换。董事会董事长、副董事长或者联合管理委员会主任、副主任的产生办法由合作企业章程规定;中外合作者的一方担任董事长、主任的,副董事长、副主任由他方担任。董事或者委员的任期由合作企业章程规定,但是每届任期不得超过 3 年。董事或者委员任期届满,委派方继续委任的,可以连任。

董事会会议或者联合管理委员会会议每年至少召开一次,由董事长或者主任召集并主持。董事长或者主任因特殊情况不能履行职务时,由指定的副董事长、副主任或者其他董事、委员召集并主持。1/3 以上的董事或者委员可以提议召开董事会会议或者联合管理委员会会议。董事会会议或者联合管理委员会会议应当有 2/3 以上董事或者委员出席方能举行。董事会会议或者联合管理委员会会议做出决议,须经全体董事或者委员过半数通过。但对合作企业章程的修改、注册资本的增减、资产抵押以及合作企业的合并、分立、解散等事项,应由出席董事会会议或者联合管理委员会会议的董事或者委员一致通过。

2. 委托合作各方以外的第三方经营管理

该方式必须经董事会或者联合管理委员会一致同意,并应当与被委托人签订委托经营管理合同,报审查批准机关批准,并向工商行政管理机关办理变更登记手续。

## 五、外商先行回收投资的规定

### (一) 外商先行回收投资的方式

中外合作者在合作企业合同中约定合作期限届满时,合作企业的全部固定资产无偿归中国合作者所有的,外国合作者在合作期限内可以申请按下列方式先行回收其投资:(1) 在按照投资或者提供合作条件进行分配的基础上,在合作企业合同中约定扩大外国合作者的收益分配比例;(2) 经财政税务机关审查批准,外国合作者在合作企业缴纳所得税前回收投资;(3) 经财政税务机关和审查批准机关批准的其他回收投资方式。

### (二) 外商先行回收投资的法定条件

外国合作者在合作期限内先行回收投资应符合下列法定条件:(1) 中外合作经营者在合作企业合同中约定合作期限届满时,合作企业的全部固定资产无偿归中国合作者所有;(2) 对于税前回收投资的,必须向财政税务机关提出申请,并由财政税务机关依法审查批准;(3) 中外合作者应当依照有关法律的规定和合作企业合同的约定,对合作企业的债务承担责任;(4) 外国合作者提出先行回收投资的申请,并具体说明先行回收投资的总额、期限和方式,经财政税务机关审查同意后,报审查批准机关审批;(5) 外国合作者应在合作企业的亏损弥补之后,才能先行回收投资。

## 六、中外合作经营企业的期限、解散和清算

### (一) 合作企业的期限

合作企业的期限由中外合作者协商确定,并在合作企业合同中订明。合作企业期限届满,合作各方协商同意要求延长合作期限的,应当在期限届满的 180 日前向审查批准机关提出申

请,说明原合作企业合同执行情况,延长合作期限的原因,同时报送合作各方就延长的期限内各方的权利、义务等事项所达成的协议。审查批准机关应当自接到申请之日起 30 日内,决定批准或者不批准。经批准延长合作期限的,合作企业凭批准文件向工商行政管理机关办理变更登记手续,延长的期限从期限届满后的第一天起计算。

合作企业合同约定外国合作者先行回收投资,并且投资已经回收完毕的,合作企业期限届满不再延长。但是,外国合作者增加投资的,经合作各方协商同意,可以向审查批准机关申请延长合作期限。

### (二) 合作企业的解散

合作企业解散的原因主要有以下几项:(1) 合作期限届满;(2) 合作企业发生严重亏损,或者因不可抗力遭受严重损失,无力继续经营;(3) 中外合作者一方或者数方不履行合作企业合同、章程规定的义务,致使合作企业无法继续经营;(4) 合作企业合同、章程中规定的其他解散原因已经出现;(5) 合作企业违反法律、行政法规,被依法责令关闭。

### (三) 合作企业的清算

合作企业期满或者提前终止时,应当依照法定程序对资产和债权、债务进行清算。中外合作者应当依照合作企业合同、章程的约定确定合作企业财产的归属。

# 第四节　外资企业法

## 一、外资企业的概念和特点

### (一) 概念

外资企业亦称外商独资经营企业。它是指外国的公司、企业和其他经济组织或者个人,依照中国的法律和行政法规,经中国政府批准,设在中国境内的,全部资本由外国投资者投资的企业。但不包括外国的企业和其他经济组织在中国境内的分支机构。

### (二) 特点

1. 外资企业是依照中国的法律规定在中国境内设立的有限责任公司或其他组织形式的企业。外资企业必须遵守中国的法律、行政法规,不得损害中国社会的公共利益。同时,外资企业受到中国法律的管辖和保护。

2. 外资企业的全部资本由外国投资者投入。

3. 外资企业不包括外国企业和其他经济组织在中国境内的分支机构。

4. 外资企业是一个独立的经济实体,独立核算,自负盈亏,独立承担法律责任。

## 二、设立外资企业的条件和法律程序

### (一) 设立外资企业的条件

设立外资企业,必须有利于中国国民经济的发展,能够取得显著的经济效益。国家鼓励外资企业采用先进技术和设备,从事新产品开发,实现产品升级换代,节约能源和原材料,并鼓励举办产品出口的外资企业。

申请设立外资企业,有下列情况之一的,不予批准:(1) 有损中国主权或者社会公共利益的;(2) 危及中国国家安全的;(3) 违反中国法律、法规的;(4) 不符合中国国民经济发展要求的;(5) 可能造成环境污染的。

### (二) 设立外资企业的法律程序

1. 外国投资者向拟设外资企业所在地的县级或者县级以上人民政府提交报告。报告的内容包括:设立外资企业的宗旨;经营范围、规模;生产的产品;使用的技术设备;用地面积及要求;需要的能源条件和数量;对公共设施的要求等。收到报告的人民政府应自收到之日起 30 日内以书面形式答复外国投资者。

2. 外国投资者通过外资企业所在地的县级或者县级以上人民政府向审批机关提出申请,并报送下列文件:设立外资企业申请书;可行性研究报告;外资企业章程;外资企业法定代表人名单;外国投资者的法律证明文件和资信证明文件;拟设立外资企业所在地的县级或者县级以上人民政府的书面答复;需要进口的物资清单等。

3. 审批机关在收到全部申请文件之日起 90 日内决定批准或者不批准。

4. 外国投资者在收到批准证书之日起 30 日内向工商行政管理机关申请登记,领取营业执照。外资企业的营业执照签发之日为该企业成立日期。外国投资者在收到批准证书之日起满 30 日未向工商行政管理机关申请登记的,外资企业批准证书自动失效。外资企业在企业成立之日起 30 日内向税务机关办理税务登记。

外资企业的分立、合并或者由于其他原因导致资本发生重大变化,须经审批机关批准,并应聘请中国的注册会计师验证和出具验资报告;经审批机关批准后,向工商行政管理机关办理变更登记手续。

## 三、外资企业的注册资本和组织形式

### (一) 外资企业的注册资本

外资企业的注册资本是指为设立外资企业在工商行政管理机关登记的资本总额,即外国投资者认缴的全部出资额。外资企业的注册资本要与其经营规模相适应,注册资本与投资总额的比例应当符合中国的有关规定,目前参照中外合资经营企业的有关规定执行。

外资企业在经营期限内不得减少其注册资本,但因投资总额和生产经营规模等发生变化,确需减少注册资本的,须经审批机关批准。外资企业注册资本的增加、转让,须经审批机关批准,并向工商行政管理机关办理变更登记手续。外资企业将其财产或者权益对外抵押、转让,须经审批机关批准,并向工商行政管理机关备案。

### (二) 外资企业的组织形式

外资企业的组织形式为有限责任公司,经批准也可以为其他责任形式。外资企业为有限责任公司的,外国投资者对企业的责任以其认缴的出资额为限;外资企业为其他责任形式的,外国投资者对企业的责任适用中国法律和法规的规定。

### (三) 外资企业的组织机构

外资企业的组织机构可以由外国投资者根据企业不同的经营内容、经营规模、经营方式,本着精简、高效率、科学合理的原则自行设置,中国政府不加干涉。但是,按照国际惯例,设立外资企业的权力机构应遵循资本占有权同企业控制权相统一的原则,根据这一原则,外资企业的最高权力机构由资本持有者组成。

外资企业应根据其组织形式设立董事会。如果一个外资企业是由多个外国投资者出资建立的,则该企业所设立的董事会中董事的名额,一般应按照每个股东的出资比例分配。外资企业设立的董事会应推选出董事长。董事长是企业的法定代表人,须向审批机关备案。

## 四、外资企业的期限、终止和清算

### (一) 外资企业的期限

外资企业的经营期限,根据不同行业和企业的具体情况,由外国投资者在设立外资企业的申请书中拟定,经审批机关批准。外资企业的经营期限,从其营业执照签发之日起计算。

外资企业经营期满需要延长经营期限的,应当在距经营期满180日前向审批机关报送延长经营期限的申请书。审批机关应当在收到申请书之日起30日内决定批准或者不批准。外资企业经批准延长经营期限的,应当自收到批准延长期限文件之日起30日内,向工商行政管理机关办理变更登记手续。

### (二) 外资企业的终止

外资企业有下列情形之一的,应予终止:(1) 经营期限届满;(2) 经营不善,严重亏损,外国投资者决定解散;(3) 因自然灾害、战争等不可抗力而遭受严重损失,无法继续经营;(4) 破产;(5) 违反中国法律、法规,危害社会公共利益被依法撤销;(6) 外资企业章程规定的其他解散的事由已经出现。

### (三) 外资企业的清算

外资企业宣告终止时,应当进行清算。除企业破产或者撤销清算,应当按照中国有关法律规定进行清算外,外资企业的清算应由外资企业提出清算程序、原则和清算委员会人选,报审批机关审核后进行清算。清算委员会应当由外资企业的法定代表人、债权人代表以及有关主管机关的代表组成,并聘请中国的注册会计师、律师等参加。

外资企业清算结束,其资产净额和剩余财产超过注册资本的部分视同利润,应当依照中国税法缴纳所得税。同时,应当向工商行政管理机关办理注销登记手续,缴销营业执照。

## ▌▌▌ 本章小结 ▌▌▌

本章主要介绍了中外合资经营企业法、中外合作经营企业法和外商独资企业法的基本制度。一般地,这类法律只存在于发展中国家,用以对海外资本进行有效的管理或更好地贯彻国家的经济政策。而发达国家(如美国)则一般是对内资企业和外资企业统一立法,体现了企业制度的一致性和资本市场管理的成熟。

**思考题:**
1. 外资企业的出资方式。
2. 中外合资经营企业的概念和特点。

3. 中外合资经营企业的注册资本和投资总额。
4. 外商独资企业的概念。

## 典型案例：

中华人民共和国最高人民法院
民事判决书

(2013)民提字第 239 号

再审申请人(一审被告、反诉原告，二审上诉人)：湖南康润药业有限公司。住所地：中华人民共和国湖南省岳阳市岳阳经济技术开发区巴陵东路 380 号

法定代表人：毛金武，该公司董事长。

委托代理人：陈立红，上海协力(长沙)律师事务所律师。

委托代理人：蒋海亮，上海协力(长沙)律师事务所律师。

被申请人(一审原告、反诉被告，二审被上诉人)：加拿大麦迪斯达公司(Medistar Biotech Inc)。住所地：125 - 12051 Horseshoe Way, Richmond British Columbia V7A4V4 Canada。

代表人：Jmnes R. Elliott。

委托代理人：段建涛，该公司中国首席代表。

委托代理人：袁双红，北京祺祥律师事务所律师。

被申请人(一审被告，二审上诉人)：湖南景达生物工程有限公司。住所地：中华人民共和国湖南省长沙市长沙高新开发区隆平高科技园。

法定代表人：吴江涛，该公司董事长。

再审申请人湖南康润药业有限公司(原湖南景达制药有限公司，2011 年 1 月 21 日变更为现名称，以下简称康润药业公司)因与被申请人加拿大麦迪斯达公司(以下简称麦迪斯达公司)、湖南景达生物工程有限公司(以下简称景达生物公司)中外合作经营合同纠纷一案，不服湖南省高级人民法院(以下简称湖南高院)(2012)湘高法民三终字第 20 号民事判决，向本院申请再审。本院于 2013 年 11 月 14 日做出(2013)民申字第 1304 号民事裁定对本案进行提审。本院依法组成合议庭，于 2014 年 12 月 2 日公开开庭审理了本案，康润药业公司的委托代理人陈立红、蒋海亮，麦迪斯达公司的委托代理人袁双红到庭参加诉讼。景达生物公司经本院传票传唤，无正当理由未到庭参加诉讼，本院依法缺席审理。本案现已审理终结。

麦迪斯达公司于 2008 年 12 月 16 日向湖南省岳阳市中级人民法院(以下简称岳阳中院)起诉称，2007 年 9 月 1 日麦迪斯达公司与康润药业公司、景达生物公司签订《MEDISTAR 快速检测项目合作协议》(以下简称《合作协议》)，后麦迪斯达公司全面履行了合同义务，但康润药业公司、景达生物公司未依约出资，合作项目缺乏资金无法按计划进行合作经营。请求判决：1. 解除麦迪斯达公司、康润药业公司、景达生物公司之间签订的《合作协议》；2. 责令康润药业公司、景达生物公司连带依约赔偿麦迪斯达公司直接损失人民币 100 万元(以下币种均为人民币)；3. 判令康润药业公司、景达生物公司连带赔偿麦迪斯达公司向外承担的违约金损失 160 万元。

康润药业公司提出反诉称,《合作协议》签订后,康润药业公司和景达生物公司积极履行了《合作协议》,为合作项目提供了资金以及生产场地并根据项目运转情况提供了所需的运转资金。麦迪斯达公司利用康润药业公司的场地、资金等条件从事其单方的生产、销售获利,严重违约。请求判令:1. 解除麦迪斯达公司、康润药业公司、景达生物公司之间签订的《合作协议》;2. 判令麦迪斯达公司赔偿康润药业公司经济损失等共计 320.72 万元;3. 判令麦迪斯达公司承担该案的全部诉讼费。

岳阳中院查明:2007 年 9 月 1 日,麦迪斯达公司作为甲方,景达生物公司作为乙方、康润药业公司作为丙方,三方签订了《合作协议》。协议主要内容为麦迪斯达公司同意以技术入股方式与景达生物公司、康润药业公司在中国共同合作开发项目。其中麦迪斯达公司以技术出资,景达生物公司、康润药业公司提供资金、场地等,并准备在长沙成立隶属于景达生物公司的子公司。协议第一条约定,合作期限暂定十年,从 2007 年 9 月 1 日至 2017 年 8 月 31 日。协议第二条约定,在合同签订之日起三十日内,景达生物公司、康润药业公司投入 400 万元,落实生产场地 600～800 平方米等。协议第四条约定,麦迪斯达公司以全部产品技术与主要设备及生物、化学原材料入股,占总股本的 45%;景达生物公司、康润药业公司按资金及相关条件入股,占总股本的 55%。协议第六条约定,麦迪斯达公司对该合作项目所有产品实行技术全面负责,并在 60 日内将符合国际先进标准的生产设备运进并安装在现场。协议第十条约定,麦迪斯达公司、景达生物公司、康润药业公司任何一方均不得以任何理由要求中止本协议的履行或违反协议的相关条款,否则,违约方向守约方赔偿 100 万元的经济损失。协议签订后,2007 年 11 月 10 日,麦迪斯达公司依照合同约定将主要设备与生化原料从加拿大发运,由于受当时我国南方地区正在发生的大规模冰冻灾害的影响,该批货物直到 2008 年 3 月才运达岳阳市城陵矶码头。设备运达后,麦迪斯达公司就开始在康润药业公司提供的场地进行检测、实验,并生产销售了几批样品。在双方合作过程中,麦迪斯达公司多次催促景达生物公司、康润药业公司履行合同约定的出资义务,但景达生物公司、康润药业公司均没有按照合作协议约定履行出资义务,后发生纠纷诉至法院。

岳阳中院认为:本案争议的焦点是:1. 关于《合作协议》的效力及是否应当解除的问题;2. 三方当事人在本案中的违约责任认定问题;3. 三方当事人的损失认定问题。

关于焦点 1,《合作协议》的效力。《合作协议》是麦迪斯达公司、景达生物公司、康润药业公司经过平等协商后自愿签订的,是各方当事人的真实意思表示,且内容不违反国家法律、行政法规的强制性规定,故该《合作协议》合法有效,受法律保护。由于纠纷发生后,麦迪斯达公司在起诉中要求解除协议,康润药业公司在反诉中也要求解除协议,并且事实上三方当事人已无继续合作的基础,故岳阳中院决定解除麦迪斯达公司、景达生物公司、康润药业公司之间签订的《合作协议》。同时,根据《中华人民共和国合同法》第九十七条的规定,景达生物公司、康润药业公司应将麦迪斯达公司的设备予以退还。

关于焦点 2,各方当事人在该案中的违约责任认定。首先,关于麦迪斯达公司的履约情况。依照《合作协议》第 4 条的约定,麦迪斯达公司以全部产品技术(含药品注册文号及所有生产许可资质证书)与主要设备及生物、化学原料入股,占总股本的 45%(其中技术占 33%,设备及其他主要原材料占 12%)。在合作协议签订后,麦迪斯达公司按照协议约定将设备及其他主要原材料从加拿大运抵了康润药业公司的场地。并在康润药业公司的场地试生产了几批 ALT 试纸,而且进行了销售。上述事实可以证明麦迪斯达公司的技术是成熟、可靠的。根据

《合作协议》的约定,麦迪斯达公司最主要的合同义务是用已有的技术和景达生物公司、康润药业公司合作,生产出相关产品。从该案查明的事实来看,麦迪斯达公司已按协议履行了自己的义务,不存在违约行为。至于康润药业公司反诉提出麦迪斯达公司没有将技术入股的问题,岳阳中院认为,由于协议中拟成立的隶属于景达生物公司的子公司并没有成立,故协议中约定的麦迪斯达公司以技术入股的条件尚未成就,其技术入股应在公司成立后方能进行,三方当事人在当时条件下进行的是一种技术合作。且麦迪斯达公司确实已提供了技术,并进行了试生产,对产品也进行了销售。而且,技术入股并不等同于技术转让,三方签订的《合作协议》中也未明确约定麦迪斯达公司要将自己拥有的技术转让至康润药业公司的名下。故康润药业公司反诉提出的麦迪斯达公司未将技术入股的事实不能成立。其次,关于景达生物公司、康润药业公司的履约情况。依照《合作协议》约定,景达生物公司、康润药业公司应当在《合作协议》签订之日起三十日内投入400万元。康润药业公司在开庭时向岳阳中院提供了一笔近1000万元的中国建设银行岳阳分行的资金存款证明,但据法院调查,该笔资金在账户上停留了不到48小时,直至2007年10月31日,该账户上的存款不足30万元,而景达生物公司、康润药业公司又没有提供其他证据证明其出资情况。因此可以认定景达生物公司、康润药业公司未按照协议约定投入400万元资金。景达生物公司、康润药业公司违反协议约定,不履行出资400万元的合同义务,应当承担本案的违约责任。

关于焦点3,违约损失的认定问题,麦迪斯达公司主张请求的损失为260万元,其中涉及深圳德夏公司的160万元没有证据证明已经实际发生,岳阳中院不予认可。另外,100万元是《合作协议》第十条约定的违约金,有合同作为依据,且岳阳中院已认定景达生物公司、康润药业公司是违约的当事人,故对麦迪斯达公司提出要求景达生物公司、康润药业公司赔偿100万元违约金的诉讼请求予以支持。至于康润药业公司提出的反诉请求,基于麦迪斯达公司在该案中不存在违约行为,因此康润药业公司反诉的事实不能成立,其反诉提出麦迪斯达公司赔偿320.72万元经济损失的请求不予支持。

岳阳中院依照《中华人民共和国合同法》第九十四条、第九十七条、第一百零七条、第一百一十四条第一款,《中华人民共和国民事诉讼法》第一百二十六条之规定,判决:一、解除麦迪斯达公司与景达生物公司、康润药业公司之间签订的《合作协议》;麦迪斯达公司的设备由景达生物公司、康润药业公司予以退还;二、由景达生物公司、康润药业公司共同赔偿麦迪斯达公司违约金100万元;三、驳回麦迪斯达公司对景达生物公司、康润药业公司的其他诉讼请求;四、驳回康润药业公司提出的麦迪斯达公司赔偿直接经济损失320.72万元并承担该案的全部诉讼费的反诉请求。该案一审案件受理费27 600元,由麦迪斯达公司负担10 616元,由景达生物公司、康润药业公司共同负担16 984元;反诉费16 228元由康润药业公司负担。

康润药业公司、景达生物公司不服岳阳中院一审判决,向湖南高院提起上诉。康润药业公司上诉称,一审判决程序违法,认定事实不清,适用法律不当。请求:撤销一审判决第一、二、四项,维持一审判决第三项,改判由麦迪斯达公司赔偿康润药业公司经济损失320.72万元,一、二审诉讼费用由麦迪斯达公司承担。景达生物公司上诉理由与康润药业公司上诉理由基本一致。

对于一审查明的事实麦迪斯达公司没有异议,康润药业公司、景达生物公司除对履行出资义务和技术不成熟有异议外,对其余事实不持异议。湖南高院对岳阳中院所查明的各方当事人不持异议的事实予以确认。

湖南高院另查明：麦迪斯达公司与景达生物公司、康润药业公司合作的项目总共为 23 个，除全血丙氨酸氨转移酶检测试剂条取得了中华人民共和国医疗器械注册证（进口）并获得了加拿大卫生部医疗产品二类生产执照外，其余 22 个合作项目的产品均为非专利技术产品。

湖南高院还查明，三方签订的《合作协议》第六条约定，麦迪斯达公司对该合作项目的所有产品实行技术全面负责。当合作启动后，麦迪斯达公司在保证 60 天内将符合国际先进技术标准的生产设备运进并安装在生产现场；常年不少于 1 名主要技术专家驻守现场进行日常技术管理；在一年内完成合作项目 5～8 项产品的国内注册 SFDS 许可或 GMP 认证，确保符合中国和国际市场合格标准的产品在 2007 年 12 月 1 日逐步上市销售，并跟踪做好所有合作产品的售后技术服务与管理。

湖南高院认为：本案二审期间各方当事人争议的焦点问题在于合同的性质和效力，康润药业公司、景达生物公司是否存在违约行为以及如何承担民事责任等问题。涉案《合作协议》是三方以组建中外合资公司为意向以项目合作为基础的合作合同。该合同经三方协商一致而签订，是当事人真实意思表示，其内容不违反法律强制性规定，为合法有效的合同。康润药业公司、景达生物公司关于协议属中外合资经营企业合同，因没有办理批准登记手续而未生效的上诉理由缺乏事实和法律依据，湖南高院不予支持。因当事人在合同履行中发生纠纷，均要求解除合同，各方当事人已无继续合作的基础，岳阳中院判决解除合同符合法律规定，应予维持。根据《中华人民共和国合同法》第九十七条的规定，合同解除后，已经履行的，根据履行情况和合同性质，当事人可以要求恢复原状、采取其他补救措施，并有权要求赔偿损失。就本案而言，涉案合同约定，康润药业公司、景达生物公司应在 30 天内投入 400 万元，麦迪斯达公司在 60 天内安装设备，一年内取得 5～8 项产品的国内 SFDS 许可或 GMP 认证，并确保产品符合中国和国际市场合格标准的产品在 2007 年 12 月 1 日逐步上市销售。上述约定表明，各方的合同义务存在先后履行顺序之分，康润药业公司、景达生物公司应当先履行义务。从查明的事实看，康润药业公司、景达生物公司落实了生产场地及提供了部分周转资金，但未在 30 日内向合作项目投入 400 万元。根据《中华人民共和国合同法》第六十七条关于"当事人互负债务，有先后履行顺序，先履行一方未履行的，后履行一方有权拒绝其履行要求。先履行一方履行债务不符合约定的，后履行一方有权拒绝其相应的履行要求"之规定，康润药业公司、景达生物公司未在合同约定期限内履行资金投入义务，其行为已构成违约在先。虽然麦迪斯达公司未完成在一年内取得药品注册和生产许可证、三个月内产品同步销售的义务，因麦迪斯达公司的履行义务后于康润药业公司、景达生物公司的资金投入义务，麦迪斯达公司依法享有履行抗辩权，有权拒绝康润药业公司、景达生物公司的履行要求。因此，康润药业公司、景达生物公司关于其未违约，麦迪斯达公司未生产出合格产品及未取得相应行政许可资质，构成违约，应承担违约责任的上诉主张缺乏事实和法律依据，依法不应予支持。关于康润药业公司、景达生物公司应如何承担违约责任的问题，一审根据涉案合同第 10 条关于"合同任何一方均不得以任何理由中止本协议的履行或违反协议的相关条款，否则违约方应向守约方赔偿 100 万元的经济损失"的约定，判决由康润药业公司、景达生物公司赔偿麦迪斯达公司经济损失 100 万元，对此，鉴于康润药业公司、景达生物公司在合同履行前期已进行了部分资金投入、麦迪斯达公司的设备也没有按期托运并安装的实际情况，并考虑麦迪斯达公司未能提出具体损失数额等情形，一审判决康润药业公司、景达生物公司赔偿麦迪斯达公司经济损失 100 万元数额过高，依法应予调整。综合全案具体情形，湖南高院酌定康润药业公司、景达生物公司赔偿麦迪斯达公司经济损失50万元为宜。康润药业公司、景达生物公司还提出一审程序违法、适用法律错误等上诉理由，因缺乏事实和法律依据，依法不予支持。综上，涉案《合作协议》合法有效，基于各方当事人均请求解除合同，该协议依法应予解除。康润药业公司、景达生物公司未履行先合同义务，其行为构成违约，应当承担相应的违约责任。康润药业公司、景达生物公司的各项上诉主张缺乏事实和法律依据，依法应予驳回。湖南高院依据《中华人民共和国合同法》第九十三条第一款、第六十七条、第九十七条、《中华人民共和国民事诉讼法》第一百五十三条第一款（二）项之规定，判决：一、维持岳阳中院(2009)岳中民三初字第1号民事判决第一项、第三项和第四项；二、变更岳阳中院(2009)岳中民三初字第1号民事判决第二项为：由景达生物公司、康润药业公司共同赔偿麦迪斯达公司经济损失50万元。一审案件受理费27 600元，二审案件受理费40 400元，共计68 000元，由景达生物公司、康润药业公司共同负担47 600元，由麦迪斯达公司负担20 400元。一审案件反诉费16 228元，由康润药业公司负担。

康润药业公司不服湖南高院二审判决，向本院申请再审称：1. 案涉《合作协议》因未经行政审批而应属未生效合同，原审法院认定其有效是适用法律错误；2. 即使案涉《合作协议》生效，原审法院认定康润药业公司违约是认定事实错误。麦迪斯达公司未依约将销售网络和销售渠道交给康润药业公司内设项目部接管，违反了先合同义务，且其提供的技术不符合合同约定和我国法律规定，应当承担违约责任。康润药业公司和景达生物公司落实了生产场地和投入资金，原审法院仅以康润药业公司银行存款不足30万元的证据认定康润药业公司和景达生物公司投入资金不足400万元而构成违约缺乏事实依据；3. 原审法院超出麦迪斯达公司的诉讼请求做出判决，麦迪斯达公司仅诉请解除案涉《合作协议》，没有要求退还设备，原审判决判令康润药业公司和景达生物公司退还设备违反了"不告不理"的民事诉讼基本原则。综上，康润药业公司请求：1. 撤销湖南高院(2012)湘高法民三终字第20号民事判决及岳阳中院(2009)岳中民三初字第1号民事判决；2. 判令解除《合作协议》；3. 判令麦迪斯达公司赔偿经济损失320.72万元；4. 驳回麦迪斯达公司的其他诉讼请求。

麦迪斯达公司答辩称：1. 涉案的《合作协议》包含项目内部合作和成立子公司两个合作阶段，除涉及"成立子公司"的条款外，其余条款均已生效，康润药业公司关于"合作协议因未经主管部门审批而属于未生效合同"的主张不能成立。2. 康润药业公司和景达生物公司违反《合作协议》的约定，导致合同无法继续履行，康润药业公司应向麦迪斯达公司承担违约责任，原判决不存在错误。《合作协议》之所以未能继续履行，完全在于康润药业公司和景达生物公司违反协议约定的投资义务。康润药业公司和景达生物公司应就其违约行为，向麦迪斯达公司承担违约责任。综上，康润药业公司提出的再审诉讼请求缺乏事实和法律依据，应当予以驳回。

本院庭审时，康润药业公司提交了一份岳阳市中心血站质量管理委员会于2008年2月12日出具的说明，拟证明麦迪斯达公司生产的产品不合格，技术不成熟。麦迪斯达公司发表意见称：该份情况说明产生在一审诉讼前，不属于新证据。且岳阳市中心血站质量管理委员会也没有鉴定试剂效果的权利。本院认为，该份情况说明在一审诉讼开始前已经存在，康润药业公司未向一审法院提供，亦未做出合理解释，故该份证据不属于新证据，本院不予采纳。

湖南高院二审判决查明认定的事实，有相关证据予以佐证，在本院庭审时当事人亦明确表示无异议，故对二审判决查明的事实，本院予以确认。

本院认为：本案为中外合作经营合同纠纷，一、二审法院适用我国法律审理本案是正确的。本案争议的焦点问题在于《合作协议》效力的认定。案涉《合作协议》是各方当事人真实意思的一致表示，合同依法成立。本案当事人在《合作协议》中约定，麦迪斯达公司同意以技术入股方式与景达生物公司、康润药业公司在中国共同合作开发项目。麦迪斯达公司以技术出资，景达生物公司、康润药业公司提供资金、场地等，并准备在长沙成立隶属于景达生物公司的子公司。协议还约定了麦迪斯达公司以全部产品技术与主要设备及生物、化学原材料入股，占总股本的45%；景达生物公司、康润药业公司按资金及相关条件入股，占总股本的55%等内容。《中华人民共和国中外合作经营企业法实施细则》第十条规定："本实施细则所称合作企业协议，是指合作各方对设立合作企业的原则和主要事项达成一致意见后形成的书面文件。本实施细则所称合作企业合同，是指合作各方为设立合作企业就相互之间的权利、义务关系达成一致意见后形成的书面文件。"根据《合作协议》约定的内容和上述规定，案涉《合作协议》为一份设立合作企业的协议。《中华人民共和国中外合作经营企业法》第五条规定："申请设立合作企业，应当将中外合作者签订的协议、合同、章程等文件报国务院对外经济贸易主管部门或者国务院授权的部门和地方政府（以下简称审查批准机关）审查批准。审查批准机关应当自接到申请之日起四十五天内决定批准或者不批准。"《中华人民共和国中外合作经营企业法实施细则》第十一条规定："合作企业协议、合同、章程自审查批准机关颁发批准证书之日起生效。在合作期限内，合作企业协议、合同、章程有重大变更的，须经审查批准机关批准。"本案当事人在签订《合作协议》后，未再就设立合作企业进一步签订合同、章程等，亦未将《合作协议》报审查批准机关审查批准。《中华人民共和国合同法》第四十四条第二款规定："法律、行政法规规定应当办理批准、登记等手续生效的，依照其规定。"最高人民法院《关于适用＜中华人民共和国合同法＞若干问题的解释（一）》第九条规定："依照合同法第四十四条第二款的规定，法律、行政法规规定合同应当办理批准手续，或者办理批准、登记等手续才生效，在一审法庭辩论终结前当事人仍未办理批准手续的，或者仍未办理批准、登记等手续的，人民法院应当认定该合同未生效。"最高人民法院《关于审理外商投资企业纠纷案件若干问题的规定（一）》第一条规定："当事人在外商投资企业设立、变更等过程中订立的合同，依法律、行政法规的规定应当经外商投资企业审批机关批准后才生效的，自批准之日起生效；未经批准的，人民法院应当认定该合同未生效。当事人请求确认该合同无效的，人民法院不予支持。"由于案涉《合作协议》未经审查批准机关审查批准，依据上述规定，该协议虽成立但未生效。一、二审判决认定该协议有效，属适用法律不当，本院予以纠正。麦迪斯达公司和康润药业公司均申请解除《合作协议》，且该《合作协议》已无实际履行的可能，一、二审判决解除《合作协议》并无不当，应予维持。

鉴于《合作协议》未生效，麦迪斯达公司和康润药业公司以合同有效为前提，各自要求对方承担违约责任的本诉和反诉请求，均缺乏事实和法律依据，不应予以支持。二审判决关于康润药业公司和景达生物公司赔偿麦迪斯达公司经济损失50万元的判项适用法律不当，本院应予纠正。

麦迪斯达公司起诉请求解除《合作协议》，但其未提出设备被康润药业公司和景达生物公司占有并要求返还的诉讼请求，一、二审判决关于麦迪斯达公司的设备由景达生物公司、康润药业公司予以退还的判项超出当事人的诉讼请求，本院亦予纠正。

综上，湖南高院二审判决认定事实清楚，但部分适用法律不当，应予纠正。本院依照《中华人民共和国合同法》第三十二条、第四十四条、第九十四条，《中华人民共和国中外合作经营企业法》第五条，《中华人民共和国中外合作经营企业法实施细则》第十条、第十一条，最高人民法院《关于适用＜中华人民共和国合同法＞若干问题的解释（一）》第九条，最高人民法院《关于审理外商投资企业纠纷案件若干问题的规定(一)》第一条,《中华人民共和国民事诉讼法》第一百七十条第一款第(二)项、第二百零七条之规定,判决如下:

一、撤销湖南省高级人民法院(2012)湘高法民三终字第 20 号民事判决;

二、解除加拿大麦迪斯达公司与湖南景达生物工程有限公司、湖南康润药业有限公司签订的《MEDISTAR 快速检测项目合作协议》;

三、驳回加拿大麦迪斯达公司和湖南康润药业有限公司的其他诉讼请求。

一审案件受理费 27 600 元,由加拿大麦迪斯达公司负担,反诉案件受理费 16 228 元,由湖南康润药业有限公司负担。二审案件受理费 40 400 元,由加拿大麦迪斯达公司负担 9 603 元,湖南康润药业有限公司负担 30 797 元。

本判决为终审判决。

审 判 长 任雪峰
代理审判员 成明珠
代理审判员 朱 科
二〇一四年十二月二十三日
书 记 员 丁 一

# 第四章 合伙企业法

**知识目标：**

- 了解合伙企业的概念和种类
- 理解合伙企业中合伙人的责任承担、合伙企业设立条件与程序
- 掌握合伙企业的事务执行、入伙及退伙的效力

**能力目标：**

- 能写出合伙协议书
- 能处理入伙及退伙过程中的法律事务

## 第一节　合伙企业法概述

### 一、合伙企业的概念

合伙是指两个以上的人为着共同目的，相互约定共同出资、共同经营、共享收益、共担风险的自愿联合，是一种合同关系。合伙企业是两个人以上为了共同目的，共同出资，在合伙协议基础上组建的一种企业组织形式。

我国的《合伙企业法》确定了两种合伙企业类型，即普通合伙和有限合伙。普通合伙企业由普通合伙人组成，合伙人对合伙企业债务承担无限连带责任。另外，我国的《合伙企业法》还规定了一种特殊的普通合伙企业，即采用合伙制的以专业知识和专门技能为客户提供有偿服务的专业服务机构，比如律师事务所、审计师事务所、诊所等。特殊的普通合伙企业的特殊之处不仅在于其经营活动的特殊性，更是在于其合伙人责任承担方面的特殊性。有限合伙企业由普通合伙人和有限合伙人组成，普通合伙人对合伙企业债务承担无限连带责任，有限合伙人以其认缴的出资额为限对合伙企业债务承担责任。

### 二、合伙企业法的概念和适用范围

合伙企业法是指调整合伙企业在设立、经营、变更、终止过程中形成的各种社会关系的法律规范的总称。1997年2月23日由第八届全国人大常委会第二十四次会议通过、自1997年8月1日起施行的《中华人民共和国合伙企业法》(以下简称《合伙企业法》)，该法于2006年8月27日经第十届全国人民代表大会常务委员会第二十三次会议修订。《合伙企业法》是一部规范我国市场主体的必不可少的法律，对于规范合伙企业的设立和运作，保护合伙企业及其合伙人的合法权益，维护社会经济秩序，完善企业法制建设，具有重要作用和现实意义。

# 第二节　普通合伙企业

## 一、合伙企业的设立

### （一）合伙企业设立的条件

（1）设立合伙企业，须具备以下条件：有两个以上合伙人。按照《合伙企业法》第2条的规定，合伙人可以是自然人、法人或其他组织。但是，国有独资公司、国有企业、上市公司以及公益型的事业单位、社会团体不得成为普通合伙人。合伙人为自然人的，应当具有完全民事行为能力。法律、行政法规禁止从事营利性活动的人，不得成为合伙企业的合伙人。

（2）有书面合伙协议。合伙协议是合伙企业成立的基础，也是合伙企业得以成立的必要条件。

（3）有合伙人认缴或者实际缴付的出资。合伙人可以分期缴纳其出资。分期缴纳出资的合伙人以书面形式确认其认缴的出资额及缴付期限。

（4）有合伙企业的名称和生产经营场所。合伙企业名称中应当标明"普通合伙"字样。

（5）法律、行政法规规定的其他条件。

### （二）合伙协议

合伙协议是合伙企业成立的依据，也是确定合伙人权利义务的依据。合伙协议应当依法由全体合伙人协商一致，以书面形式订立，并经全体合伙人签名盖章后方能生效。合伙协议应载明以下事项：（1）合伙企业的名称和主要经营场所的地点；（2）合伙目的和合伙企业的经营范围；（3）合伙人的姓名或者名称、住所；（4）合伙人的出资方式、数额和缴付期限；（5）利润分配、亏损分担方式；（6）合伙事务的执行；（7）入伙与退伙；（8）争议解决办法；（9）合伙企业的解散和清算；（10）违约责任。

### （三）合伙人的出资

合伙人可以用货币、实物、知识产权、土地使用权或者其他财产权利出资，也可以用劳务出资。所谓劳务出资，是指合伙人以自己已经付出的或未来付出的能够给合伙企业带来利益的劳务作为出资。合伙人对于自己用于缴纳出资的财产或财产权，应当拥有合法的处分权。合伙人以实物、知识产权、土地使用权或者其他财产权利出资，需要评估作价的，可以由全体合伙人协商确定，也可以由全体合伙人委托法定评估机构评估。合伙人以劳务出资的，其评估办法由全体合伙人协商确定，并在合伙协议中载明。

合伙人应当按照合伙协议约定的出资方式、数额和缴付期限，履行出资义务。以非货币财产出资的，依照法律、行政法规的规定，需要办理财产权转移手续的，应当依法办理。

### （四）合伙企业设立登记

申请设立合伙企业，应当向企业登记机关提交登记申请书、合伙协议书、合伙人身份证明等文件。申请人提交的登记申请材料齐全、符合法定形式，企业登记机关能够当场登记的，应予当场登记，发给营业执照。否则，企业登记机关应当自受理申请之日起20日内，做出是否登记的决定。予以登记的，发给营业执照；不予登记的，应当给予书面答复，并说明理由。合伙企业的营业执照签发日期为合伙企业的成立日期。

## 二、合伙企业的财产

### (一)合伙企业财产的范围

合伙企业的财产由两部分组成:(1)合伙人的出资。合伙人可以用货币、实物、知识产权、土地使用权或者其他财产权利出资,也可以用劳务出资。当合伙人的出资转入合伙企业时,就构成合伙企业的财产。(2)合伙企业的收益。在合伙企业存续期间,所有以合伙企业名义取得的收益和依法取得的其他财产。以合伙企业名义取得的收益,主要体现为合伙企业的营业利润、投资净收益及营业外收支净额。

### (二)合伙企业财产的性质

合伙企业的财产由全体合伙人共同管理和使用。在合伙企业存续期间,除非有合伙人退伙等法定事由,合伙人不得请求分割企业的财产。合伙企业的合伙财产具有共有财产的性质,即由全体合伙人共有。对合伙财产的占有、使用、收益和处分,均应当依据全体合伙人的共同意志进行。

### (三)合伙人财产份额的转让

合伙人财产份额的转让,将会影响到合伙企业以及其他合伙人的切身利益。《合伙企业法》对合伙人财产份额的转让作了以下限制性规定:

1. 合伙人之间转让。合伙人之间转让在合伙企业中的全部或者部分财产份额时,应通知其他合伙人。

2. 合伙人向合伙人以外的人转让。除合伙协议另有约定外,合伙人向合伙人以外的人转让其在合伙企业中的财产份额时,须经其他合伙人一致同意。在同等条件下,其他合伙人有优先购买权;但是,合伙协议另有约定的除外。依法受让合伙人在合伙企业中的财产份额的人,经修改合伙协议即成为合伙企业的合伙人,依照《合伙企业法》和修改后的合伙协议享有权利,履行义务。

3. 因法院强制执行的转让。人民法院强制执行合伙人财产份额时,应当通知全体合伙人,其他合伙人有优先购买权;其他合伙人未购买,又不同意将该财产份额转让给他人的,依法为该合伙人办理退伙结算,或者办理消减该合伙人相应财产份额的结算。

### (四)合伙人财产份额的出质

合伙人以其在合伙企业中的财产份额出质的,须经其他合伙人一致同意;未经其他合伙人一致同意,其行为无效,由此给善意第三人造成损失的,由行为人依法承担赔偿责任。

## 三、合伙企业的事务执行

### (一)合伙企业事务的执行方式

合伙人对执行合伙事务享有同等的权利。可以采取下列两种方式执行合伙事务:其一,由全体合伙人共同执行;其二,由合伙协议约定或者全体合伙人决定,委托一个或者数个对外代表合伙企业,执行合伙事务。作为合伙人的法人、其他组织执行合伙事务的,由其委派的代表执行。

委托一个或者数个合伙人执行合伙事务的，其他合伙人不再执行合伙事务。不执行合伙事务的合伙人有权监督执行事务合伙人执行合伙事务的情况。执行事务合伙人应当定期向其他合伙人报告事务执行情况以及合伙企业的经营和财务状况，其执行合伙事务所产生的收益归合伙企业，所产生的费用和亏损由合伙企业承担。受委托执行合伙事务的合伙人不按照合伙协议或者全体合伙人的决定执行事务的，其他合伙人可以决定撤销该委托。合伙企业对合伙事务以及对外代表合伙企业权利的限制，不得对抗善意第三人。

经全体合伙人一致同意，也可以聘任合伙人以外的人担任合伙企业的经营管理人员。被聘任的合伙企业的经营管理人员应当在合伙企业授权范围内履行职务。被聘任的合伙企业的经营管理人员超越合伙企业授权范围履行职务，或者在履行职务过程中因故意或者重大过失给合伙企业造成损失的，依法承担赔偿责任。

### （二）合伙人决议与对其他合伙人执行事务的异议

合伙人对合伙企业有关事项做出决议，按照合伙协议约定的表决办法办理。合伙协议未约定或者约定不明确的，实行一人一票经合伙人过半数通过的表决办法。除合伙协议另有约定外，合伙企业的下列事项应当经全体合伙人一致同意：（1）改变合伙企业的名称；（2）改变合伙企业的经营范围、主要经营场所的地点；（3）处分合伙企业的不动产；（4）转让或者处分合伙企业的知识产权和其他财产权利；（5）以合伙企业名义为他人提供担保；（6）聘任合适的人担任管理人员。

合伙协议约定或者经全体合伙人决定，合伙人分别执行合伙企业事务时，合伙人可以对其他合伙人执行的事务提出异议。提出异议时，应暂停该项事务的执行。如果发生争议，可由全体合伙人做出决议。合伙协议未约定或者约定不明确的，实行合伙人一人一票并经全体合伙人过半数通过的表决办法。

### （三）合伙企业的利润分配与亏损分担

合伙企业的利润分配、亏损分担，按照合伙协议的约定办理；合伙协议未约定或者约定不明确的，由合伙人协商决定；协商不成的，由合伙人按照实缴出资比例分配、分担；或者由合伙人依照合伙协议约定的比例分配和分担；无法确定出资比例的，由合伙人平均分配、分担。

### （四）合伙人对合伙企业的义务

合伙人不得自营或者同他人合作经营与本合伙企业相竞争的业务。除合伙协议另有约定或者经全体合伙人一致同意外，合伙人不得同本合伙企业进行交易。合伙人不得从事损害本合伙企业利益的活动。

## 四、合伙企业的债务清偿

### （一）合伙企业的债务清偿

合伙企业债务，应先以合伙企业的全部财产进行清偿。合伙企业财产不足清偿到期债务的，各合伙人应当承担无限连带责任，以合伙企业财产清偿合伙企业债务时，其不足的部分，由各合伙人按照合伙协议约定分担亏损的比例，用其在合伙企业出资以外的财产承担清偿责任，如果合伙协议没有约定比例，则由各合伙人平均分担。

合伙人之间的分担比例对债权人没有约束力。债权人可根据自己的利益，请求全体合伙人中的一人或数人承担全部清偿责任，也可以按照自己确定的比例向各合伙人分别追索。如果合伙人实际支付的清偿数额超过了其依照既定比例所应承担的数额,该合伙人有权就该超过部分,向其他未支付或者未足额支付应承担数额的合伙人追偿。

### (二) 合伙人个人债务的清偿

合伙人发生与合伙企业无关的债务,相关债权人不得以其债权抵销其对合伙企业的债务,也不得代位行使合伙人在合伙企业中的权利。合伙人个人财产不足以清偿其与合伙企业无关的债务的,该合伙人可以以其从合伙企业中分取的收益用于清偿,债权人也可以依法请求人民法院强制执行该合伙人在合伙企业中的财产份额用于清偿。

## 五、入伙与退伙

### (一) 入伙

1. 入伙的程序

入伙,是指在合伙企业存续期间,合伙人以外的第三人加入合伙,从而取得合伙人资格。新合伙人入伙,除合伙协议另有约定外,应当经全体合伙人一致同意,并依法订立书面入伙协议。订立入伙协议时,原合伙人应当向新合伙人如实告知原合伙企业经营状况和财务状况。

2. 新合伙人的权利与责任

入伙的新合伙人与原合伙人享有同等权利,承担同等责任,但入伙协议另有约定的,从其约定。新合伙人对入伙前合伙企业的债务承担无限连带责任。

### (二) 退伙

退伙是指合伙人退出合伙企业,从而丧失合伙人资格。

合伙人退伙,一般有两种原因:一是自愿退伙,二是法定退伙。

自愿退伙,是指合伙人基于自愿的意思表示而退伙。自愿退伙可分为协议退伙和通知退伙两种情况。第一,协议退伙。合伙协议约定合伙企业的经营期限的,有下列情形之一时,合伙人可以退伙:(1) 合伙协议约定的退伙事由出现;(2) 经全体合伙人同意退伙;(3) 发生合伙人难以继续参加合伙企业的事由;(4) 其他合伙人严重违反合伙协议约定的义务。第二,通知退伙。合伙协议未约定合伙企业的经营期限的,合伙人在不给合伙企业事务执行造成不利影响的情况下,可以退伙,但应当提30日通知其他合伙人。

法定退伙,是指合伙人因出现法律规定的事而退伙。法定退伙分为两种:一是当然退伙,二是除名。

第一,当然退伙。合伙人当然退伙的情形有:(1) 作为合伙人的自然人死亡或者被依法宣告死亡;(2) 个人丧失偿债能力;(3) 作为合伙人的法人或者其他组织依法被吊销营业执照、责令关闭、撤销,或者被宣告破产;(4) 法律规定或者合伙协议约定合伙人必须具有相关资格而丧失该资格;(5) 合伙人在合伙企业中的全部财产份额被人民法院强制执行。

合伙人被依法认定为无民事行为能力人或者限制行为能力人的,经其他合伙人一致同意,可以依法转为有限合伙人,普通合伙企业依法转为有限合伙企业。其他合伙人未能一致同意的,该无民事行为能力人或限制民事行为能力的合伙人退伙。合伙人当然退伙的情形以实际发生之日为退伙生效日。

第二,除名。合伙人因被除名而退伙。合伙人有下列情形之一的,经其他合伙人一致同意,可以决议将其除名:(1) 未履行出资义务;(2) 因故意或者重大过失给合伙企业造成损失;

（3）执行合伙企业事务时有不正当行为；（4）发生合伙协议约定的事由。

对合伙人的除名决议应当书面通知被除名人。被除名人接到除名通知之日，除名生效，被除名人退伙。被除名人对除名决议有异议的，可以自接到除名通知之日起 30 日内，向人民法院起诉。

### （三）退伙后的财产处理

合伙人退伙的，其他合伙人应当与该退伙人按照退伙时的合伙企业的财产状况进行结算，退还退伙人的财产份额。退伙人对合伙企业造成的损失负有赔偿责任的，相应扣减其应当赔偿的数额。退伙时有未了结的合伙企业事务的，待该事务了结后进行结算。

退伙人在合伙企业中财产份额的退还办法，由合伙协议约定或者由全体合伙人决定，可退还货币，也可以退还实物。

退伙人对基于其退伙前的原因发生的合伙企业债务，承担无限连带责任。合伙人退伙时，合伙企业财产少于合伙企业债务的，退伙人应当依法分担亏损。

### （四）合伙人财产份额的继承

合伙人死亡或者被依法宣告死亡的，对该合伙人合伙企业中的财产份额享有合法继承权的继承人，依照合伙协议的约定或者经全体合伙人同意，从继承开始之日起，即取得该合伙企业的合伙人资格。

有下列情形之一的，合伙企业应当向合伙人的继承人退还被继承人合伙人的财产份额：（1）继承人不愿意成为合伙人；（2）法律规定或者合伙协议约定合伙人必须具有相关资格，而该继承人未取得该资格；（3）合伙协定不能成为合伙人的其他情形。

合伙人的继承人为无民事行为能力人或者限制民事人的，经全体合伙人一致同意，可以依法成为有限合伙人，普通合伙企业依法转为有限合伙企业。全体合伙人未能一致同意的，合伙企业应当将被继承合伙人的财产份额退还该继承人。

# 第三节　特殊的普通合伙企业

## 一、特殊的普通合伙企业的概念

特殊的普通合伙企业指的是采用合伙制形式，以专业知识和专门技能为客户提供有偿服务的专业服务机构。比如律师事务所、会计师事务所、审计师事务所、医生的诊所等。这些服务机构不同于从事一般经营活动的企业，因为其获利的方式不是参与一般的民事流转活动，而是提供服务，而该服务的提供需要合伙人具备一定的专业知识和专门技能，并且该服务的提供也具有一定的风险性。为了标明企业性质，以区别于一般的普通合伙，特殊的普通合伙企业名称中应当注明"特殊普通合伙"字样。

## 二、合伙债务承担

一个合伙人或者数个合伙人在执业活动中因故意或者重大过失造成合伙企业债务的，应当承担无限责任或者无限连带责任，其他合伙人以其在合伙企业中的财产份额为限承担责任。

合伙人在执业活动中非因故意或者重大过失造成的合伙企业债务以及合伙企业的其他债务,由全体合伙人承担无限连带责任。

合伙人执业活动中因故意或者重大过失造成的合伙企业债务,以合伙企业财产对外承担责任后,该合伙人应当按照合伙协议的约定对给合伙企业造成的损失承担赔偿责任。

### 三、执业风险基金

由于特殊的普通合伙企业的执业活动具有一定的风险性,为了保证债权人的利益,《合伙企业法》要求该类合伙企业应当建立执业风险基金、办理执业保险,增强其抗风险能力。执业风险基金用于偿付合伙人执业活动造成的债务。执业风险基金应当单独立户管理,具体管理办法由国务院规定。

## 第四节　有限合伙企业

### 一、有限合伙企业概述

有限合伙企业由普通合伙人和有限合伙人组成,普通合伙人对合伙企业债务承担无限连带责任,有限合伙人以其认缴的出资额为限对合伙企业债务承担责任。

有限合伙企业由两个以上50个以下合伙人设立,但是法律另有规定的除外。有限合伙企业至少应该有一个普通合伙人。也就是说,有限合伙企业中至少有一个合伙人是对合伙企业债务承担无限连带责任的。

为了与普通合伙企业相区别,使与合伙企业进行交易的对方当事人能了解企业的性质,《合伙企业法》规定有限合伙企业名称中应当标明"有限合伙"字样。

### 二、合伙协议

合伙协议是合伙企业成立的基础。有限合伙企业的合伙协议除了要符合《合伙企业法》关于普通合伙企业合伙协议的有关规定外,还应当载明下列事项:(1)普通合伙人和有限合伙人的姓名或者名称、住所;(2)执行事务合伙人应具备的条件和选择程序;(3)执行事务合伙人权限与违约处理办法;(4)执行事务合伙人的除名条件和更换程序;(5)有限合伙人入伙、退伙的条件、程序以及相关责任;(6)有限合伙人和普通合伙人相互转变程序。

### 三、有限合伙人的出资

有限合伙人可以用货币、实物、知识产权、土地使用权或者其他财产权利作价出资。有限合伙人不得以劳务出资。有限合伙人应当按照合伙协议的约定按期足额缴纳出资;未按期足额缴纳的,应当承担补缴义务,并对其他合伙人承担违约责任。有限合伙企业登记事项中应当载明有限合伙人的姓名或者名称及认缴的出资数额。

### 四、有限合伙企业事务执行

有限合伙企业由普通合伙人执行合伙事务。执行事务合伙人可以要求在合伙协议中确定执行事务的报酬及报酬提取方式。

有限合伙人不执行合伙事务,不得对外代表有限合伙企业。但是,有限合伙人的下列行为,不视为执行合伙事务:(1) 参与决定普通合伙人入伙、退伙;(2) 对企业的经营管理提出建议;(3) 参与选择承办合伙企业审计业务的会计师事务所;(4) 获取经审计的有限合伙企业财务会计报告;(5) 对涉及自身利益的情况,查阅有限合伙企业财务会计账簿等财务资料;(6) 在有限合伙企业中的利益受到侵害时,向有责任的合伙人主张权利或者提起诉讼;(7) 执行事务合伙人怠于行使权利时,督促其行使权利或者为了本企业的利益以自己的名义提起诉讼;(8) 依法为本企业提供担保。

如果第三人有理由相信有限合伙人为普通合伙人并与其交易的,该有限合伙人对该笔交易承担与普通合伙人同样的责任。有限合伙人未经授权以有限合伙企业名义与他人进行交易,给有限合伙企业或者其他合伙人造成损失的,该有限合伙人应当承担赔偿责任。

## 五、有限合伙人的权利

普通合伙人通常受到自我交易禁止和竞业禁止的限制。而有限合伙人可以同本有限合伙企业进行交易,也可以自营或者同他人合作经营与本有限合伙企业相竞争的业务;但如果合伙协议另有约定的话,则应遵从合伙协议的规定。有限合伙人可以将其在有限合伙企业中的财产份额出质,但是,合伙协议另有约定的除外。有限合伙人也可以按照合伙协议的约定向合伙人以外的人转让其在有限合伙企业中的财产份额,但应当提前 30 日通知其他合伙人。

## 六、有限合伙人的个人债务承担

有限合伙人的自有财产不足清偿其与合伙企业无关的债务的,该合伙人可以以其从有限合伙企业中分取的收益用于清偿;债权人也可以依法请求人民法院强制执行该合伙人在有限合伙企业中的财产份额用于清偿。人民法院强制执行有限合伙人的财产份额时,应当通知全体合伙人。在同等条件下,其他合伙人有优先购买权。

## 七、有限合伙人的入伙、退伙与资格继承

### (一) 入伙

在有限合伙企业成立后,合伙人以外的人可以作为有限合伙人加人合伙企业,成为合伙企业的成员。新入伙的有限合伙人对入伙前有限合伙企业的债务,以其认缴的出资额为限承担责任。

### (二) 退伙

有限合伙人有下列情形之一的,当然退伙:(1) 作为有限合伙人的自然人死亡或者被依法宣告死亡;(2) 作为有限合伙人的法人或者其他组织依法被吊销营业执照、责令关闭、撤销,或者被宣告破产;(3) 法律规定或者合伙协议约定有限合伙人必须具有相关资格而丧失该资格;(4) 有限合伙人在合伙企业中的全部财产份额被人民法院强制执行。

作为有限合伙人的自然人在有限合伙企业存续期间丧失民事行为能力的,其他合伙人不得因此要求其退伙。有限合伙人退伙后,对基于其退伙前的原因发生的有限合伙企业债务,以其退伙时从有限合伙企业中取回的财产承担责任。

### (三) 资格继承

作为有限合伙人的自然人死亡、被依法宣告死亡或者作为有限合伙人的法人及其他组织终止时,其继承人或者权利承受人可以依法取得该有限合伙人在有限合伙企业中的资格。

## 八、有限合伙人与普通合伙人的相互转变

除合伙协议另有约定外,普通合伙人转变为有限合伙人,或者有限合伙人转变为普通合伙人,应当经全体合伙人一致同意。有限合伙人转变为普通合伙人的,对其作为有限合伙人期间有限合伙企业发生的债务承担无限连带责任。普通合伙人转变为有限合伙人的,对其作为普通合伙人期间合伙企业发生的债务承担无限连带责任。

# 第五节 合伙企业的解散与清算

## 一、合伙企业的解散

合伙企业有下列情形之一时,应当解散:(1) 合伙期限届满,合伙人决定不再经营;(2) 合伙协议约定的解散事由出现;(3) 全体合伙人决定解散;(4) 合伙人已不具备法定人数满 30 天;(5) 合伙协议约定的合伙目的已经实现或者无法实现;(6) 依法被吊销营业执照、责令关闭或者被撤销;(7) 法律、行政法规规定的其他原因。

## 二、合伙企业的普通清算

合伙企业解散后应当进行清算,并通知和公告债权人。清算期间,合伙企业存续,但不得开展与清算无关的经营活动。

### (一) 清算人的确定

合伙企业解散,清算人由全体合伙人担任;经全体合伙人的过半数同意,可以自合伙企业解散事由出现后 15 日内指定一个或者数个合伙人,或者委托第三人担任清算人。自合伙企业解散事由出现之日起 15 日内未确定清算人的,合伙人或其他利害关系人可以申请人民法院指定清算人。

### (二) 清算人的职责

清算人在清算期间执行下列事务:(1) 清理合伙企业财产,分别编制资产负债表和财产清单;(2) 处理与清算有关的合伙企业未了结的事务;(3) 清缴所欠税款;(4) 清理债权、债务;(5) 处理合伙企业清偿债务后的剩余财产;(6) 代表合伙企业参加诉讼活动或者仲裁活动。

### (三) 通知、公告债权人和申报债权

清算人自被确定之日起 10 日内将合伙企业解散事项通知债权人,并于 60 日内在报纸上公告。债权人应当自接到通知书之日起 30 日内,未接到通知书的自公告之日起 45 日内,向清算人申报债权。债权人申报债权,应当说明债权的有关事项,并提供证明材料。清算人应当对债权进行登记。

**（四）合伙企业财产清偿顺序**

合伙企业财产按下列顺序清偿：（1）清算费用；（2）合伙企业所欠招用职工的工资、社会保险费用和法定补偿金；（3）合伙企业所欠税款；（4）合伙企业的债务。合伙企业财产按上述顺序清偿后仍有剩余的，按合伙协议约定的比例进行分配；合伙协议未约定或者约定不明确的，由合伙人协商决定；协商不成的，由合伙人按照实缴出资比例分配。合伙企业清算时，其全部财产不足清偿其债务的，则各合伙人应当承担无限连带责任。

**（五）合伙企业注销登记**

合伙企业清算结束，清算人应当编制清算报告，经全体合伙人签名、盖章后，在 15 日内向企业登记机关报送清算报告，申请办理合伙企业注销登记。

合伙企业注销后，原普通合伙人对合伙企业存续期间的债务仍应承担无限连带责任。

## 三、合伙企业的破产清算

合伙企业不能清偿到期债务的，债权人可以依法向人民法院提出破产清算申请，也可以要求普通合伙人清偿。合伙企业依法被宣告破产的，普通合伙人对合伙企业债务仍应承担连带责任。

### 本章小结：

本章较为系统地阐述了合伙企业的两种类型，即普通合伙与有限合伙。合伙企业属于人合型企业，更加注重合伙人之间的团结与信誉，因此与资合型企业之间在运营机制方面存在着实质性的差异。合伙企业在运行过程中更为灵活，但是需要法律对其进行规制，以保证社会交易安全。

### 典型案例：

甲、乙、丙合伙经营一家水果店，取名为"满意水果店"。负责人为甲。甲、乙、丙约定的出资比例和分成比例均为 4：3：3。2013 年 12 月的一天，因丙外出，甲与乙协商后与果农丁签订了一份水果购买合同，因水果店流动资金不够，甲决定向银行贷款 10 万元。后因水果店经营亏损，无力偿还银行贷款，银行提起民事诉讼。经查，① 合伙协议协定，凡 8 万元以上的业务须经甲、乙、丙三人一致同意。② 水果店赊欠银行 10 万元以外，尚欠庚、已各两万元债务。③ 水果店的财产价值仅 10 万元。

问题：

（1）该水果店与果农丁所签订合同及与银行所签订贷款合同效力如何？为什么？

（2）水果店的债权人银行、庚、已向法院起诉后，债权未得到全部清偿，能否对丙的个人财产进行追偿？为什么？

解析：

（1）该水果店与果农丁所签订合同及与银行所签订贷款合同效力均有效。因合伙协议中对甲的约定属于内部约定,不能对合伙之外的善意第三人发生效力,故合同有效。

（2）可以。因甲、乙、丙系合伙关系。合伙人需对合伙债务承担无限连带责任。

# 第五章　个人独资企业法

◆ **知识目标：**

- 了解个人独资企业的概念和特征
- 理解个人独资企业的权利及义务
- 掌握个人独资企业的设立条件及事务管理

◆ **能力目标：**

- 能应用个人独资企业法的原理设立个人独资企业
- 能处理个人独资企业经营过程中涉及的法律问题

## 第一节　个人独资企业法概述

### 一、个人独资企业的概念和特征

个人独资企业，是指依法在中国境内设立，由一个自然人投资，财产为投资人个人所有，投资人以其个人财产对企业债务承担无限责任的经济实体。

个人独资企业具有以下法律特征：(1) 企业的投资人为一个自然人；(2) 企业的财产为投资人个人所有，即投资人对本企业的财产依法享有所有权，其有关权利可以依法进行转让或继承；(3) 企业须依法设立，即依照《中华人民共和国个人独资企业法》规定的条件与程序设立；(4) 投资人以其个人全部财产对企业的债务承担无限责任。

### 二、个人独资企业法的概念

个人独资企业法是指调整在国家协调经济运行过程中发生的关于个人独资企业的各种经济关系的法律规范的总称。个人独资企业在中国数量众多，而且符合社会主义市场经济发展的需要：为了规范个人独资企业的行为，保护个人独资企业投资人和债权人的合法权益，维护社会经济秩序，促进社会主义市场经济的发展，第九届全国人大常委会第十一次会议于 1999 年 8 月 30 日通过了《中华人民共和国个人独资企业法》(以下简称《个人独资企业法》)，该法自 2000 年 1 月 1 日起施行。

# 第二节  个人独资企业的设立、变更、解散和清算

## 一、个人独资企业的设立

### (一) 个人独资企业的设立条件

设立个人独资企业应当具备下列条件:(1) 投资人为一个自然人。法律、行政法规禁止从事营利性活动的人,不得作为投资人申请设定个人独资企业。(2) 有合法的企业名称。名称应当与其责任形式及从事的营业相符合。(3) 有投资人申报的出资。投资人在申请企业设立登记时明确以其家庭共有财产作为个人出资的,应当依法以家庭共有财产对企业债务承担无限责任。(4) 有固定的生产经营场所和必要的生产经营条件。(5) 有必要的从业人员。

### (二) 个人独资企业的设立程序

#### 1. 投资人申请

申请设立个人独资企业,应当由投资人或者其委托的代理人向个人独资企业所在地的登记机关提交设立申请书、投资人身份证明、生产经营场所使用证明等文件。委托代理人申请设立登记时,应当出具投资人的委托书和代理人的合法证明。个人独资企业不得从事法律、行政法规禁止经营的业务。个人独资企业从事法律、行政法规规定须报经有关部门审批的业务,应当在申请设立登记时提交有关部门的批准文件。

#### 2. 工商登记

登记机关应在收到设立申请文件之日起 15 日内,对符合《个人独资企业法》规定条件的,予以登记,发给营业执照。个人独资企业的营业执照的签发日期为个人独资企业成立日期。个人独资企业设立分支机构,应由投资人或其委托的代理人向分支机构所在地的登记机关申请登记,领取营业执照。分支机构的民事责任由设立该分支机构的个人独资企业承担。

## 二、个人独资企业的变更、解散和清算

### (一) 个人独资企业的变更

个人独资企业存续期间登记事项发生变更的,应当在做出变更决定之日起的 15 日内依法向登记机关申请办理变更登记。

### (二) 个人独资企业的解散和清算

个人独资企业有下列情形之一时,应当解散:(1) 投资人决定解散;(2) 投资人死亡或者被宣告死亡,无继承人或者继承人决定放弃继承;(3) 被依法吊销营业执照;(4) 法律、行政法规规定的其他情形。

个人独资企业解散,由投资人自行清算或者由债权人申请人民法院指定清算人进行清算。投资人自行清算的,应当在清算前 15 日内书面通知债权人,无法通知的,应当予以公告。债权人应当在接到通知之日起 30 日内,未接到通知的应当在公告之日起 60 日内,向投资人申报其债权。

清算期间,个人独资企业不得开展与清算目的无关的经营活动。在企业按规定清偿债务

前,投资人不得转移、隐匿财产。个人独资企业解散,财产应当按照下列顺序清偿:(1) 所欠职工工资和社会保险费用;(2) 所欠税款;(3) 企业债务。个人独资企业财产不足以清偿债务的,投资人应当以其个人的其他财产予以清偿。个人独资企业解散后,原投资人对个人独资企业存续期间的债务仍应承担偿还责任,但债权人在 5 年内未向债务人提出偿债请求的,该责任消灭。

个人独资企业清算结束后,投资人或者人民法院指定的清算人应当编制清算报告,并于15 日内到登记机关办理注销登记。

# 第三节　个人独资企业的事务管理及权利和义务

## 一、个人独资企业的事务管理

个人独资企业投资人可以自行管理企业事务,也可以委托或者聘用其他具有民事行为能力的人负责企业的事务管理。

投资人委托或者聘用他人管理个人独资企业事务,应当与受托人或者被聘用的人签订书面合同,明确委托的具体内容和授予的权利范围。受托人或者被聘用的人员应当履行诚信、勤勉义务,按照与投资人签订的合同负责个人独资企业的事务管理,不得有下列行为:(1) 利用职务上的便利,索取或者收受贿赂;(2) 利用职务或者工作上的便利侵占企业财产;(3) 挪用企业的资金归个人使用或者借贷给他人;(4) 擅自将企业资金以个人名义或者以他人名义开立账户储存;(5) 擅自以企业财产提供担保;(6) 未经投资人同意,从事与本企业相竞争的业务;(7) 未经投资人同意,同本企业订立合同或者进行交易;(8) 未经投资人同意,擅自将企业商标或者其他知识产权转让给他人使用;(9) 泄露企业的商业秘密;(10) 法律、行政法规禁止的其他行为。投资人对受托人或者被聘用的人员职权的限制不得对抗善意第三人。

## 二、个人独资企业的权利和义务

### (一) 个人独资企业的权利

国家依法保护个人独资企业的财产和其他合法权益。个人独资企业依法享有经营自主权,可以依法申请贷款,可以依法取得土地使用权,并享有法律、行政法规规定的其他权利。任何单位和个人不得违反法律、行政法规的规定,以任何方式强制个人独资企业提供财力、物力、人力;对于违法强制提供财力、物力、人力的行为,个人独资企业有权拒绝。

### (二) 个人独资企业的义务

个人独资企业在享有权利的同时必须履行以下义务:(1) 从事经营活动必须遵守法律、行政法规,遵守诚实信用原则,不得损害社会公共利益;(2) 应当依法履行纳税义务;(3) 应当依法设置会计账簿,进行会计核算;(4) 招用职工,应当依法与职工签订劳动合同,保障职工的劳动安全,按时、足额发放职工工资;(5) 应当按照国家规定参加社会保险,为职工缴纳社会保险费。

## 本章小结：

本章较为全面地阐述了个人独资企业法的概念、特征、设立、变更、解散以及企业事务管理。个人独资企业是我国现实经济生活中较为普遍存在的企业类型，具有创设灵活、经营方便等方面的特征，但是需要在划定投资性质、保护交易相对人利益等方面做出较为妥当的法律制度安排。

## 典型案例：

甲于2013年4月1日开办了一家个人独资企业，甲自行经营该企业，企业盈利，后甲因个人原因，便委托其好友乙管理该企业。由于乙的经验欠缺，企业连续亏损，欠债务2000万元，该企业自有资产1000万元。企业难以经营下去，准备解散。

**问题：**

（1）甲能否决定解散该个人独资企业？

（2）该个人独资企业解散后的2000万元债务应由谁承担？为什么？

**解析：**

（1）甲可以决定解散该个人独资企业。

（2）由甲承担。个人独资企业财产不足以清偿债务的，投资人应当以其个人的其他财产予以清偿。个人独资企业解散后，原投资人对个人独资企业存续期间的债务仍应承担偿还责任，但债权人在5年内未向债务人提出偿债请求的，该责任消灭。

# 第六章 企业破产法

◆ **知识目标：**

- 了解企业破产的概念、破产的主体及破产过程的相关机关
- 理解企业破产中的重整与和解程序
- 掌握企业破产的界限，破产财产、破产债权的核定，破产清算

◆ **能力目标：**

- 能应用破产法的基本原理解释企业破产中的法律问题

## 第一节 企业破产法概述

### 一、破产

破产是商品经济社会发展到一定阶段必然出现的法律现象。"破产"首先是一种事实状态。这种事实状态，英文叫作 insolvency，意为"无力偿债"。按照现代通行的观念，无力偿债并不等同于传统意义上的破产事件，因为它并不必然地导致清算程序的发生。"破产"在法律程序的意义上，不再是单纯的清算法，它可以担负起救助债务人特别是处于困境企业的任务。当代的破产程序不仅包括以变价分配为目标的清算制度，而且包括以企业再建为目标的重整及和解制度。

### 二、破产人

#### （一）破产人的概念

破产人，就是受破产宣告、处于破产程序中的债务人，也就是民事权利受到破产程序拘束的人。破产人作为破产债务人，是破产程序中的消极主体，是要接受强制执行的消极主体。债务人要想转变为破产人，必须具备实质要件和形式要件。从实质要件来说，只有具备破产能力并且存在破产原因的债务人才有可能成为破产人；从形式要件来说，由申请人向法院提出申请启动破产程序，申请人符合法律规定，受理的法院有管辖权等。

#### （二）破产能力

破产能力是指债务人应具备破产宣告的资格。我国《企业破产法》仅适用于企业法人。一方面明确规定企业法人具备破产能力，另一方面出于国家宏观政策的考虑，《企业破产法》第134 条规定，商业银行、证券公司、保险公司等金融机构实施破产的，由国务院依据本法和其他

有关法律的规定制定实施办法。

### (三) 破产原因

所谓破产原因,是指认定债务人丧失债务清偿能力,法院据以启动破产程序、宣告债务人破产的法律标准,即引起破产程序发生的原因。《企业破产法》第 2 条规定:"企业法人不能清偿到期债务,并且资产不足以清偿全部债务或者明显缺乏清偿能力的,依照本法规定清理债务。企业法人有前款规定情形,或者有明显丧失清偿能力可能的,可以依照本法规定进行重整。"从上述规定可以看出。我国破产原因的实质标准是支付不能和资不抵债。

所谓"支付不能",是指债务人由于陷入经济困境,缺乏清偿能力,对已经到期的债务,债权人请求清偿时,不能予以清偿或不能继续予以清偿的客观状态。其一是债务人已陷入经济困境,缺乏偿债能力。如债务人的债务总额明显大于其资产总额,并且不能合法筹集到资金,无法进行正常经营等。其二是债务人客观上有未清偿已经到期并且债权人请求清偿的债务的事实。由于债务人一时的资金周转困难而导致客观上存在未予清偿到期债务事实的,一般也不认定为支付不能。

所谓资不抵债,是指债务人的全部财产已不足以偿还其所有债务,即债务人的资产总额小于其债务总额,因此资不抵债也称为"债务超过"。资不抵债是就债务人的资产总额与负债额相比而言的,它反映的是债务人的一种客观经济状态。

## 三、破产债权人

### (一) 破产债权人的意义

享有破产债权并依照破产程序行使权利的请求权人,为破产债权人。破产债权人在破产程序中主要享有如下权利:(1) 出席债权人会议;(2) 在债权人会议上发表意见和参加表决;(3) 受领破产分配;(4) 对债务人(破产人)、管理人实施的影响破产债权人利益的行为提出异议;(5) 对债权人会议的决议提出异议。

在破产案件中往往存在多数债权人,各个债权人都是以破产财产为对象请求参加破产分配的债权人,破产债权人之间还表现为顺位的关系和排他的关系。但是破产法的立法宗旨是要实现公平地清偿每一个债权人的债权。破产程序把全体债权人作为一个整体来看待,其目的不在于满足个别债权人的清偿要求,而在于一揽子清理债务人和所有债权人之间的债权债务关系。在破产法中主要有三个组织或机构代表债权人团体的利益行使权利,即债权人会议、债权人委员会、管理人。

### (二) 债权人会议

债权人会议是代表全体债权人共同意志,并恰当满足各债权人独立利益要求的组织形式。

#### 1. 债权人会议的组成

债权人会议成员有权参加债权人会议,享有表决权。虽然所有申报债权的债权人均为债权人会议的组成成员,但却未必均有表决权。《企业破产法》第 59 条第 2 款和第 3 款规定:(1) 债权尚未确定的债权人,除人民法院能够为其行使表决权而临时确定债权额的外,不得行使表决权。(2) 有财产担保的债权人未放弃优先受偿权利的,对于"通过破产财产的变价方案"和"通过破产财产的分配方案"两项事项没有表决权。

2. 债权人会议的职权

债权人会议虽然是债权人自治的基本形式,但债权人自治只能在法定的范围内进行活动,这就必然涉及债权人会议的职权范围问题。《企业破产法》第 61 条规定,债权人会议行使下列职权:(1) 核查债权;(2) 申请人民法院更换管理人,审查管理人的费用和报酬;(3) 监督管理人;(4) 选任和更换债权人委员会成员;(5) 决定继续或者停止债务人的营业;(6) 通过重整计划;(7) 通过和解协议;(8) 通过债务人财产的管理方案;(9) 通过破产财产的变价方案;(10) 通过破产财产的分配方案;(11) 人民法院认为应当由债权人会议行使的其他职权。

3. 债权人会议的决议程序

(1) 决议方式。债权人会议的决议,由出席会议的有表决权的债权人的过半数通过,并且其所代表的债权额,必须占无财产担保债权总额的 1/2 以上。通过和解协议的决议,必须占无财产担保债权总额的 2/3 以上。由此可见,债权人会议的决议的通过,应当同时具备两个条件:第一,按人数计算,出席会议的有表决权的债权人过半数赞成;第二,按金额计算,一般情况下,赞成票所代表的债权额占无财产担保债权总额的半数以上,但是在通过和解协议的情况下,应当占这一总额的 2/3 以上。这里所说的"过半数"不包括本数,"半数以上"和"2/3 以上"均包括本数。这里所说的"债权额",指经过债权人会议确认的金额。这里所说的"无财产担保债权总额",以债权人会议所确认的全部无担保债权总额为准(无论其债权人是否出席会议)。

(2) 决议的效力。债权人会议的决议对于全体债权人均有约束力。债权人会议的决议是债权团体的共同意思表示。一旦决议依法定程序获得通过,各债权人不论是否出席了会议,不论是否参加表决,也不论是否投票赞成,都当然地受决议的约束。

(3) 对决议的异议。债权人认为债权人会议决议损害部分债权人利益的或者不能表决通过的,可以在债权人会议做出决议后提请法院裁定。认为债权人会议的决议损害部分债权人利益的,受损害债权人可在债权人会议做出决议后 15 日内,请求法院裁定撤销该决议,责令债权人会议重新议决。

(4) 对债权人会议决议表决的补充。当债权人会议对相关事项无法做出表决时,应该由人民法院做出裁定。债权人会议对"确认、选任、撤换管理人,决定管理人的费用和报酬"议题不能表决通过时;对"决定继续或者停止债务人的营业"、"通过债务人财产的管理方案"和"通过破产财产的变价方案"三个议题,债权人会议不能表决通过的;对"通过破产财产的分配方案"议题,债权人会议经二次表决仍不能通过时,由人民法院裁定。债权人对人民法院做出的上述裁定不服的,可以在 15 日内向该人民法院申请复议。复议期间不影响裁定的执行。

**(三) 债权人委员会**

债权人委员会处于监督人的地位,其代表债权人会议行使监督职能,以彻底实现债权人监督破产程序进行的自治要求。

1. 债权人委员会的地位

债权人委员会是债权人会议的代表机关,在破产程序中代表债权人全体之利益监督破产程序的进行。债权人会议可以决定设立债权人委员会。债权人委员会由债权人会议选任的债权人代表和一名债务人的职工代表或者工会代表组成。债权人委员会成员不得超过 9 人。债权人委员会作为债权人会议的代表机关,由债权人会议选任,向债权人会议负责。当其决议与债权人会议的决议不一致时,应服从于债权人会议的决议。债权人会议通过设立债权人委员会以及选任代表的决议,应由出席会议的有表决权的债权人过半数通过,并且其所代表的债权额应当占全部无财产担保债权总额的1/2以上。

2. 债权人委员会的权限

债权人委员会行使以下职权:(1) 监督债务人财产的管理和处分;(2) 监督破产财产分配;(3) 提议召开债权人会议;(4) 债权人会议委托的其他职权。但是,管理人实施下列行为,应当及时报告债权人委员会:(1) 涉及土地、房屋等不动产权益的转让;(2) 探矿权、采矿权、知识产权等财产权的转让;(3) 全部库存或者营业的转让;(4) 借款;(5) 设定财产担保;(6) 债权和有价证券的转让;(7) 履行债务人和对方当事人均未履行完毕的合同;(8) 放弃权利;(9) 担保物的收回;(10) 对债权人利益有重大影响的其他财产处分行为。

### (四) 管理人

管理人,是指破产宣告后,接管破产财产并负责对其进行清理、估价以及处理分配的专门机关。

1. 管理人的选任和资格

我国对管理人的选任,采取由人民法院指定的立法体例。《企业破产法》第13条规定:"人民法院决定受理破产申请的,应当同时指定管理人"。债权人会议认为管理人不能依法公正执行职务或者有其他不能胜任职务情形的,可以申请人民法院予以更换。

管理人由下列组织、机构或者个人担任:(1) 有关部门、机构的人员组成的清算组;(2) 依法设立的律师事务所、会计师事务所、破产清算事务所等社会中介机构;(3) 具备相关专业知识并取得专门执业资格的人员。个人担任管理人的,应当参加执业责任保险。有下列情形之一的,不得担任管理人:(1) 因故意犯罪受过刑事处罚的;(2) 曾被吊销相关专业执业证书的;(3) 与本案有利害关系的;(4) 人民法院认为不宜担任管理人的。

2. 管理人的职责

管理人的职权主要有以下几项:

第一,接收债务人移交的财产及与财产有关的一切账簿文件。破产人如不移交或全面移交,管理人有权请求法院强制执行。

第二,负责破产财产的管理、清理和处分。破产管理人要对破产企业进行财务审计,清理会计账册,编制财务审计报表;调查债务人的财产状况,包括债务人所欠劳动者工资、社会保险费用和纳税情况,制作财产状况调查报告;清理银行账户、开设清算账户;管理决定企业日常开支,如生活费的发放、差旅费及办公费用的开支等;为减少破产财产的损失而采取应急措施,如对易损坏、腐烂变质、跌价或保管费用过高的财产及时出卖,对即将超过诉讼时效的债权采取中断时效的措施。

第三,营业管理权。破产管理人在行使管理权时,可进行以下行为:(1) 在第一次债权人会议召开前决定债务人是否继续营业。(2) 对尚未履行的合同决定解除或继续履行。对于决定解除的合同,对方当事人因此而受到的损失可以作为破产债权。(3) 追索破产企业的对外债权和财产。破产管理人应向破产企业的债务人或财产持有人发出通知,向其追索债务,因此而发生的争议,在征得法院批准或监督人同意后,破产管理人可以自己的名义提起诉讼。(4) 聘用必要的管理人员、专业技术人员和其他工作人员。可以根据实际需要,聘任必要的工作人员,并向其支付报酬。(5) 决定债务人的内部管理事务。

第四,诉讼权。破产程序开始后,与破产债务人有关的一切民事诉讼程序均应中止。管理人上任后,诉讼程序继续进行,原债务人的诉讼地位由管理人继受。

第五,请求召集债权人会议。

第六,行使撤销权及对抵销权和取回权的承认。管理人有权请求法院撤销人民法院受理破产案件前一年内债务人的下列行为:无偿转让财产或财产权利的、以明显不合理的低价转让财产及财产权利的、对原来没有财产担保的债务提供财产担保的、对未到期的债务提前清偿的、放弃债权的等损害债权人利益的;管理人有权请求法院撤销在法院受理破产案件前6个月内,债务人已知其不能清偿到期债务,仍对个别债权人进行清偿,损害其他债权人利益的。不过,个别清偿使债务人财产受益的,不在此限。

# 第二节　破产案件的申请和受理

## 一、破产案件的申请

破产申请是破产申请人请求法院受理破产案件的意思表示。在我国,破产程序的开始不以申请为准而是以受理为准。因此,破产申请不是破产程序的开始,而是破产程序开始的条件。根据我国法律规定,能提出破产申请的主体有两个,即债权人和债务人。

1. 债权人申请

只要企业不能清偿到期债务,债权人即可向法院申请其破产。债权人申请破产应提供法定文件:第一,债权发生的事实及有关证据;第二,债权性质、数额、有无担保并附证据;第三,债权人不能清偿到期债务的情况及有关证据。

2. 债务人申请

债务人可以申请自己破产。国有企业申请破产时,还应当提交其上级主管部门同意其破产的文件,其他企业应当提交其开办人或者股东会议决定企业破产的文件。

3. 有关机关申请

企业法人已解散但未清算或者未清算完毕,资产不足以清偿债务的,依法负有清算责任的人应当向人民法院申请破产清算。

## 二、破产案件的管辖和受理

### (一) 破产案件的管辖

1. 地域管辖

债务人住所地的法院对破产案件有管辖权,债务人的主要办事机构所在地为其住所地,债务人无办事机构的,其注册地人民法院对该破产案件有管辖权。

2. 级别管辖

根据企业登记管理机关的级别来确定法院的管辖级别,基层法院一般管辖县、区、县级市或者区的工商行政管理部门登记的企业破产案件;中级人民法院管辖地区、地级市(含本级市)以上工商管理机关核准登记的企业破产的案件。

### (二) 破产案件的受理

1. 破产案件受理的条件和程序

法院在接到破产案件申请之日起的15日内决定是否立案。认为不符合立案受理条件的,驳回申请,对人民法院驳回申请的,申请人不服有权提出上诉,上诉期限为自驳回申请裁定送达之日起 10 天。不予受理的情形包括:(1) 债务人有隐匿、转移财产等行为,为了逃避债务而申请破产的;(2) 债权人借破产申请毁损债务人商业信誉,意图损害公平竞争的;(3) 债务人巨额财产下落不明且不能合理解释财产去向的。债务人对提出破产申请的债权人的债权提出异议并且法院认为异议成立,应告知债权人先行提起民事诉讼,破产申请不予受理。

2. 破产案件受理的法律后果

破产案件一经被受理,与破产案件当事人有关的其他所有民事纠纷案件都必须为此让步。破产案件受理后产生下列法律后果:

第一,对债务人财产的其他民事诉讼程序的中止或终结。

(1) 人民法院受理企业破产案件后,以债务人为原告的其他民事纠纷案件尚在一审程序的,受诉人民法院应当将案件移送受理破产案件的人民法院;案件已进行到二审程序的,受诉法院应当继续审理。

(2) 人民法院受理企业破产案件后,以债务人为被告的其他债务纠纷案件,按以下情况分别处理:首先,受诉法院已经受理但尚未审结且无其他被告和无独立请求权的第三人的,应当中止诉讼,由债权人向受理破产案件的人民法院申报债权;待企业被宣告破产后,终结诉讼。其次,尚未审结并有其他被告和无独立请求权第三人的,应当中止诉讼,由债权人向受理破产案件的法院申报债权,待破产程序终结后恢复审理。最后,债务人是从债务人的债务纠纷案件继续审理。

(3) 对破产企业的其他民事执行程序应当中止。

(4) 对债务人实施的一切财产保全措施应当解除,包括对已经查封、扣押、冻结或以其他方式予以保全的债务人财产,均应解除保全措施。

第二,法院受理破产案件对债务人产生的法律后果。

(1) 债务人在法院受理破产案件后,有义务妥善保管好其财产、账册、文书、资料和印章;不得隐匿、私分、转让、出售企业财产;有义务将其亏损情况、会计报表、债务清册和债权清册等以书面形式向法院提交。

(2) 其法定代表人有义务列席债权人会议并回答债权人的询问,不得擅离职守,否则法院可依《民事诉讼法》第 102 条的规定视情节轻重,予以罚款、拘留;构成犯罪的,依法追究刑事责任。

(3) 被破产立案的企业为其他债务人担任保证人的,法院受理破产案件后,被破产立案的企业有义务发出通知,债权人接到通知后,可以参加破产程序,也可以不参加破产程序。如果参加破产程序,通过分配破产财产受偿,未获清偿部分债权人有权向其债务人即被保证人继续要求赔偿;接到通知以后债权人既不参加破产程序也不告知保证人的,保证人的保证义务到此终止。通知的时间以收到法院关于破产立案的通知之日起计算 5 日内。

(4) 债务人不得对个别债权人清偿债务,如果对个别债权人清偿了,其他债权人就会因此而受到损失。因此,债务人不经法院许可,即不得个别清偿债务,也不得以其财产设立新的担保。其维持正常生产经营所必须支付的费用也必须经法院审查批准。

第三,法院受理破产案件对债权人产生的法律后果是:法院受理破产案件后,被破产立案的企业的债权人只能申报债权,通过破产程序受偿,而不能就该债权向法院提起新的诉讼;有财产担保的债权人未经法院许可也不得行使优先权。

第四,法院受理破产案件对第三人产生的法律后果是:这里的第三人就是被破产立案的企业的开户银行和债务人的债务人及财产持有人。被破产立案的企业即债务人的开户银行应停止办理债务人清偿债务的一切结算业务,支付债务人维持正常业务所必需的费用,必须经法院许可;债务人的开户行不得扣划债权人的既有存款和汇入款抵偿债务人的贷款,扣划的无效,必须返还,如不返还,法院可以通知其开户银行采取强制措施。但经法院依法许可的除外。

被破产立案企业的债务人和财产持有人在法院受理破产案件后,必须按照法院通知要求的时间和数量偿还债务或交付财产,如对法院通知的内容有异议,可以申请法院裁定。

# 第三节　破产宣告与清算

## 一、破产宣告

### (一) 破产宣告的概念和条件

破产宣告是法院对债务人具备破产原因的事实做出有法律效力的裁定。破产宣告必须具备法定条件:(1) 达到破产界限,即出现破产原因;(2) 和解和整顿被完全否定;(3) 和解达成以后在整顿期间,但终结整顿进入破产程序进行破产宣告。

### (二) 破产宣告的法律效果

1. 对破产案件的效果

破产宣告对破产案件的效果就是破产案件进入清算程序。

2. 对债务人的效果

破产宣告对债务人产生身份上、财产上的一系列法律后果。具体来说,主要有以下几项:

(1) 债务人成为破产人。在我国,被申请破产的企业,在破产宣告前称为债务人,在破产宣告后被称为破产企业。

(2) 债务人财产成为破产财产。破产宣告后,债务人的财产转为破产财产,即成为归清算组占有、支配并用于破产分配的财产。

(3) 债务人丧失对财产和事务的管理权。破产宣告后,债务人的财产和事务都由清算组全面接管,原则上破产企业应当停止其业务活动。

(4) 债务人的法定代表人承担与清算有关的法定义务。如保管好财产,办理财产移交,随时回答询问,不得擅离职守,列席债权人会议,按照法院或清算组的要求进行工作等。

3. 对债权人的效果

破产宣告后,因破产宣告以前的原因而发生的请求权,得依照破产程序的规定接受清偿。为此,破产法对破产宣告后的债权行使做出了特别规定:

(1) 未到期的债权视为到期。

(2) 有财产担保的债权人可以随时就担保物优先受偿。

(3) 对破产企业负有债务的债权人可以依法行使抵销权。

(4) 无担保债权人依破产分配方案获得清偿。

4. 对第三人的效果

破产宣告后,与破产人有其他民事关系的第三人,应按照其民事关系的性质享受相应的权利或承担相应的义务。

（1）破产人占有的属于他人的财产，其权利人可依法可以行使取回权。

（2）破产人的债务人，应当向管理人交付财产。

（3）持有破产人财产的人，应当向管理人交付财产。

（4）破产人的开户银行，应当将破产人银行账户供管理人专用。

（5）待履行合同解除或继续履行时，相对人享有相应的权利。对于破产人在破产宣告前订立但是未履行或未履行完毕的合同，清算组依法有权决定解除或继续履行。合同相对人在破产宣告后有权督促管理人尽快做出决定。如果管理人决定继续履行合同，应当向合同对方当事人给予充分的对待给付或提供相应的财产担保；清算组如果决定解除合同，因此给合同对方当事人造成损失的，受损害人的损害赔偿额作为破产债权申报。

（6）破产无效行为的受益人，应当返还其受领的利益。

破产无效行为是指债务人在破产状态下实施的使破产财产不当减少，或违反公平清偿原则，从而使债权人的一般清偿利益受到损害，依法被确认无效的财产处分行为。依照我国破产法的规定，破产案件受理前一年内，对债务人的下列行为，管理人有权请求人民法院撤销：无偿转让财产，以明显不合理的价格进行交易，对原来没有财产担保的债务提供担保，对未到期债务提前清偿，放弃自己的债权。另外，对于为逃避债务而隐匿、转移财产的和虚构债务或者承认不真实的债务的破产欺诈行为，直接定性为无效的行为。对待这些无效行为，首先应溯及地消灭其效力，其次，对于已经给付的财产，应当予以返还。

## 二、破产债权、抵销权和别除权

破产债权就是破产宣告前成立的通过破产财产的分配能够得到公平受偿的财产请求权。

### （一）得成为破产债权的请求权

得成为破产债权的请求权包括：（1）破产宣告前发生的无财产担保债权。（2）破产宣告前发生的虽然有财产担保但是债权人放弃优先受偿的债权或有财产担保的债权其数额超过担保标的物价款未受清偿的部分。（3）破产企业的担保人或其他连带责任人，为破产人清偿债务后而取得的代位债权为破产债权。（4）清算组依法解除破产人未履行或未完全履行的合同，给合同另一方当事人造成损失，受损害人的损害赔偿额为破产债权。（5）票据的出票人被宣告破产，付款人或承兑人不知其事实而向持票人付款或承兑，由此而产生的债权为破产债权。（6）破产宣告时未到期的债权视为已到期债权，但应当减除未到期的利息。（7）债务人的受托人在债务人破产后，为债务人的利益处理委托事务而发生的债权为破产债权。（8）债务人发行债券而形成的债权为破产债权。（9）债务人的保证人预先行使追偿权而申报的债权为破产债权。（10）债务人为保证人的，在破产宣告前已经被生效的法律文书确定承担的保证责任，因此而形成的债权为破产债权。（11）债务人在破产宣告前因侵权、违约给他人造成财产损失而产生的赔偿责任，对方享有的请求权为破产债权。（12）债务人退出联营应当对该联营企业的债务承担责任的，联营企业的债权人对该债务人享有的债权属于破产债权。（13）财政、扶贫、科技管理等行政部门通过签订合同，按有偿使用、定期归还原则发放的款项，可以作为破产债权。（14）法院认可的其他债权。

### （二）不得成为破产债权的请求权

不得成为破产债权的请求权包括：（1）破产债权在破产宣告后的利息。（2）债权人参加破产程序的费用。（3）在法定期间内未申报的债权及其他超过诉讼时效期间的请求权。（4）在破产宣告前对破产人科处的罚款、罚金及没收财产。（5）债务人在法院受理破产案件后未支付应付款项的滞纳金，不属于破产债权。这些滞纳金包括债务人未执行生效法律文书应当加倍支付的迟延利息和劳动保险金的滞纳金。（6）破产企业的股权、股票持有人在股权、股票上的权利。（7）破产财产分配开始后向管理人申报的债权。（8）债务人开办单位对债务人未收取的管理费、承包费。（9）管理人解除合同的违约金。（10）职工向企业的投资。（11）政府无偿拨付给债务人的资金。

### （三）破产抵销权

破产抵销权是指破产债权人在破产宣告前对破产人负有债务的，不论债务性质、种类及是否到期，在破产宣告前可以等额抵销的权利。抵销权的行使对破产债权人来说，等于抵销部分破产债权是全部受偿，它也是一种优先受偿权，因此，它的行使涉及全体债权人的利益。行使抵销权必须符合法定条件：（1）破产抵销权的行使必须以破产债权申报为前提，并且该债权已经得到确认。（2）主张抵销的债权债务均发生在破产宣告之前。（3）抵销时必须以破产债权人对破产人所负的债务数额为标准来抵销，而不能以破产债权人所享有的债权数额为标准来抵销。（4）附停止条件的破产债权，在条件未成就时，破产债权人不得行使抵销权；附解除条件的破产债权，在条件未成就时，可以行使抵销权；但是，破产债权人在解除条件成就前主张抵销的，必须按抵销债务额提供相应的担保。（5）破产债权人行使抵销权必须向管理人提出请求，经许可方可行使。

### （四）别除权

别除权是指债权人不依破产程序，而由破产财产中的特定财产单独受偿的权利。别除权的构成要件为：

第一，别除权必须是在破产宣告前一定时间合法成立的。破产法规定，破产人在人民法院受理破产案件前一年内，对原来没有财产担保的债务提供财产担保的无效。

第二，别除权是对物设立的担保。这里的物是指破产人用于担保的特定的物，债权人可就其优先受偿。

第三，别除权是经依法申报并经确认的债权。即使是有财产担保的债权，如果权利人不按法定期限申报也视为自动放弃，这时，如果权利人占有担保标的物，必须按法院的通知返还，而不能优先受偿。

别除权人行使优先受偿权不受破产程序的约束，如果别除权人占有担保物，可自行折价或变价优先受偿；如果别除权人不占有担保物，其行使优先权时必须通过管理人，才能折价或变价优先受偿。行使别除权时，如果其标的物的价款超过债权数额时，超过部分收归破产财产；如果债权数额超过担保物价款时，超过部分作为破产债权申报。

## 三、破产清算

### （一）破产财产的范围

只要破产程序没终止，在破产宣告至破产程序终结前破产企业所取得的一切财产都归入破产财产。

破产财产的范围包括：（1）破产宣告时破产企业所有的和经营管理的全部资产。（2）破产企业在被宣告破产后,到破产终结前所取得的财产,破产人的债务人偿还的债务和获得的利息,破产人的财产持有人交付的财产,行使撤销权追回的财产等,都应该归入破产财产。(3)应该由破产企业行使的其他财产权利,包括专利权、商标权、专有技术等;破产企业与其他企业联营所投入的财产和应当得到的利益。(4)破产企业在中国境外购买的股票、债券和投资也可并入破产财产。(5)债务人与他人共有的物、债权、知识产权等财产或者财产权,应当在破产清算中予以分割,债务人分割所得属于破产财产;不能分割的,应当就其应得部分转让,转让所得属于破产财产。(6)债务人的开办人在开办时出资不足的,债务人破产立案后应当予以补足,补足部分属于破产财产。(7)债务人破产前受让他人财产并依法取得所有权或者土地使用权的,不论是否已支付或者已完全支付对价,该财产仍属于破产财产。(8)债务人的财产被采取民事诉讼执行措施的,在受理破产案件后尚未执行的或者未执行完毕的剩余部分,在破产宣告后列入破产财产。因错误执行应当执行回转的财产,在执行回转后列入破产财产。(9)债务人依照法律规定取得代位求偿权的,依该代位求偿权享有的债权属于破产财产。如债务人作为保证人履行了保证义务后,其对被保证人享有的债权列入破产财产。(10)债务人在破产宣告时未到期的债权视为已到期的债权,属于破产债权,但是应当减去未到期的利息。(11)债务人设立的分支机构和没有法人资格的全资机构的财产及其全资企业中的投资权益属于破产财产。(12)债务人对外投资形成的股权,清算组可以将其出售、转让,出售、转让所得的股权收益为破产财产。

### (二)不属于破产财产的范围

不属于破产财产的范围包括:(1)取回权的标的物。包括债务人基于仓储、保管、加工承揽、委托交易、代销、借用、寄存、租赁等法律关系占有、使用的他人财产。(2)债务人财产中依《担保法》设立了担保的财产和他人依照法律规定享有优先权的财产,包括抵押物、留置物、出质物,但是权利人放弃优先受偿权的或者优先偿付被担保债权剩余的部分及优先偿付特定债权剩余的部分除外。(3)担保物灭失后产生的保险金、补偿金、赔偿金等代位物。(4)特定物买卖中,尚未转移占有但相对人已完全支付对价的特定物。(5)尚未办理产权证或者产权过户手续但已向买方交付的财产。(6)债务人在所有权保留买卖中尚未取得所有权的财产。(7)所有权专属于国家且不得转让的财产。(8)破产企业工会所有的财产。(9)破产企业的职工住房,已经签订合同、交付房款,进行房改给个人的,不属于破产财产。(10)债务人的幼儿园、学校、医院等公益福利性设施,不属于破产财产。

## 四、破产财产的分配与破产费用

### (一)破产财产分配

破产财产分配应该遵循下列原则:(1)破产财产按法定顺序分配;(2)破产财产在没有满足上一顺位的全部清偿要求时,不得进行下一顺位的分配;(3)破产财产不能满足同一顺位的清偿要求时,按比例分配。

破产财产分配方式包括现金分配、实物分配和债权分配。破产财产不进行拍卖或者拍卖不成的,可以分配实物。债权分配时,由管理人向债权人出具债权分配书,债权人凭债权分配书向债务人行使权利,债务人拒不履行的,债权人可以申请法院强制执行。

破产财产优先拨付破产费用后,按下列顺序分配:(1)破产企业所欠职工的工资,包括医疗、伤残补助、抚恤费用,所欠的应当划入职工个人账户的基本养老保险、基本医疗保险费用,以及法律、行政法规规定应当支付给职工的补偿金;(2) 破产人欠缴的除前项规定以外的社会保险费用和破产人所欠税款;(3) 普通破产债权。

破产程序终结后,又发现可供分配的破产财产的,由法院或者管理人按七述原则进行追加分配。该追加分配的财产包括法院行使撤销权追回的财产、在破产程序中因纠正错误支出收回的款项、因权利被承认追回的财产、债权人放弃的财产以及破产程序终结后实现的财产权利等。

债权人在指定期限未领取财产的,管理人可以提存,并向债权人发出催领通知书,债权人收到催领通知书 1 个月后或者管理人发出催领通知书 2 个月后,债权人仍未领取的,管理人应当将该部分财产进行追加分配。

**(二) 破产费用**

破产费用是指为维护破产债权人的共同利益而从破产财产中支付的费用,包括:(1) 破产财产的管理、变价、分配所需要的费用;(2) 破产案件的诉讼费用;(3) 债权人会议费用;(4) 催收债务所需费用;(5) 为破产债权人的共同利益而在破产程序中支付的其他费用。

破产案件的受理费从破产财产中支付,当债务人的财产不足以支付破产费用的,如果破产申请是由债权人提出的,由债权人支付。清算期间破产企业职工的生活费、医疗费等同于破产费用,可以从破产财产中优先拨付。

破产费用的支付受债权人会议的监督,破产费用从破产财产中优先拨付,破产费用根据需要随时拨付。当破产财产不足以支付破产费用时,法院根据管理人的申请终结破产程序。

# 第四节　重整与和解

## 一、破产重整程序

重整,是指当具有一定规模的公司或企业出现破产原因或者有破产的危险,同时又具有振兴和再生的希望时,为防止公司或企业破产,经公司或企业利害关系人的申请,在法院的干预下对该公司或企业实施强制治理以促使其复兴的制度,是旨在挽救作为债务人的公司或企业的一种积极程序。

**(一) 重整申请和重整的法律效力**

1. 重整申请

债务人或者债权人可以依照破产法规定,直接向人民法院申请对债务人进行重整。债权人申请对债务人进行破产清算的,在人民法院受理破产申请后、宣告债务人破产前,债务人或者出资额占债务人注册资本 1/10 以上的出资人,可以向人民法院申请重整。

人民法院经审查认为重整申请符合破产法规定的,应当裁定债务人重整,并予以公告。自人民法院裁定债务人重整之日起至重整程序终止,为重整期间。

2. 重整的法律效力

(1) 在重整期间,经债务人申请,人民法院批准,债务人可以在管理人的监督下自行管理财产和营业事务。已接管债务人财产和营业事务的管理人应当向债务人移交财产和营业事务，管理人的职权由债务人行使。

（2）管理人负责管理财产和营业事务的，可以聘任债务人的经营管理人员负责营业事务。

（3）在重整期间，对债务人的特定财产享有的担保权暂停行使。但是，担保物有损坏或者价值明显减少的可能，足以危害担保权人权利的，担保权人可以向人民法院请求恢复行使担保权。

（4）在重整期间，债务人或者管理人为继续营业而借款的，可以为该借款设定担保。

（5）债务人合法占有的他人财产，该财产的权利人在重整期间要求取回的，应当符合事先约定的条件。

（6）在重整期间，债务人的出资人不得请求投资收益分配。在重整期间，债务人的董事、监事、高级管理人员不得向第三人转让其持有的债务人的股权。但是，经人民法院同意的除外。

3. 重整的终止

在重整期间，有下列情形之一的，经管理人或者利害关系人请求，人民法院应当裁定终止重整程序，并宣告债务人破产：（1）债务人的经营状况和财产状况继续恶化，缺乏挽救的可能性；（2）债务人有欺诈、恶意减少债务人财产或者其他显著不利于债权人的行为；（3）由于债务人的行为致使管理人无法执行职务。

**（二）重整计划的制定和批准**

1. 债务人或管理人制定重整计划草案

债务人或者管理人应当自人民法院裁定债务人重整之日起6个月内，同时向人民法院和债权人会议提交重整计划草案。债务人或者管理人未按期提出重整计划草案的，人民法院应当裁定终止重整程序，并宣告债务人破产。

2. 债权人表决重整计划

人民法院应当自收到重整计划草案之日起30日内召开债权人会议，对重整计划草案进行表决。债权人参加讨论重整计划草案的债权人会议，依照债权分类，分组对重整计划草案进行表决。出席会议的同一表决组的债权人过半数同意重整计划草案，并且其所代表的债权额占该组债权总额的2/3以上的，即为该组通过重整计划草案。各表决组均通过重整计划草案时，重整计划即为通过。部分表决组未通过重整计划草案的，债务人或者管理人可以同未通过重整计划草案的表决组协商。该表决组可以在协商后再表决一次。协商的结果不得损害其他表决组的利益。

3. 法院批准重整计划，终止重整程序

自重整计划通过之日起10日内，债务人或者管理人应当向人民法院提出批准重整计划的申请。人民法院经审查认为符合本法规定的，应当自收到申请之日起30日内裁定批准，终止重整程序，并予以公告。

未通过重整计划草案的表决组拒绝再次表决或者再次表决仍未通过重整计划草案，但重整计划草案符合法定条件的，债务人或者管理人可以申请人民法院批准重整计划草案。人民法院经审查认为重整计划草案符合法律规定的，应当自收到申请之日起30日内裁定批准，终止重整程序，并予以公告。

### （三）重整计划的执行

经人民法院裁定批准的重整计划对债务人和全体债权人均有约束力。债权人未依照本法规定申报债权的,在重整计划执行期间不得行使权利;在重整计划执行完毕后,可以按照重整计划规定的同类债权的清偿条件行使权利。债权人对债务人的保证人和其他连带债务人所享有的权利,不受重整计划的影响。

重整计划由债务人负责执行。人民法院裁定批准重整计划后,已接管财产和营业事务的管理人应当向债务人移交财产和营业事务。

自人民法院裁定批准重整计划之日起,在重整计划规定的监督期内,由管理人监督重整计划的执行。在监督期内,债务人应当向管理人报告重整计划执行情况和债务人财务状况。监督期届满时,管理人应当向人民法院提交监督报告。

### （四）终止重整计划,宣告债务人破产

债务人不能执行或者不执行重整计划的,人民法院经管理人或者利害关系人请求,应当裁定终止重整计划的执行,并宣告债务人破产。人民法院裁定终止重整计划执行的,债权人在重整计划中做出的债权调整的承诺失去效力。债权人因执行重整计划所受的清偿仍然有效,债权未受清偿的部分作为破产债权。

## 二、破产和解程序

### （一）破产和解制度的概念及特征

和解是在债务人出现破产原因时,为了避免债务人破产,由债务人与全体(或者大部分)债权人达成和解协议,按照和解协议调整债务人的债务、减轻债务人的负担,以使债务人恢复生机,并使债权人有可能得到比通过破产程序所能得到的更多的清偿的一种法律制度。

破产和解制度具有以下法律特征:(1)破产和解适用于已具备破产原因的债务人,并且是以避免破产清算为目的。(2)破产和解的内容一般是延期、分期偿还债务,以及免除或者部分免除债务。(3)破产和解须由债务人与债权人团体之间达成协议。和解的协议草案应由债务人提出,经由债权人会议表决通过,达成和解协议。(4)破产和解具有强制性,即和解协议一经债权人会议表决通过,该和解协议即对全体债权人有约束力。

### （二）和解的基本程序

1. 债务人提出申请

债务人可以直接向人民法院申请和解,也可以在人民法院受理破产申请后、宣告债务人破产前申请和解。债务人申请和解,应当提出和解协议草案。

2. 法院裁定讨论和解

人民法院经审查认为和解申请符合破产法规定的,应当裁定和解,予以公告,并召集债权人会议讨论和解协议草案。对债务人的特定财产享有担保权的权利人,自人民法院裁定和解之日起可以行使权利。

3. 债权人会议讨论和解协议

债权人会议通过和解协议的决议,由出席会议的有表决权的债权人过半数同意,并且其所代表的债权额占无财产担保债权总额的2/3以上。

**4. 达成和解协议**

经人民法院裁定认可的和解协议,对债务人和全体和解债权人均有约束力。和解债权人未依照本法规定申报债权的,在和解协议执行期间不得行使权利;在和解协议执行完毕后,可以按照和解协议规定的清偿条件行使权利。

**(三)和解程序的终止**

债权人会议通过和解协议的,由人民法院裁定认可,终止和解程序,并予以公告。管理人应当向债务人移交财产和营业事务,并向人民法院提交执行职务的报告。和解协议草案经债权人会议表决未获得通过,或者已经债权人会议通过的和解协议未获得人民法院认可的,人民法院应当裁定终止和解程序,并宣告债务人破产。

因债务人的欺诈或者其他违法行为而成立的和解协议,人民法院应当裁定无效,并宣告债务人破产。这种情况下,和解债权人因执行和解协议所受的清偿,在其他债权人所受清偿同等比例的范围内,不予返还。债务人不能执行或者不执行和解协议的,人民法院经和解债权人请求,应当裁定终止和解协议的执行,并宣告债务人破产。

## 本章小结:

我国企业破产法不仅包括以变价分配为目标的清算制度,而且包括以企业再建为目标的重整及和解制度。本章较为全面地阐述了企业破产的界限、破产程序、破产实现等制度,其中重点解决在企业破产过程中各方主体的利益维护问题,如破产人、债权人、破产企业职工利益维护等。

## 典型案例:

2012 年 8 月 27 日,甲公司连年亏损,无法清偿到期债务,人民法院受理了债权人提出的破产清算申请,管理人接管甲公司后,对其债权债务进行清理后发现:甲公司欠 A 企业 60 万元贷款,2011 年 9 月 12 日,甲公司以自己 60 万元的设备设立抵押。2012 年 5 月 7 日,甲公司已经不能清偿多个到期债务,并且资产不足以清偿全部债务,但甲公司仍然向债权人 B 公司清偿了 230 万元债务。

**问题:**

(1)甲公司对 A 企业设立的抵押,管理人员能否向人民法院申请撤诉?为什么?

(2)甲公司向债权人 B 的清偿行为,管理人能否申请人民法院予以撤诉?为什么?

**解析:**

(1)管理人有权请求人民法院予以撤销。根据规定,人民法院受理破产申请前 1 年内,债务人对没有财产担保的债务提供财产担保的,管理人有权请求人民法院予以撤销。

(2)管理人有权请求人民法院予以撤销。债务人不得对个别债权人清偿债务,如果对个别债权人清偿了,其他债权人就会因此而受到损失。因此,债务人不经法院许可,即不得个别清偿债务。

# 第七章 合同法

## 知识目标：

- 掌握合同法律制度的基本原理
- 掌握合同的订立、合同效力、合同的担保、合同的履行、合同的变更与转让、合同权利义务的终止以及合同的违约责任
- 理解我国合同法律制度的本质和作用

## 能力目标：

- 能运用所学知识起草、签订合同,解决合同纠纷

# 第一节 合同法概述

## 一、合同的概念与特征

### （一）合同的概念

合同是平等主体的自然人、法人、其他组织之间设立、变更、终止民事权利义务关系的协议。婚姻、收养、监护等有关身份关系的协议,适用其他法律的规定。

### （二）合同的特征

1. 只有在合同当事人所做出的意思表示是合法的、符合法律要求的情况下,合同才具有法律约束力,并应受到国家法律的保护。

2. 合同以设立、变更或终止民事权利义务关系为目的和宗旨。

3. 合同是当事人协商一致的产物或意思表示一致的协议。

## 二、合同的分类

### （一）双务合同与单务合同

双务合同是指当事人双方互负对待给付义务的合同,即一方当事人愿意负担履行义务,旨在使他方当事人因此负有对待给付的义务。

单务合同,是指合同当事人仅有一方负担给付义务的合同。

### （二）有偿合同与无偿合同

根据当事人是否可以从合同中获取某种利益,可以将合同分为有偿合同和无偿合同。

### （三）诺成合同与实践合同

根据合同成立是否要交付标的物为要件来划分,可以将合同分为诺成合同与实践合同。

区分诺成合同与实践合同的意义在于:一是二者成立的要件不同,在诺成合同,当事人一经合意合同即告成立;实践合同除此之外,还需要交付标的物。二是二者成立的时间不同,诺成合同成立的时间即合意达成的时间;而实践合同成立的时间为物交付的时间。

### （四）要式合同与不要式合同

根据合同是否应采取一定的形式,可将合同分为要式合同与不要式合同。要式合同,是指根据法律规定应当采取特定方式订立的合同。不要式合同,是指当事人订立的合同依法并不需要采取特定的形式,当事人可以采取口头方式,也可以采取书面形式或其他形式。

### （五）主合同与从合同

根据合同相互间的主从关系,可以将合同分为主合同与从合同。主合同是指不需要其他合同的存在即可独立存在的合同。从合同是以其他合同的存在而为存在前提的合同。

### （六）有名合同与无名合同

根据合同的名称是否为法律所规定可将合同分为有名合同和无名合同。有名合同,是指法律对这类合同设有专门的规范并赋予一定的名称。无名合同,是指法律未对其类型特别加以规范规定,也未赋予其特定名称,而是由当事人自由创设的合同。

### （七）格式合同

格式合同是指当事人一方为与不特定的多数人进行交易而预先拟定的,且不允许相对人对其内容作任何变更的合同,又称为定式合同、格式条款。

我国《合同法》为了保护弱者的利益,达到公平的目标,对格式合同进行了限制:

第一,提供格式合同一方有提示、说明的义务,应当提请对方注意免除或者限制其责任的条款,并按照对方的要求予以说明;

第二,免除提供格式合同一方当事人主要义务、排除对方当事人主要权利的条款无效;

第三,对格式合同的理解发生争议的,应当做出不利于提供格式合同一方的解释。

## 三、合同法的基本原则

### （一）平等原则

合同是平等主体之间签订的协议,平等原则主要包括三个内容:

第一,合同当事人的法律地位一律平等;

第二,合同中的权利义务对等;

第三,合同当事人必须就合同条款充分协商,取得一致,合同才能成立。

### （二）自愿原则

自愿原则又称为意思自治原则,是指当事人依法享有自愿订立合同的权利,任何单位和个人不得非法干预。

### （三）公平原则

公平原则要求合同双方当事人之间的权利义务要公平合理,大体上平衡,强调一方给付与对方给付之间的等值性,合同上的负担和风险的合理分配。

**(四) 诚实信用原则**

诚实信用原则要求当事人在订立、履行合同,以及合同终止后的全过程中,都要诚实,讲信用,相互协作。

**(五) 不得损害社会公共利益原则**

《合同法》第 7 条规定:"当事人订立、履行合同,应当遵守法律、行政法规,尊重社会公德,不得扰乱社会经济秩序,损害社会公共利益。"

# 第二节　合同的订立

## 一、订立合同的主体及其资格

依照《合同法》第 2 条的规定,自然人、法人、其他组织都可以成为合同主体,但是必须具备合同的主体资格。《合同法》第 9 条规定,当事人订立合同,应当具有相应的民事权利能力和民事行为能力。当事人依法可以委托代理人订立合同。

## 二、合同订立的程序

合同的订立是指合同当事人依法就合同的主要条款经过协商达成一致的法律行为。合同订立的程序主要包括要约和承诺两个过程。

**(一) 要约**

1. 要约的概念和构成要件

要约又称为发盘、出盘、发价或报价等。要约是希望和他人订立合同的意思表示。发出要约的人称为要约人,接受要约的人称为受要约人、相对人和承诺人。

要约的主要构成要件如下:

(1) 要约是由具有订约能力的特定人做出的意思表示。要约的提出旨在与他人订立合同,并唤起相对人的承诺,所以要约人必须是订立合同的一方当事人。

(2) 要约必须具有订立合同的意图。要约中必须表明要约经受要约人承诺,要约人即受该意思表示约束。

(3) 要约必须由要约人向其希望与之缔结合同的受要约人发出。

(4) 要约的内容必须具体确定。

2. 要约的形式

要约的形式一般包括口头形式和书面形式。

3. 要约的生效

要约到达受要约人时生效。采用口头形式发出要约的,以受要约人了解要约时生效;采取书面形式发出要约的,以书面形式的要约有效到达受要约人时生效。只要受要约人收到要约,不论其是否阅读,均认为要约已到达受要约人;采用数据电文形式订立合同,收件人指定特定系统接收数据电文的,该数据电文进入该特定系统的时间,视为到达时间;未指定特定系统的,该数据电文进入收件人的任何系统的首次时间,视为到达时间。

4. 要约的撤回和撤销

所谓要约的撤回是指要约人在发出要约以后,未达到受要约人之前,有权宣告取消要约。我国《合同法》第17条规定:"要约可以撤回。撤回要约的通知应当在要约到达受要约人之前或者与要约同时到达受要约人。"任何一项要约都是可以撤回的,只要撤回的通知先于或同时与要约到达受要约人,便能产生撤回的效力。允许要约人撤回要约,是尊重要约人的意志和利益的体现。由于撤回是在要约到达受要约人之前做出的,因此,在撤回时要约并没有生效,撤回要约也不会影响到受要约人的利益。

所谓要约的撤销,是指要约人在要约到达受要约人并生效以后,将该项要约取消,从而使要约的效力归于消灭。我国《合同法》第18条规定:"要约可以撤销。撤销要约的通知应当在受要约人发出承诺通知之前到达受要约人。"允许要约人撤销已经生效的要约,必须有严格的条件限制。如果法律上对要约的撤销不作限制,允许要约人随意撤销要约,那么必将在事实上否定要约的法律效力,导致要约在性质上的变化,同时也会给受要约人造成不必要的损失。那么,如何对要约的撤销做出限制呢? 根据我国《合同法》第19条规定,如果要约中规定了承诺期限或者以其他形式明示要约是不可撤销的,或者尽管没有明示要约不可撤销,但受要约人有理由信赖要约是不可撤销的,并且已经为履行合同做了准备工作,则不可撤销要约。如果受要约人在收到要约以后,基于对要约的信赖,已为准备承诺支付了一定的费用,在要约撤销以后应有权要求要约人给予适当补偿。

5. 要约失效

所谓要约失效,是指要约丧失了法律拘束力,即不再对要约人和受要约人产生拘束。第一,拒绝要约的通知到达要约人。第二,要约人依法撤销要约。第三,承诺期限届满,受要约人未做出承诺。第四,受要约人对要约的内容做出实质性变更。

6. 要约邀请

要约邀请,又称为引诱要约,是指希望他人向自己发出要约的意思表示。如寄送的价目表、拍卖公告、招标公告、招股说明书、商业广告等为要约邀请。但商品广告的内容符合要约规定的,则视为要约。

要约与要约邀请的区别主要有以下几点:

第一,要约是当事人表明愿意缔结合同的意思表示,而要约邀请是当事人表达某种意愿的事实行为,是希望他人向自己发出要约的意思表示。

第二,要约中含有当事人愿意承受拘束的意旨;要约邀请本身无任何法律意义。

第三,要约的内容要具备订立合同的必要条款;而要约邀请则不必具备。

## (二) 承诺

1. 承诺的概念和构成要件

所谓承诺,是指受要约人同意要约的意思表示。承诺必须具备如下条件,才能产生法律效力。

(1) 承诺必须由受要约人向要约人做出,由于要约原则上是向特定人发出的,因此只有接受要约的特定人即受要约人才有权做出承诺,第三人因不是受要约人,当然无资格向要约人做出承诺,否则视为发出要约。

(2) 承诺必须在规定的期限内达到要约人。受要约人超过承诺期限发出承诺的,除了要约人及时通知受要约人该承诺有效的以外,视为新要约。

(3)承诺的内容必须与要约的内容一致。

2. 承诺的方式

承诺原则上应采取通知方式,但根据交易习惯或者要约表明可以通过行为做出承诺的除外。需要注意的是,以行为做出的承诺,不包括单纯的沉默或者不作为,除法律有特别规定或当事人另有约定外,沉默或不作为不能被视为承诺。

3. 承诺的法律效力

(1)承诺生效的时间。承诺通知到达要约人时生效。承诺不需要通知的,根据交易习惯或者要约的要求做出承诺的行为时生效。

(2)承诺法律效力。承诺的通知一旦到达受要约人,合同即告成立。在承诺不需要通知的情况下,根据交易习惯或者要约的要求,受要约人做出承诺的行为,也使承诺产生法律效力,合同成立。

(3)逾期承诺的法律效力。对于未在要约规定的期限内做出的承诺,即逾期承诺。一般情况下将其视为一新的要约,但是,如果受要约人在承诺期限内发出承诺,按照通常情形能够及时到达要约人,但因其他原因承诺到达要约人时超过承诺期限的,除要约人及时通知受要约人因承诺超过期限不接受该承诺的以外,该承诺有效。

4. 承诺的撤回

承诺的撤回是指承诺人阻止承诺发生法律效力的意思表示。《合同法》第 27 条规定:"承诺可以撤回。撤回承诺的通知应当在承诺通知到达要约人之前或者与承诺通知同时到达要约人。"

## 三、合同的形式

当事人订立合同,有书面形式,口头形式和其他形式。法律,行政法规规定采用书面形式的,应该采用书面形式。当事人约定采用书面形式的,应当采用书面形式。

1. 口头形式

口头形式是指当事人双方用对话方式表达相互之间达成的协议,如当面交谈、电话联系等。以这种方式订立合同比较简单方便,但是合同内容难以进行有形的复制,发生争议时,难以取证和举证。

2. 书面形式

是指以文字的方式表现当事人之间所订立合同内容的形式。依照《合同法》第 11 条的规定,书面形式是指合同书、信件和数据电文(包括电报、电传、传真、电子数据交换和电子邮件)等可以有形地表现所载内容的形式。依照《合同法》的规定,凡法律规定或者当事人约定采用书面形式的,当事人订立合同时就应当采用书面形式。

3. 其他形式

指除采用书面形式、口头形式以外的方式来表现合同内容的形式,如推定形式,即当事人不直接用书面或者口头方式进行意思表示,而是通过实施某种行为进行意思表示。

## 四、合同的内容

合同的内容是当事人的权利义务,具体表现为合同的条款。根据合同自由原则,合同的内容由当事人约定。合同一般包括下列条款:(1) 当事人的名称或者姓名和住所;(2) 标的;(3) 质量和数量;(4) 价款或酬金;(5) 履行的期限;(6) 履行地点和方式;(7) 违约责任;(8) 解决争议的方法。

## 五、缔约过失责任

缔约过失责任是指当事人在订立合同过程中,因过错违反依诚实信用原则负有的先合同义务,导致合同不成立,或者合同虽然成立,但不符合法定的生效条件而被确认无效、被变更或被撤销,给对方造成损失时所应承担的民事责任。

我国《合同法》第 42 条采用列举方式规定了应承担缔约过失责任的三种情形:一是假借订立合同,恶意进行磋商;二是故意隐瞒与订立合同有关的重要事实或提供虚假情况;三是其他违背诚实信用原则的行为。

# 第三节 合同的效力

合同效力是法律赋予依法成立的合同所产生的约束力。已成立的合同要在当事人之间产生约定的权利义务关系,必须具备法定的生效条件,只有完全符合生效要件的合同,才是有效合同,才能受到法律的保护。有些合同虽然已经成立,但因欠缺生效要件而不具备法律效力。根据我国《合同法》的规定,已成立的合同其效力情况包括四种:有效合同、无效合同、可变更可撤销合同、效力待定合同。

## 一、有效合同

### (一) 有效合同的概念

有效合同是指符合法律规定条件,能够产生当事人预期法律后果的合同。

合同的有效与成立、生效是三个既相联系又有区别的概念。合同成立是一种事实判断,成立的合同未必有效。合同有效是一种价值判断,有效的合同不一定立即生效。合同生效才是合同的效力开始发生。

### (二) 合同的有效条件

1. 合同当事人订立合同时具备相应的民事行为能力;
2. 意思表示真实;
3. 内容不违反法律和社会公共利益;
4. 合同的标的必须确定或可能。

## 二、无效合同

### (一) 无效合同的概念

无效合同是指合同已经成立,但是因欠缺合同生效要件,在法律上自始、确定、当然地不发生效力的合同。根据合同无效程度不同,可以将无效合同划分为部分无效和全部无效的合同。部分无效的合同是指合同的部分内容无效,而且无效的部分并不影响整个合同的法律效力。

全部无效合同是指内容违法的合同,自始不具有法律效力。

### (二) 合同无效的原因

1. 一方以欺诈、胁迫手段订立的损害国家利益的合同;
2. 恶意串通,损害国家、集体或第三人利益的合同;
3. 以合法形式掩盖非法目的的合同;
4. 损害社会公共利益的合同;
5. 违反法律、行政法规强制性规定的合同。

## 三、可变更可撤销的合同

### (一) 可变更可撤销合同的概念

可变更和可撤销的合同是指合同成立后,因存在法定事由,人民法院或者仲裁机构根据一方当事人的申请,变更合同的有关内容或者将合同予以撤销。当事人请求变更的,人民法院或者仲裁机构不得撤销。

### (二) 可变更可撤销合同的原因

1. 因重大误解订立的;
2. 在订立合同时显失公平的;
3. 一方以欺诈、胁迫的手段或者乘人之危,使对方在违背真实意思的情况下订立的合同,受损害方有权请求人民法院或者仲裁机构变更或者撤销。

## 四、效力待定的合同

### (一) 效力待定合同的概念

效力待定合同又称为效力未定合同,是指合同虽然已经成立,但因其不完全符合合同生效要件的规定,因此其效力能否发生,尚未确定,一般须经有权人表示承认才能生效。

### (二) 效力待定合同产生的原因

1. 限制民事行为能力人订立的合同;
2. 无权代理人签订的合同;
3. 法定代表人、负责人越权订立的合同;
4. 无处分权的人处分他人财产的合同。

## 五、合同被确认无效和被撤销后的法律后果

无效合同或者被撤销合同自始没有法律约束力。这种无效虽然不能产生合同当事人所预期的法律后果,但无效合同的违法性会在当事人之间产生返还财产、赔偿损失的民事责任及其他法律责任。

### (一) 返还财产

《合同法》第 58 条规定:"合同无效或者被撤销后,因该合同取得的财产,应当予以返还;不能返还或者没有必要返还的,应当折价补偿。有过错的一方应当赔偿对方因此所受到的损失,双方都有过错的,应当各自承担相应的责任。"

### (二) 赔偿损失

如合同无效系单方过错所致,应由有过错的一方赔偿造成对方的损失;如合同无效系双方过错所致,双方应根据过错的大小,各自承担相应的责任。

### (三) 收缴财产

《合同法》第59条规定:"当事人恶意串通,损害国家、集体或者第三人利益的,因此取得的财产收归国家所有或者返还集体、第三人。"

# 第四节 合同的履行

## 一、合同履行的原则

合同的履行是指合同的双方当事人正确、适当、全面地完成合同中规定的各项义务的行为。合同的履行是合同当事人订立合同的根本目的,也是《合同法》的核心内容。

合同履行的原则:(1) 全面履行原则;(2) 诚实信用原则。

## 二、双务合同履行中的抗辩权

双务合同履行中的抗辩权,是在符合法定条件时,当事人一方对抗对方当事人的履行请求权,暂时拒绝履行其债务的权利。它包括同时履行抗辩权、先履行抗辩权和不安抗辩权。

### (一) 同时履行抗辩权

同时履行抗辩权,指没有先后履行顺序的双务合同的当事人一方在对方未为对待给付以前,可拒绝履行自己债务的权利。即《合同法》第66条规定:"当事人互负债务,没有先后履行顺序的,应当同时履行。一方在对方履行之前有权拒绝其履行要求。一方在对方履行债务不符合约定时,有权拒绝其相应的履行要求。"同时,履行抗辩权的行使应当符合以下构成要件:

1. 须因同一双务合同互负债务

可主张同时履行抗辩权的,系基于同一双务合同而生的对待给付。如果双方当事人的债务不是基于同一双务合同而发生,即使在事实上有密切关系,也不得主张同时履行抗辩权。因此,成立同时履行抗辩权,必须有双方当事人基于同一双务合同互负债务这一要件。

2. 须合同中未约定履行程序

如果合同中约定了履行义务的先后顺序,若先履行义务的一方未履行而要求对方履行时,只会在后履行方产生"先履行抗辩权",而不会产生同时履行抗辩权。只有在合同中未约定履行顺序,即应当同时履行时,才能行使同时履行抗辩权。

3. 须对方未履行或未正确履行债务

同时履行抗辩权只能在对方未按照合同履行合同义务,或未正确履行合同义务时,才能行使。一方全部未履行的,另一方有权全部拒绝其履行要求;一方未正确履行的,另一方有权拒绝其相应的履行要求。

4. 须双方债务已届清偿期

在债务清偿期限届至之前,当事人不能主张同时履行抗辩权,为保护当事人预期的合法利益,法律对此设置了不安抗辩权制度。

### (二) 先履行抗辩权

先履行抗辩权,是指当事人互负债务,有先后履行顺序的,先履行一方未履行之前,后履行一方有权拒绝其履行请求,先履行一方履行债务不符合债的本旨的,后履行一方有权拒绝其相应的履行请求。

根据《合同法》第67条的规定,构成先履行抗辩权须符合以下要件:

1. 须双方当事人互负债务;

2. 两个债务须有先后履行顺序;

3. 先履行一方未履行或其履行不符合合同的约定。

先履行一方未履行或者履行债务不符合合同约定时,后履行者可以拒绝自己相应的履行。如果先履行方在后履行者抗辩后履行了自己的责任,或者对不完全履行进行了补救,后履行一方应履行自己的义务。

### (三) 不安抗辩权

在有先后履行顺序的双务合同中,后履行债务的一方当事人财产状况恶化,有可能丧失履行债务的能力的,先履行债务的一方在后履行债务的一方未履行或未提供担保前有权拒绝先为履行的权利称为不安抗辩权。

*1. 不安抗辩权行使的条件*

在有先后履行顺序的双务合同中,当具备下列条件时,先履行合同义务的一方才能依法行使不安抗辩权。

(1) 须后履约方的履约能力严重恶化

根据《合同法》第68条的规定:"应当先履行债务的当事人,有确切证据证明对方有下列情形之一的,可以中止履行:(一)经营状况严重恶化;(二)转移财产、抽逃资金,以逃避债务;(三)丧失商业信誉;(四)有丧失或者可能丧失履行债务能力的其他情形。"但是,当事人没有确切证据中止履行的,应当承担违约责任。

(2) 须该情形可能危及先履约方的利益

这是行使不安抗辩权的关键要件。并非后履约方财产状况恶化都会使先履约方产生不安抗辩权,只有后履约方财产状况严重恶化的事实确实影响到当事人的履行能力,而且其合同履行又不存在担保方式时,先履约方才能依法行使不安抗辩权。

*2. 不安抗辩权行使的方式及后果*

行使该权利的具体方式是当事人有权暂时中止履行,并将中止履行的理由、根据及恢复履行的条件通知对方。

如对方在合理期限内提供了适当担保或恢复了履约能力,当事人应立即恢复履行。如对方在合理期限内未恢复履行能力,也未提供适当担保的,中止履行的一方可以解除合同。

## 三、合同的保全

### (一) 合同保全的概念和特征

合同的保全是指法律为防止因债务人的财产不当减少而给债权人的债权带来损害,允许债权人对合同关系以外的第三人所采取的保护合同债权的法律措施,包括撤销权或代位权。

### (二) 代位权

代位权是指因债务人怠于行使其到期债权,对债权人造成损害的,债权人可请求人民法院允许其以自己的名义代位行使债务人债权的权利。

### (三) 撤销权

债权人的撤销权,是指债权人对债务人所为的有害债权的行为,得请求法院予以撤销的权利。撤销权与代位权同为保护债务人财产的担保力所设的制度。所不同的是,代位权是对债务人消极地不行使权利而使财产减少以害及债权人的行为的救济,而撤销权是对于因债务人的积极行为使财产减少而害及债权人的行为所做的救济。

# 第五节　合同的变更与转让

## 一、合同的变更

### (一) 合同变更的概念

合同的变更有广义和狭义之分。广义的合同变更,包括合同内容的变更与合同主体的变更。合同内容的变更,是指当事人不变,合同的内容予以改变的现象。合同主体的变更,是指合同关系保持同一性,仅改变债权人或债务人。不论是改变债权人,还是改变债务人,都发生合同权利义务的移转,移转给新的债权人或者债务人,因此合同主体的变更实际上是合同权利义务的转让,分为合同权利的转让、合同义务的转让、合同权利义务的概括转让。我国合同法上的合同变更,是指合同内容的变更,即通常所谓的狭义的合同变更。

合同的变更,主要有以下类型:(1) 基于法律规定变更合同,例如在因重大误解订立合同、在订立合同时显失公平、一方以欺诈、胁迫的手段或者乘人之危,使对方在违背真实意思的情况下订立的合同,有权人诉请人民法院变更合同,而人民法院裁定变更的;(2) 当事人各方协商同意变更合同;(3) 当事人在合同中具有形成权,其行使形成权使合同变更。

### (二) 合同变更的条件

1. 存在着合法有效的合同关系。

2. 合同内容发生变化。通常包括标的的变更、数量的增减、质量的改变、价款或者酬金的增减、履行期限的变更、履行地点的改变、履行方式的改变等。

3. 合同的变更须依当事人协议或法律直接规定及法院裁决,有时依形成权人的意思表示。如果是双方当事人协商同意变更合同,则必须遵循有关民事法律行为的规定,符合民事法律行为的生效要件;如果是根据法律规定变更合同,则必须根据法律规定的程序和方法变更合同。

4. 合同的变更须遵守法律要求的方式。当事人协议变更合同,可以采取书面形式或其他方式。法律、行政法规规定变更合同应当办理批准、登记等手续的,依照其规定。

### (三) 合同变更的效力

合同变更的实质是以变更后的合同代替原合同,因此当事人须按变更后的合同履行。合同变更仅对未履行部分发生法律效力,对已履行部分没有溯及力,当事人不得主张对已经履行完毕的债务关系按变更后的内容重新履行。

## 二、合同的转让

### (一) 合同转让

合同的转让,实际上是合同权利义务的转让,是指合同当事人一方依法将合同权利义务全部或部分地转让给第三人。它包括合同权利的转让、合同义务的转让和合同权利义务的概括转让。

合同转让的特点为:(1) 合同的转让并不改变合同原有的权利义务内容;(2) 合同的转让发生合同主体的变化;(3) 合同的转让涉及原合同当事人双方之间的权利义务关系、转让人与受让人之间的权利义务关系。

### (二) 合同权利转让

1. 合同权利转让的概念

根据《合同法》第 79 条的规定,合同权利的转让是指债权人将合同的权利全部或者部分的转让给第三人。合同权利的转让可以分为全部转让或者部分转让。对于合同权利的部分转让,受让的第三人加入合同关系,与原债权人共享债权。按照转让合同约定,原债权人与受让部分合同权利的第三人或者按份分享合同债权,或者共享连带债权。如果转让合同无此约定,以共享连带债权论。

合同权利转让的原因有:(1) 依法律规定而转让。例如依继承法的规定,继承开始后,继承人承受被继承人财产上的一切权利义务,包括合同权利。依担保法规定,保证人代为履行后取得债权人的地位,享有债权人对债务人的债权。(2) 依法律行为而转让。合同权利的转让有基于单方法律行为的,例如以遗赠将合同权利转让给受遗赠人;但大多数基于合同,该合同叫作转让合同或让与合同。

2. 合同权利转让的范围

一般情况下法律允许债权人的转让行为,只要不违反法律和社会公德,债权人可以转让其权利。但是,为了维护社会公共利益和交易秩序,平衡合同双方当事人的权益,法律又应当对权利转让的范围进行一定的限制。根据《合同法》第 79 条的规定,下列合同权利不得转让:根据合同性质不得转让的权利;按照当事人约定不得转让的权利;法律规定不得转让的权利。根据合同性质不得转让的权利主要指基于当事人特定身份而订立的合同,如出版合同、赠予合同、委托合同、雇用合同等。

3. 合同权利转让的程序

债权人转让权利的,应当通知债务人。未经通知,该转让对债务人不发生效力。债权人转让权利的通知不得撤销,但经受让人同意的除外。

法律、行政法规规定转让权利或者转移义务应当办理批准 、登记等手续的,办妥这些手续转让方能生效。

转让生效后,债务人应当向受让人清偿债务,债务人对原债权人的抗辩权,可以向新债权人主张。

4. 合同权利转让的效力

在转让合同权利的合同成立,并且债权人履行了通知义务后,合同权利转让将产生一定的法律效力,可以分为对外效力和对内效力。

所谓合同权利转让的对内效力,是指合同权利转让在转让双方即转让人(原债权人)和受让人(第三人)之间发生的法律效力。包含四点:其一,合同权利由让与人转让给受让人。如果是全部转让,则受让人将作为新的债权人而成为合同权利的主体,转让人将脱离原合同关系,由受让人取代其地位。如果是部分转让,则受让人将加入合同关系,成为债权人。其二,合同权利转让时,受让人不仅取得债权,而且取得与债权有关的从权利,但该从权利专属于债权人自身的除外。其三,让与人应将合同权利的证明文件全部交付受让人。其证明文件包括债务人出具的借据、票据、合同文件、往来电报信函等。其四,让与人对转让的债权负瑕疵担保责任。让与人应当担保其让与的合同权利不存在瑕疵,如果让与的权利存在瑕疵并因此给受让人造成损失的,让与人应向受让人承担损害赔偿责任。

所谓合同权利转让的外部效力,是指合同权利转让对债务人所具有的法律效力。首先,在让与人(原债权人)与债务人之间的效力表现在:如果是全部转让,因转让通知,双方完全脱离合同关系,让与人不得再受领债务人的履行,债务人也不得向让与人履行原来的债务。如果是部分转让,让与人与受让人按份共享债权或者连带共享债权,债务人履行债务要按照相关规定进行。其次,在受让人与债务人之间的效力表现在:债务人在收到转让通知后,即应当按照是全部转让还部分转让的具体情况,将受让人作为债权人而履行其债务。债务人在合同权利转让时就已经享有的对抗原债权人的抗辩权,并不因为合同权利的转让而消灭。我国《合同法》第 82 条规定:"债务人接到债权转让通知后,债务人对让与人的抗辩,可以向受让人主张。"

### (三) 合同义务的转让

#### 1. 合同义务转让的概念

合同义务的转让,是指不改变合同的内容,债务人将其合同义务全部或部分地转移给第三人。债务人将其全部合同义务转让给第三人,由该第三人取代债务人的地位,叫作免责的债务承担。债务人将其合同债务部分地转让给第三人,如果该债务人与第三人共同向债权人负责,叫作并存的债务承担。

#### 2. 合同义务转让的程序

与债权转让采取通知主义不同,债务的转让采取同意主义,即债务的转让须经债权人的同意。《合同法》第 84 条规定:债务人将合同的义务全部或者部分转移给第三人的,应当经债权人同意。

### (四) 合同权利义务的概括转让

#### 1. 合同权利义务的概括转让的概念

合同权利和义务的概括移转,是指合同当事人一方将其合同权利和义务一并移转给第三人,由该第三人概括地继受。《合同法》第 88 条规定:"当事人一方经对方同意,可以将自己在合同中的权利和义务一并转让给第三人。"

在合同权利和义务的概括移转的情形下,债权债务的承受人完全取代原当事人的法律地位,成为合同关系的当事人,因此,依附于原当事人的全部权利义务均移转于承受人,包括在合同权利转让或合同义务的转让中,与原债权人或者原债务人的利益不可分割的权利,如撤销权、解除权,也一并移转。

#### 2. 合同权利义务概括转让的程序

合同权利和义务的概括移转可通过当事人之间的约定而发生,也可基于法律的规定而发生,因法律规定方式概括转让的,最常见的就是企业的分立、合并。我国《合同法》第90条规定:"当事人订立合同后合并的,由合并后的法人或者其他组织行使合同权利,履行合同义务。当事人订立合同后分立的,除债权人和债务人另有约定的以外,由分立的法人或者其他组织对合同的权利和义务享有连带债权,承担连带债务。"

# 第六节　合同的终止

合同的终止,是指因发生法律规定或当事人约定的情况,使当事人之间的权利义务关系消灭,而使合同终止法律效力。根据《合同法》第91条规定,有下列情形之一的,合同权利义务终止:(1) 债务已经按照约定履行;(2) 合同解除;(3) 债务相互抵销;(4) 债务人依法将标的物提存;(5) 债权人免除债务;(6) 债权债务同归于一人;(7) 法律规定或者当事人约定终止的其他情形。

合同的权利义务终止后,有时当事人还负有后合同义务,应当遵循诚实信用原则,根据交易习惯履行通知、协助、保密等义务。

## 一、债务已经按照约定履行

债务已经按照约定履行,也称为清偿,是合同终止的一般原则。

## 二、合同的解除

合同的解除,是指合同有效成立以后,没有履行或者没有完全履行之前,双方当事人通过协议或者一方行使解除权的方式,使得合同关系终止的法律制度。合同的解除,分为合意解除与法定解除两种情况。

1. 合意解除

合意解除,是指根据当事人事先约定的情况或经当事人协商一致而解除合同。约定解除是一种单方面解除,即双方在订立合同时,约定了合同当事人一方解除合同的条件。一旦该条件成就,解除权人就可以通过行使解除权而终止合同。法律规定或者当事人约定了解除权行使期限的,期限届满当事人不行使的,该权利消灭。法律没有规定或者当事人没有约定解除权行使期限,经对方催告后在合理期限内不行使的,该权利消灭。合同订立后,经当事人协商一致,也可以解除合同。

2. 法定解除

法定解除,是指根据法律规定而解除合同。《合同法》第94条规定,有下列情形之一的,当事人可以解除合同:(1) 因不可抗力致使不能实现合同目的;(2) 在履行期限届满之前,当事人一方明确表示或者以自己的行为表明不履行主要债务;(3) 当事人一方迟延履行主要债务,经催告后在合理期限内仍未履行;(4) 当事人一方迟延履行债务或者有其他违约行为致使不能实现合同目的;(5) 法律规定的其他情形。

当事人一方行使解除权,或依照《合同法》规定主张解除合同的,应当通知对方,合同自通知到达对方时解除。对方有异议的,可以请求人民法院或者仲裁机构确认解除合同的效力。当事人解除合同,法律、行政法规规定应当办理批准、登记等手续的,应依照其规定办理。

合同解除后,尚未履行的、终止履行;已经履行的,根据履行情况和合同性质,当事人可以要求恢复原状、采取其他补救措施,并有权要求赔偿损失。

## 三、债务相互抵销

抵销是指双方当事人互负到期债务、互享债权,以自己的债权充抵对方的债权,使自己的债务与对方的债务在等额内消灭。抵销分为法定抵销与约定抵销。

1. 法定抵销

是指由法律规定其构成要件,当要件具备时,依当事人一方的意思表示即可发生抵销的效力。《合同法》第 99 条规定:当事人互负到期债务,该债务的标的物种类、品质相同的,任何一方可以将自己的债务与对方的债务抵销,但依照法律规定或者按照合同性质不得抵销的除外。当事人主张抵销的,应当通知对方。通知自到达对方时生效。抵销不得附条件或者附期限。

2. 约定抵销

是指由当事人自行达成协议而抵销。《合同法》第 100 条规定:"当事人互负债务,标的物种类、品质不相同的,经双方协商一致,也可以抵销。"

## 四、提存

提存是指由于债权人的原因,债务人无法向债权人给付合同标的物时,债务人将合同标的物交付提存机关而消灭合同关系的法律制度。提存制度的建立,使债务人得以及时了结债务关系,避免产生延迟履行的新债务,有利于保护债务人的利益。

交付合同标的物的债务人为提存人;债权人为提存领受人;交付的标的物为提存物;由国家设立并保管提存物的机关为提存机关。

根据《合同法》第 101 条的规定,有下列情形之一,难以履行债务的,债务人可以将标的物提存:债权人无正当理由拒绝受领;债权人下落不明;债权人死亡未确定继承人或者丧失民事行为能力未确定监护人;法律规定的其他情形。标的物不适于提存或者提存费用过高的,债务人依法可以拍卖或者变卖标的物,提存所得的价款。

标的物提存后,除债权人下落不明的以外,债务人应当及时通知债权人或者债权人的继承人、监护人。标的物提存后,毁损、灭失的风险由债权人承担。提存期间,标的物的孳息归债权人所有。提存费用由债权人负担。

债权人可以随时领取提存物,但债权人对债务人负有到期债务的,在债权人未履行债务或者提供担保之前,提存部门根据债务人的要求应当拒绝其领取提存物。

债权人领取提存物的权利,自提存之日起五年内不行使而消灭,提存物扣除提存费用后归国家所有。

## 五、合同权利义务因免除而终止

免除是债权人以债的消灭为目的而抛弃债权的意思表示。债务人因债权人抛弃债权而免除清偿义务,所以免除也是债消灭的一种原因。

### 六、合同权利义务因混同而终止

1. 混同的概念

混同是指债权与债务归于同一人的事实。债的关系因此而消灭,故混同为债的消灭的原因之一,混同可因债的特定承受或概括承受而发生。

2. 混同的性质

混同为一种事实而非法律行为,故无须任何意思表示,仅有债权债务同归于一人的事实,即发生债之消灭的效力。

# 第七节　违约责任

## 一、违约责任概述

### (一) 违约责任的概念

违约责任是指合同当事人不履行合同义务或者履行合同不符合约定的,应依法承担的责任。与其他责任制度相比,违约责任有以下主要特征:

1. 违约责任是当事人不履行或不完全履行合同的责任

首先,违约责任以有效合同为前提。如果合同无效或已被撤销,当事人不可能承担违约责任。

其次,违约责任以当事人不履行或不完全履行合同为条件。能够产生违约责任的违约行为有两种情形:一是一方不履行合同义务,即未按合同约定提供给付;二是履行合同义务不符合约定条件,即其履行存在瑕疵。

2. 违约责任具有补偿性和一定的任意性

其一,违约责任以补偿守约方因违约行为所受损失为主要目的,以损害赔偿为主要责任形式,故具有补偿性质。

其二,违约责任可以由当事人在法律规定的范围内约定,具有一定的任意性。《合同法》第114条第1款规定:当事人可以约定一方违约时应当根据违约情况向对方支付一定数额的违约金,也可以约定因违约产生的损失赔偿额的计算方法。

3. 违约责任具有相对性

违约责任的相对性是指违约责任只发生于合同当事人之间,合同关系之外的第三人不承担违约责任,合同当事人也不向其承担违约责任。

## 二、承担违约责任的归责原则及构成要件

### (一) 违约责任的归责原则

违约责任的归则原则是指确定行为人违约责任的根据和标准。我国《合同法》在违约责任归责原则上采取了严格责任原则,即除了有免责事由外,只要当事人不履行合同或者不适当履行合同,就应当承担违约责任,而不必考虑违约一方主观上是否存在过错。

### (二)违约责任的构成要件

违约责任的构成要件有二:(1) 有违约行为;(2) 无免责事由。前者称为违约责任的积极要件,后者称为违约责任的消极要件。

1. 违约行为

违约行为是指当事人一方不履行合同义务或者履行合同义务不符合约定条件的行为。根据不同标准,可将违约行为作以下分类:

(1) 单方违约与双方违约。双方违约,是指双方当事人分别违反了自己的合同义务。《合同法》第120条规定:当事人双方都违反合同的,应当各自承担相应的责任。

(2) 根本违约与非根本违约。以违约行为是否导致另一方订约目的不能实现为标准,违约行为可作此分类。如果一方的违约行为导致了另一方完全无法实现其合同目的,则为根本违约。根本违约与非根本违约所导致的法律后果不同,根本违约可构成合同法定解除的理由。

(3) 实际违约与预期违约。

实际违约,即实际发生的违约行为。实际违约的具体形态包括:① 不履行,包括履行不能和拒绝履行。履行不能是指债务人在客观上已经没有履行能力,如在提供劳务的合同中,债务人丧失了劳动能力;在以特定物为标的的合同中,该特定物灭失。拒绝履行是指合同履行期到来后,一方当事人能够履行而故意不履行合同规定的全部义务。② 迟延履行,迟延履行是指合同债务已经到期,债务人能够履行而未履行。③ 不适当履行,不适当履行是指债务人虽然履行了债务,但其履行不符合合同的约定,包括瑕疵给付和加害给付。瑕疵给付,即履行有瑕疵,侵害对方履行利益,如给付数量不完全、给付质量不符合约定、给付时间和地点不当等。加害给付,即因不适当履行造成对方履行利益之外的其他损失,如出售不合格产品导致买受人人身或财产的损害。

预期违约也称先期违约,是指在合同履行期限到来之前,一方无正当理由但明确表示其在履行期到来后将不履行合同,或者其行为表明其在履行期到来后将不可能履行合同。预期违约包括两种形态,即明示预期违约和默示预期违约。明示毁约,是指一方当事人无正当理由,明确地向对方表示将在履行期届至时不履行合同。默示毁约,是指在履行期到来之前,一方以自己的行为表明其将在履行期届至后不履行合同。其特点是债务人虽然没有表示不履行合同,但其行为表明将不履行合同或不能履行合同,例如特定物买卖合同的出卖人在合同履行期届至前将标的物转卖给第三人,或买受人在付款期到来之前转移财产和存款以逃避债务。

2. 违约的免责事由

免责事由是指当事人对其违约行为免于承担违约责任的事由。合同法上的免责事由可分为两大类,即法定免责事由和约定免责事由。法定免责事由是指由法律直接规定、不需要当事人约定即可援用的免责事由,主要指不可抗力;约定免责事由是指当事人约定的免责条款。

## 三、承担违约责任的方式

《合同法》第107条规定:当事人一方不履行合同义务或者履行合同义务不符合约定的,应当承担继续履行、采取补救措施或者赔偿损失等违约责任。据此,违约责任有三种基本形式,即继续履行、采取补救措施和赔偿损失。当然,除此之外,违约责任还有其他形式,如违约金和定金责任。

### （一）继续履行

继续履行也称强制实际履行，是指违约方根据对方当事人的请求继续履行合同规定的义务的违约责任形式。对于金钱债务无条件适用继续履行，金钱债务只存在迟延履行，不存在履行不能，因此，应无条件适用继续履行的责任形式。对于非金钱债务，《合同法》第110条规定：当事人一方不履行非金钱债务或者履行非金钱债务不符合约定的，对方可以要求履行，但有下列情形之一的除外：法律上或者事实上不能履行；债务的标的不适于强制履行或者履行费用过高；债权人在合理期限内未要求履行。

### （二）采取补救措施

采取补救措施作为一种独立的违约责任形式，是指矫正合同不适当履行、使履行缺陷得以消除的具体措施。这种责任形式，与继续履行和赔偿损失具有互补性。当事人履行合同义务不符合约定的，应当按照当事人的约定承担违约责任。对违约责任没有约定或者约定不明确，受损害方根据标的的性质以及损失的大小，可以合理选择要求对方承担修理、更换、重作、退货、减少价款或者报酬等违约责任。

### （三）赔偿损失

#### 1. 赔偿损失的概念与特点

赔偿损失，在合同法上也称违约损害赔偿，是指违约方以支付金钱的方式弥补受害方因违约行为所减少的财产或者所丧失的利益的责任形式。赔偿损失具有如下特点：

（1）赔偿损失是最重要的违约责任形式。赔偿损失具有根本救济功能，任何其他责任形式都可以转化为损害赔偿。

（2）赔偿损失是以支付金钱的方式弥补损失。任何损失一般都可以转化为金钱，因此，赔偿损失主要指金钱赔偿。但在特殊情况下，也可以以其他物代替金钱作为赔偿。

（3）赔偿损失是由违约方赔偿守约方因违约所遭受的损失。首先，赔偿损失是对违约行为所造成的损失的赔偿，与违约行为无关的损失不在赔偿之列。其次，赔偿损失是对守约方所遭受损失的一种补偿，而不是对违约行为的惩罚。

（4）赔偿损失责任具有一定的任意性。违约赔偿的范围和数额，可由当事人约定。当事人既可以约定违约金的数额，也可以约定损害赔偿的计算方法。

#### 2. 损害赔偿的确定方式

（1）法定损害赔偿。法定损害赔偿是指由法律规定的，由违约方对守约方因其违约行为而对守约方遭受的损失承担的赔偿责任。根据合同法的规定，法定损害赔偿应遵循以下原则：

第一，完全赔偿原则。违约方对于守约方因违约所遭受的全部损失承担的赔偿责任。根据《合同法》第113条的规定，当事人一方不履行合同义务或者履行合同义务不符合约定，给对方造成损失的，损失赔偿额应当相当于因违约所造成的损失，包括合同履行后可以获得的利益，但不得超过违反合同一方订立合同时预见到或者应当预见到的因违反合同可能造成的损失。可见其赔偿范围包括现有财产损失和可得利益损失。

第二，合理预见规则。违约损害赔偿的范围以违约方在订立合同时预见到或者应当预见到的损失为限。合理预见规则是限制法定违约损害赔偿范围的一项重要规则，其理论基础是意思自治原则和公平原则。对此，应把握以下几点：① 合理预见规则是限制包括现实财产损失和可得利益损失的损失赔偿总额的规则，不仅用以限制可得利益损失的赔偿；② 合理预见规则不适用于约定损害赔偿;③ 是否预见到或者应当预见到可能的损失,应当根据订立合同时的事实或者情况加以判断。

第三,减轻损失规则。一方违约后,另一方应当及时采取合理措施防止损失的扩大,否则,不得就扩大的损失要求赔偿。

（2）约定损害赔偿。约定损害赔偿,是指当事人在订立合同时,预先约定一方违约时应当向对方支付一定数额的赔偿金或约定损害赔偿额的计算方法。

### （四）支付违约金

违约金是指合同当事人在合同中预先约定一方不履行合同或不完全履行合同时,由违约方支付给对方一定金额的货币。

根据《合同法》第 114 条的规定,当事人可以约定一方违约时应当根据违约情况向对方支付一定数额的违约金,也可以约定因违约产生的损失赔偿额的计算方法。约定的违约金低于造成的损失的,当事人可以请求人民法院或者仲裁机构予以增加;约定的违约金过分高于造成的损失的,当事人可以请求人民法院或者仲裁机构予以适当减少。当事人就迟延履行约定违约金的,违约方支付违约金后,还应当履行债务。

### （五）定金责任

所谓定金,是指合同当事人为了确保合同的履行,根据双方约定,由一方按合同标的额的一定比例预先给付对方的金钱或其他替代物。《合同法》第 115 条规定:当事人可以依照担保法约定一方向对方给付定金作为债权的担保。债务人履行债务后,定金应当抵作价款或者收回。给付定金的一方不履行约定的债务的,无权要求返还定金;收受定金的一方不履行约定的债务的,应当双倍返还定金。据此,在当事人约定了定金担保的情况下,如一方违约,定金罚则即成为一种违约责任形式。

## 四、违约责任的免除

违约责任的免除是指当事人虽然违反了合同,但是根据法律的规定或当事人的约定而不承担违约责任。能够免除违约责任的事由主要包括两种:法定事由和免责条款。

### （一）法定事由

1. 不可抗力

不可抗力是不能预见、不能避免、不能克服的客观情况。主要包括:自然灾害,如台风、洪水、冰雹;政府行为,如征收、征用;社会异常事件,如罢工、骚乱。因不可抗力不能履行合同义务的,根据不可抗力的影响,可以部分或全部免除违约方的责任,但法律另有规定的除外。当事人延迟履行后发生不可抗力的,不能免除责任。当事人一方因不可抗力原因不能履行合同时,应当及时向对方通报不能履行或需要延期履行、部分履行合同的情况和理由,并应当在合理的期限内取得有关证明后,才能免除违约责任。当事人不履行通报义务的,应承担因此引起对方当事人的损失的赔偿责任。

在不可抗力的适用上,有以下问题值得注意:① 合同中是否约定不可抗力条款,不影响直接援用法律规定;② 不可抗力条款是法定免责条款,约定不可抗力条款如小于法定范围,当事人仍可援用法律规定主张免责;如大于法定范围,超出部分应视为另外成立了免责条款,依其约定;③ 不可抗力作为免责条款具有强制性。当事人不得约定将不可抗力排除在免责事由之外。

因不可抗力不能履行合同的,根据不可抗力的影响,违约方可部分或全部免除责任。但有以下例外:① 金钱债务的迟延责任不得因不可抗力而免除;② 迟延履行期间发生的不可抗力不具有免责效力。

2. 债权人的过错

由于债权人的过错导致债务人不履行合同义务的,债务人不承担违约责任。

**(二) 免责条款**

免责条款是指合同双方当事人在合同中约定一定的事由或条件,如果违约行为符合双方约定的事由或条件,即可免除违约方的违约责任。

由于很多格式合同中规定有免责条款,而制定格式合同的一方往往是经济强者,接受格式合同的一方是普通消费者,为维护合同公平,《合同法》对免责条款做出了限制。

1. 提供格式条款一方免除其责任、加重对方责任、排除对方主要权利的,该条款无效。

2. 对格式条款的理解发生争议的,应当按通常理解予以解释。对格式条款有两种以上解释的,应当做出不利于提供格式条款一方的解释。格式条款和非格式条款不一致的,应当采用非格式条款。

3. 合同中的下列免责条款无效:造成对方人身伤害的;因故意或者重大过失造成对方财产损失的。

## 本章小结:

合同法是经济生活中常用的基本法律之一,本章详细讲解了合同法的基本内容。其中重点问题有以下五点:第一,合同的订立过程。第二,合同的生效必须符合法定要件,欠缺生效要件会导致无效合同、可变更、可撤销合同或效力待定合同。第三,合同的履行过程中要遵循的原则和规则,同时履行抗辩权、先履行抗辩权和不安抗辩权,以及代位权和撤销权。第四,合同的变更、转让应符合的法定条件、合同解除的条件和后果。第五,违约行为以及违约责任。

**思考题:**
1. 简述要约和承诺的构成要件。
2. 简述效力待定合同产生的原因。
3. 双务合同履行中的抗辩权都包括哪些?
4. 试述撤销权的行使条件。
5. 简述违约责任的构成要件和责任形式。

## 典型案例及分析:

甲、乙两公司采用合同书形式订立了一份买卖合同,双方约定由甲公司向乙公司提供100台精密仪器,甲公司于8月31日以前交货,并免费将货物运至乙公司,乙公司在收到货物后

10 日内付清货款。合同订立后,双方均未签字盖章,7 月 28 日,甲公司与丙运输公司订立货物运输合同,双方约定现由丙公司将 100 台精密仪器运至乙公司,8 月 1 日,丙公司先运了 70 台精密仪器运至乙公司,乙公司全部收到,并于 8 月 8 日将 70 台精密仪器的货款付清,8 月 20 日,甲公司掌握了乙公司转移财产、逃避债务的确切证据,随即通知丙公司暂停运输其余 30 台精密仪器,并通知乙公司中止交货,要求乙公司提供担保,乙公司及时提供了担保。8 月 26 日,甲公司通知丙公司将其余 30 台精密仪器运往乙公司,丙公司在运输中发生交通事故,30 台精密仪器全部毁损,致使甲公司 8 月 31 日前不能按时全部交货。9 月 5 日,乙公司要求甲公司承担违约责任。

根据以上事实及《合同法》的规定,回答下列问题:

(1) 甲、乙公司订立的买卖合同是否成立?并说明理由。

(2) 甲公司 8 月 20 日中止履行合同的行为是否合法?并说明理由。

(3) 乙公司 9 月 5 日要求甲公司承担违约责任的行为是否合法?并说明理由。

(4) 丙公司对货物毁损应承担什么责任?并说明理由。

**分析:**

(1) 甲乙公司订立的买卖合同成立。根据《合同法》的规定,采用合同书形式订立合同,在签字或盖章之前,当事人一方已经履行主要义务,对方接受的,该合同成立,虽然甲乙双方没有在合同书上签字盖章,但甲公司已将 70 台精密仪器交付了乙公司,乙公司也接受并付款,所以合同成立。

(2) 甲公司 8 月 20 日中止履行合同的行为合法,根据《合同法》的规定,应当先履行债务的当事人有确切证据证明对方有转移财产、逃避债务的情形,可以中止履行合同,即可以行使不安抗辩权。

(3) 乙公司 9 月 5 日要求甲公司承担违约责任的行为合法。根据《合同法》的规定,当事人一方不履行合同义务或者履行合同义务不符合约定的,应当承担继续履行、采取补救措施或者赔偿损失等违约责任。除非甲有免责事由,而此案中甲既无约定免责事由,也无法定免责事由。

(4) 丙公司对货物毁损应向甲公司承担损害赔偿责任。丙公司作为承运人有义务将货物平安运抵目的地,本案中丙公司未完成此义务,且无正当免责事由,故对运输过程中货物的毁损应承担损害赔偿责任。

# 第八章　担　保　法

## 知识目标：

- 了解担保的概念及特征、各种担保形式的概念和特征
- 理解各种担保形式的基本原理及其适用范围
- 掌握各种担保形式的设定及其实现

## 能力目标：

- 能解释实践中存在的各种担保形态
- 能应用担保法的基本理论为债权设定妥当的担保形式
- 能处理担保法案例中存在的法律问题

# 第一节　　担保法概述

## 一、担保的概念

所谓担保，是指债的担保。其目的是促使债务人履行其债务，保障债权人的债权得以实现。债的担保可分为一般担保和特殊担保两种。一般担保是指债务人以其自身的财产作为履行债务、承担责任的担保。为实现个别债权在与其他债权的比较中获得优先的权利，必须保证对债权人的责任财产有独特的优先于其他债权人的权利，其基本的方法便是在一般担保的基础上设定特殊的担保。《担保法》所规定的担保形式就属于特殊担保的范畴，具体包括保证、抵押、质押、留置和定金等五种。

## 二、债的担保的性质

### （一）债的担保具有从属性

债的担保的从属性，是指债的担保依附于债权债务关系而发生和存在：债权债务关系不成立、无效或者被撤销时，担保因失去依附而归于消灭；债权债务关系因清偿等原因而消灭的，担保也随之消灭；在附条件或期限的债权债务，债的关系未发生效力时，担保也不发生效力。

### （二）债的担保的补充性

补充性是指债的担保只有在其所担保的债务不履行或者不能履行时，才能执行担保财产。从对债权的清偿来说，主债的顺序在先，担保关系在后。补充义务并不要求实际履行，随主债终止而消灭。补充义务，只在主债务得不到履行时，才被要求履行。

### （三）债的担保的相对独立性

债的担保的相对独立性,是指担保关系与其所担保的债的关系是不同的法律关系。首先,债的担保的成立,须有当事人的合意,或者依照法律的规定而发生,与被担保的债权的发生或者成立分属于两个不同的法律关系;其次,担保的范围也不必与所担保债务的范围完全一致;再次,债的担保有其自己的成立要件和消灭原因。

## 三、债的担保的分类

### （一）人的担保、物的担保、金钱担保

人的担保是指第三人以自己的财产或信用为他人债务提供的担保。保证属于较典型的人的担保,作为保证人的第三人与债权人约定,当债务人不履行债务时,由自己代为履行。物的担保是以债务人或其他人的特定财产作为抵偿债权的标的,在债务人不履行其债务时,债权人可以将该财产折价,从中优先获得清偿。其主要方式包括抵押权、质押权和留置权。金钱担保是在债务以外用支付一定数额的金钱,保证债权的实现,其主要方式是定金。

### （二）约定担保与法定担保

根据担保设定的依据来划分,可以将债的担保划分为约定担保与法定担保。约定担保是指当事人为保障债权的实现而自愿设定的担保,如保证、抵押、质押、定金等。法定担保是指法律为特别保护某种债权而直接规定的担保,如留置权即是。

# 第二节 保 证

## 一、保证概述

### （一）保证的概念

保证是指保证人和债权人约定,当债务人不履行债务时,保证人按照约定履行债务或者承担责任的担保方式。在保证法律关系中,债权人为主合同的债权人,即被保证人;债务人为提供保证的第三人,即保证人。

### （二）保证的分类

#### 1. 一般保证与连带责任保证

从保证人与债务人如何共同对债权人承担责任的角度,可以将保证分为一般保证与连带责任保证。所谓一般保证,是指当事人在保证合同中约定,债务人不能履行债务时,由保证人承担保证责任的保证;所谓连带责任保证,是指当事人在保证合同中约定保证人与债务人对债务承担连带责任的保证。一般保证具有补充性,债权人在实现债权过程中应该坚持先债务人后保证人的顺序,只有在主合同纠纷未经审判或者仲裁,并就债务人财产依法强制执行仍不能履行债务前,保证人都有权拒绝承担保证责任,即享有先诉抗辩权。但有下列情况之一的,保证人不得主张先诉抗辩权:(1) 债务人住所变更,致使债权人要求其履行债务发生重大困难的;(2) 人民法院受理债务人破产案件,中止执行程序的;(3) 保证人以书面形式放弃先诉抗

辩权的。而连带责任保证的保证人不享有先诉抗辩权,在主合同规定的债务履行期届满而债务人没有履行债务时,债权人可以要求债务人履行债务,也可以要求保证人在其保证范围内承担保证责任。《担保法》规定,当事人对保证方式没有约定或者约定不明确的,按照连带责任保证承担保证责任。

**2. 单独保证与共同保证**

从保证人数量的角度,可以将保证分为单独保证与共同保证。只有一个保证人的保证为单独保证,有两个以上保证人的保证为共同保证。共同保证的保证人之间可以按份也可以连带承担责任,没有约定保证份额的,保证人之间承担连带责任。

**3. 将来债务的保证与既存债务的保证**

从保证与被担保债务之间的关系考察,可以将保证区分为将来债务的保证与既存债务的保证。保证应该为既存债务担保,此为保证的常态;但是为了更好地发挥保证的担保功能,《担保法》也承认了最高额保证,即为将来存在的债务设定保证,此为保证的例外形态。

## 二、保证合同

### (一) 保证人

保证人为被担保合同中债务人之外的第三人。具有代为清偿债务能力的法人、其他组织或者公民,可以作保证人。《担保法》也作了例外性的规定:一是国家机关不得为保证人,但经国务院批准为使用外国政府或者国际经济组织贷款进行转贷的除外;二是学校、幼儿园、医院等以公益为目的的事业单位、社会团体不得为保证人;三是企业法人的分支机构、职能部门不得为保证人。企业法人的分支机构有法人的书面授权的,可以在授权范围内提供保证。企业法人的分支机构未经法人书面授权或者超出授权范围与债权人订立保证合同的,该合同无效或者超出授权范围的部分无效,债权人和企业法人有过错的,应当根据其过错各自承担相应的民事责任;债权人无过错的,由企业法人承担民事责任。

### (二) 保证合同的内容

保证合同通常包括以下内容:(1) 被保证的主债权种类、数额。(2) 债务人履行债务的期限。(3) 保证的方式。(4) 保证担保的范围。保证人既可以就主合同的全部也可以就其中的部分进行担保,约定担保的范围不得超出主债务的数额,否则,超出的部分无效;在当事人未约定担保范围时,应根据担保法的规定加以确定,即应包括主债权及利息、违约金、损害赔偿金和实现债权的费用。(5) 保证的期限。保证期间为保证人承担保证责任的期间,保证期间可以由当事人在保证合同中自由约定,当事人没有约定或者约定不明确的,则依法定。一般保证的保证人与债权人未约定保证期间的,保证期间为主债务履行期届满之日起 6 个月,在合同约定的保证期间和法定的保证期间内,债权人未对债务人提起诉讼或者申请仲裁的,保证人免除保证责任;债权人已提起诉讼或者申请仲裁的,保证期间适用诉讼时效中断的规定。连带责任保证的保证人与债权人未约定保证期间的,债权人有权自主债务履行期间届满之日起 6 个月内要求保证人承担保证责任。在合同约定的保证期间和法定的保证期间内,债权人未要求保证人承担保证责任的,保证人免除保证责任。(6) 双方认为需要约定的其他事项。

### (三) 保证合同的形式

保证人与债权人应当以书面形式订立保证合同。在形式上,既可以在被担保的合同之外单独订立保证合同，也可以由保证人在被担保合同中的担保条款上签字确认。

## 三、保证担保的效力

### （一）债权人与保证人之间关系

#### 1. 债权人的权利

债权人有权根据保证合同向保证人请求其承担保证责任，该权利的行使以主债务在债务履行期限届满没有履行为前提。债权人请求保证人承担责任的方式、范围、内容取决于保证合同的约定，在保证合同对相关事项没有约定或约定不明确的情况下，则按照《担保法》的规定加以确定。

#### 2. 保证人的权利

保证人的抗辩权包括专属于保证人自己的抗辩权和保证人享有的债务人的抗辩权。专属于保证人的抗辩权主要指一般保证人享有的先诉抗辩权；债务人的抗辩权是指债权人行使债权时，债务人可以根据法定事由，对抗债权人行使请求权的权利，该权利同样为保证人享有。保证人的抗辩权不因债务人的放弃而丧失，保证人在债务人放弃抗辩权后，仍可行使抗辩权对抗债权人行使请求权。

### （二）保证人与主债务人之间的关系

#### 1. 保证人的求偿权

保证人向债权人履行债务并不是在消灭自己的债务，而是代债务人履行，在保证人没有赠予意思的前提下，当然应该允许保证人向债务人进行追偿。

#### 2. 保证人的代位权

根据代位权的基本原理，保证人在向债权人承担保证责任后，可以取代债权人的地位，而根据债的保全需要，行使代位权。

## 四、保证责任的减免与消灭

### （一）保证责任的减免

#### 1. 保证期限届满而债权人未请求

保证期限届满，债权人一直未向保证人主张履行保证责任，那么，保证债务消失，债权人对保证人的债权不复存在。

#### 2. 保证与物的担保并存的情形

被担保的债权既有物的担保又有人的担保的，债务人不履行到期债务或者发生当事人约定的实现担保物权的情形，债权人应当按照约定实现债权；没有约定或者约定不明确，债务人自己提供物的担保的，债权人应当先就该物的担保实现债权；第三人提供物的担保的，债权人可以就物的担保实现债权，也可以要求保证人承担保证责任。

#### 3. 主债务转让给第三人而未经保证人书面同意

《担保法》规定：保证期间，债权人许可债务人转让债务的，应当取得保证人书面同意，保证人对未经其同意转让的债务，不再承担保证责任。但是，在债务部分转让的情况下，保证人仍应当对未转让部分的债务承担保证责任。

4. 主合同变更而未经保证人书面同意

债权人与债务人协议变更主合同的,应当取得保证人书面同意,未经保证人书面同意的,如果变更内容减轻了债务人的债务,保证人仍应当对变更后的合同承担保证责任;如果加重了债务人的债务,保证人对加重的部分不承担保证责任。

### (二) 保证责任的消灭

保证责任因为下列原因而消灭:(1) 主债务消灭;(2) 保证合同的解除或终止;(3) 时效届满而消灭。

# 第三节　抵押权

## 一、抵押权概述

### (一) 抵押的概念

抵押是指债务人或者第三人不转移财产的占有,将该财产作为债权的担保,债务人不履行到期债务或者发生当事人约定的实现抵押权的情形,债权人有权依照法律规定以该财产折价或者以拍卖、变卖该财产的价款优先受偿。其中,债务人或者第三人为抵押人,债权人为抵押权人,提供担保的财产为抵押财产。抵押人与抵押权人也可以依法设定最高额抵押权,即债务人或者第三人对一定期间内将要连续发生的债权提供担保财产的,债务人不履行到期债务或者发生当事人约定的实现抵押权的情形,抵押权人有权在最高债权额限度内就该但保财产优先受偿。

### (二) 抵押权的特征

抵押权人因抵押法律关系所享有的权利为抵押权,抵押权具有如下的特征:(1) 抵押权是一种担保物权。(2) 抵押权具有不可分性。抵押财产部分灭失,其剩余部分仍要对主债权的全部进行担保;抵押财产发生分割或部分归他人所有,该分割出去的部分或他人所有的部分仍应对主债权的全部进行担保;主债权部分受清偿,未受清偿部分仍需由抵押财产全体进行担保。(3) 抵押权具有从属性。

## 二、抵押权的产生

### (一) 抵押合同的订立

1. 抵押合同的标的——抵押财产

法律规定,债务人或者第三人有权处分的下列财产可以抵押:(1) 建筑物和其他土地附着物;(2) 建设用地使用权;(3) 以招标、拍卖、公开协商等方式取得的荒地等土地承包经营权;(4) 生产设备、原材料、半成品、产品;(5) 正在建筑的建筑物、船舶、航空器;(6) 交通运输工具;(7) 法律、行政法规未禁止抵押的其他财产。

抵押人可以进行企业财产的集合抵押,即将上述所列财产一并抵押。

抵押人可以采取浮动抵押的方式,即经当事人书面协议,企业、个体工商户、农业生产经营者可以将现有的以及将有的生产设备、原材料、半成品、产品抵押,债务人不履行到期债务或者发生当事人约定的实现抵押权的情形,债权人有权就实现抵押权时的动产优先受偿。抵押财产自下列情形之一发生时确定:(1)债务人履行期届满,债权未实现;(2)抵押人被宣告破产或者被撤销;(3)当事人约定的实现抵押权的情形;(4)严重影响债权实现的其他情形。

法律规定,下列财产禁止抵押:(1)土地所有权;(2)耕地、宅基地、自留地、自留山等集体所有的土地使用权,但法律规定可以抵押的除外;(3)学校、幼儿园、医院等以公益为目的的事业单位、社会团体的教育设施、医疗卫生设施和其他社会公益设施;(4)所有权、使用权不明或者有争议的财产;(5)依法被查封、扣押、监管的财产;(6)法律行政法规规定不得抵押的其他财产;

乡镇、村企业的建设用地使用权不得单独抵押。以乡镇、村企业的厂房等建筑物抵押的,其占有范围内的建设用地使用权一并抵押。

2. 抵押合同的形式与内容

抵押合同是抵押人与抵押权人就抵押事宜签订的合同。抵押合同一般包括下列条款:(1)被担保债权的种类和数额;(2)债务人履行债务的期限;(3)抵押财产的名称、数量、质量、状况、所在地、所有权权属或者使用权属。(4)担保的范围。

抵押合同不完全具备上述内容的,可以补正。抵押权人在债务履行期届满前,不得与抵押人约定债务人不履行到期债务时抵押财产归债权人所有。抵押合同应当以书面形式订立。

### (二) 抵押权的设立

1. 抵押权的登记生效

当事人以下述财产抵押的,应当办理抵押登记,抵押权自登记时设立:(1)建筑物和其他土地附着物;(2)建设用地使用权;(3)以招标、拍卖、公开协商等方式取得的荒地等土地承包经营权;(4)正在建筑的建筑物。

2. 抵押权的登记对抗

以下列财产抵押的,抵押权自抵押合同生效时设立;未经登记,不得对抗善意第三人。即:(1)生产设备、原材料、半成品、产品;(2)正在建造的船舶、航空器;(3)交通运输工具。

企业、个体工商户、农业生产经营者进行浮动抵押的,应当向抵押人住所地的工商行政管理部门办理登记。抵押权自抵押合同生效时设立;未经登记,不得对抗善意第三人。但是,在浮动抵押的情况下,不得对抗正常经营活动中已支付合理价款并取得抵押财产的买受人。

## 三、抵押权的效力

### (一) 抵押人的权利

1. 抵押财产的孳息收取权

抵押不转移占有,在抵押存续期间,抵押财产产生的孳息由抵押人收取。但是债务人不履行到期债务或者发生当事人约定的实现抵押权的情形,致使抵押财产被人民法院依法扣押的,自扣押之日起,抵押权人有权收取该抵押财产的天然孳息或者法定孳息,但抵押权人未通知应当清偿法定孳息的义务人除外。

2. 抵押人的处分权

抵押人在设定抵押后,一般不得对抵押财产进行事实上的处分,应该对抵押物进行有益的保存、改良行为。抵押人的处分权主要表现在法律上的处分:

（1）抵押财产再行设定抵押的权利。同一抵押财产向两个以上债权人抵押的，拍卖、变卖抵押财产所得的价款依照《物权法》规定清偿：抵押权已登记的，按照登记的先后顺序清偿；顺序相同的，按照债权比例清偿；抵押权已登记的先于未登记的受偿；抵押权未登记的，按照债权比例清偿。

（2）抵押财产的转让。抵押期间，抵押人经抵押权人同意转让抵押财产的，应当将转让所得的价款向抵押权人提前清偿债务或者提存。转让的价款超过债权数额的部分归抵押人所有，不足部分由债务人清偿。

抵押期间，抵押人未经抵押权人同意，不得转让抵押财产，但受让人代为清偿债务消灭抵押权的除外。

（3）抵押财产的出租。订立抵押合同前抵押财产已出租的，原租赁关系不受该抵押权的影响。抵押权设立后抵押财产出租的，该租赁关系不得对抗已登记的抵押权。

**（二）抵押权人的权利**

1. 抵押财产的保全

抵押人的行为足以使抵押财产价值减少的，抵押权人有权要求抵押人停止其行为。抵押财产价值减少时，抵押权人有权要求恢复抵押财产的价值，或者提供与减少的价值相应的担保。抵押人不恢复抵押财产的价值也不提供担保的，抵押权人有权要求债务人提前清偿债务。

2. 抵押权的处分

抵押权人可以放弃抵押权或者抵押权的顺位。抵押权人与抵押人可以协议变更抵押权顺位以及被担保的债权数额等内容，但抵押权的变更，未经其他抵押权人书面同意，不得对其他抵押权人产生不利影响。

债务人以自己的财产设定抵押，抵押权人放弃该抵押权、抵押权顺位或者变更抵押权的，其他担保人在抵押权人丧失优先受偿权的范围内免除担保责任，但其他担保人承诺仍然提供担保的除外。

3. 优先受偿权

抵押财产折价或者拍卖、变卖后，其价款超过债权数额的部分归抵押人所有，不足部分由债务人清偿。

## 四、抵押权的实现

抵押权人可以通过与抵押人协议或者请求法院的方式来实现抵押权。债务人不履行到期债务或者发生当事人约定的实现抵押权的情形，抵押权人可以与抵押人协议以抵押财产折价或者以拍卖、变卖该抵押财产所得的价款优先受偿。抵押权人与抵押人未就抵押权实现方式达成协议的，抵押权人可以请求人民法院拍卖、变卖抵押财产。抵押权人应当在主债权诉讼时效期间行使抵押权；未行使的，人民法院不予保护。

建设用地使用权抵押后，该土地上新增的建筑物不属于抵押财产。该建设用地使用权实现抵押权时，应当将该土地上新增的建筑物与建设用地使用权一并处分，但新增建筑物所得的价款，抵押权人无权优先受偿。

以招标、拍卖、公开协商等方式取得的荒地等土地承包经营权，或者以乡镇、村企业的厂房等建筑物占用范围内的建设用地使用权一并抵押的，实现抵押权后，未经法定程序，不得改变土地所有权的性质和土地用途。

# 第四节　质　权

## 一、动产质权

### （一）动产质权的概念

债务人或者第三人将其动产转移给债权人占有作为债权的担保，当债务人不履行到期债务或者当事人约定的实现质权的情形出现时，债权人享有就质押给债权人的动产折价或者拍卖、变卖该动产的价款优先受偿的权利。债务人或第三人用于质押担保的动产，称为质押财产；占有质权标的债权人为质权人；提供动产的债务人或第三人为出质人。

动产质权具有下列特征：（1）动产质权以转移质押财产的占有于债权人为必要；（2）动产质权是在他人的财产上设立的物权；（3）动产质权是就质押财产优先受偿的权利。

### （二）质权合同的内容

质权合同是明确质权人与出质人权利义务的协议，其目的在于设定质权，应当采用书面形式。《物权法》规定，质权合同一般包括下列条款：（1）被担保债权的种类和数额；（2）债务人履行债务的期限；（3）质押财产的名称、数量、质量、状况；（4）担保的范围；（5）质押财产交付的时间。其中，质权担保的范围应当由当事人协商确定，但当事人对担保范围不作约定或者约定不明确时，可参照《物权法》的规定确定，即担保物权的担保范围包括主债权及其利息、损害赔偿金、保管担保财产和实现担保物权的费用。

质权合同不完全具备上述内容的，可以补正。但是，质权人在债务履行期届满前，不得与出质人约定债务人不履行到期债务时质押财产归债权人所有。

### （三）质权的设立

《物权法》规定，质权自出质人交付质押财产时设立。质权合同的效力与质权的效力是两个不同的概念，质权合同是否生效要根据合同法的有关规定判断，而质物是否转移是质权是否生效的判断标准。质权的无效并不当然导致合同无效。

### （四）动产质权当事人的权利

#### 1. 质权人的权利

（1）占有质押财产。这是质押设定的应有之义，也是质权人实现担保的前提。

（2）收取孳息。质权人有权收取质押财产所生的孳息。质权合同另有约定的，按照约定。该孳息应当先充抵收取孳息的费用。

（3）质权的保全。因不能归责于质权人的事由可能使质押财产毁损或价值明显减少，足以危害质权人权利的，质权人有权要求出质人提供相应的担保；出质人不提供的，质权人可以拍卖、变卖质押财产，并与出质人通过协议将拍卖、变卖所得的价款提前清偿债权或者提存。

（4）优先受偿权。债务人不履行到期债务或者发生当事人约定的实现质权的情形，质权人可以与出质人协议以质押财产折价，也可以就拍卖、变卖质押财产所得的价款优先受偿。质押财产折价或者拍卖、变卖后，其价款超过债权数额的部分归出质人所有，不足部分由债务人清偿。

（5）质权的处分。质权人可以放弃质权。债务人以自己的财产出质,质权人放弃该质权的,其他担保人在质权人丧失优先受偿权益的范围内免除担保责任,但其他担保人承诺仍然提供担保的除外。

2. 出质人的权利

（1）在质权人因保管不善致使质押财产毁损、灭失时,出质人有权要求质权人承担赔偿责任。质权人负有妥善保管质押财产的义务;因保管不善致使质押财产毁损、灭失的,应当承担赔偿责任。质权人的行为可能使质押财产毁损、灭失的,出质人可以要求质权人将质押财产提存,或者要求提前清偿债权而返还质押财产。

（2）质押财产处分的决定权。质权人在质权存续期间,未经出质人同意,擅自使用、处分质押财产,给出质人造成损害的,应当承担赔偿责任。

质权人在质权存续期间,未经出质人同意转质,造成质押财产毁损、灭失的,应当向出质人承担赔偿责任。

（3）质押财产返还请求权。债务人履行债务或者出质人提前清偿所担保的债权的,质权人应当返还质押财产。

（4）出质人享有及时行使质权请求权。出质人可以请求质权人在债务履行期届满后及时行使质权;质权人不行使的,出质人可以请求人民法院拍卖、变卖质押财产。因质权人怠于行使权利造成损害的,由质权人承担赔偿责任。

## 二、权利质权

### （一）权利质权概述

权利质权是指出质人以提供的财产权利为标的而设定的质权。可以设定权利质权的权利必须是财产权,具有让与性,必须是适于设质的权利。

### （二）可以出质的权利

1. 汇票、支票、本票、债券、存款单、仓单、提单

以汇票、支票、本票、债券、存款单、仓单、提单出质的,应当由双方当事人订立书面质权合同。合同订立后,质权并不当然设立。质权设立的情形包括两种:（1）有权利凭证的,质权自权利凭证交付质权人时设立;（2）没有权利凭证的,质权自有关部门办理出质登记时设立。

上述出质的权利,其兑现日期或者提货日期先于主债权到期的,质权人可以兑现或者提货,并与出质人协议将兑现的价款或者提取的货物提前清偿债权或者提存。

2. 可以转让的基金份额、股权

以基金份额、股权出质的,当事人应当订立书面合同。合同订立后,质权并不当然设立。以基金份额出质的,应当到证券登记结算机构办理出质登记,质权自登记时设立。以股权出质的,质权设立分为两种情况:（1）以证券登记结算机构登记的股权出质的,质权自证券登记结算机构办理出质登记时设立;（2）以其他质权出质的,质权自工商行政管理部门办理出质登记时设立。

基金份额、质权出质后,不得转让,但经出质人与质权人协商同意的除外。出质人转让基金份额、股权所得的价款,应当向质权人提前清偿债权或者提存。

3. 可以转让的注册商标专用权、专利权、著作权等知识产权中的财产权

以注册商标专用权、专利权、著作权等知识产权中的财产权出质的,当事人应当订立书面

合同。质权并不因合同的成立而设立,而是自有关主管部门办理出质登记时设立。

知识产权中的财产权出质后,出质人不得转让或者许可他人使用,但经出质人与质权人协商同意的除外。出质人转让或者许可他人使用出质的知识产权中的财产权所得的价款,应当向质权人提前清偿或者提存。

**4. 应收账款**

应收账款是指权利人因提供一定的货物、服务或者设施而获得的要求义务人付款的权利。《物权法》规定,以应收账款出质的,当事人应当订立书面合同。质权自信贷征信机构办理出质登记时设立。应收账款出质后,不得转让,但经出质人与质权人协商同意的除外。出质人转让应收账款所得的价款,应当向质权人提前清偿债权或者提存。

# 第五节 留置权与定金

## 一、留置权

### (一) 留置权概述

留置权是指在债务人不履行到期债务时,债权人有权依照法律规定留置已经合法占有的债务人的动产,并就该动产优先受偿的权利。债权人为留置权人,其占有的动产为留置财产。与其他担保形式相比,留置权在性质上属于法定担保。

### (二) 留置权的构成要件

**1. 积极要件**

(1) 债权人已经合法占有债务人的动产。留置权的标的为动产,不动产上不能设定留置权;债权人对债务人动产的占有必须是合法的,即其占有必须是基于合法原因,如因侵权行为而占有债务人的动产,则不得留置。

(2) 债权人占有的动产,应当与债权属于同一法律关系,但企业之间留置除外。企业之间交易具有特殊性,讲究商业信誉,如果严格要求留置财产必须与债权的发生具有同一法律关系,则不能满足交易安全的需要。

(3) 债务人不履行到期债务。被留置的财产属于债务人所有,故债权人不得无故对其实行留置,否则将构成对所有权的侵害。在留置权中,债务人不履行到期债务是阻却债权人违法行为的事由。

**2. 消极要件**

(1) 符合《物权法》关于留置权适用范围的规定。即法律规定或者当事人约定不得留置的动产,不得留置。与《担保法》的规定有所不同,《物权法》对于留置权的适用范围没有进行列举式的规定,从而扩大了留置权的范围,如保管合同、运输合同、加工承揽合同、仓储合同、服务合同等都有留置权适用的可能。

(2) 留置财产的价值与债务的金额相当。留置财产为可分物的,留置财产的价值应当相当于债务的金额。

**（三）留置权人与债务人的权利**

1．留置权人的权利

（1）留置财产孳息收取权。留置权人在占有留置财产期间，有权收取留置财产所产生的孳息。但是，孳息应当先充抵收取孳息的费用。

（2）与其他物权并存时的优先权。同一动产上已设立抵押权或者质权，该动产又被留置的，留置权人优先受偿。

（3）留置财产价款的优先受偿权。留置权在性质上属于担保物权，留置权人可以通过实现留置权，而从留置财产的处分中得到其债权的优先受偿。但是，留置权人对留置财产丧失占有或者留置权人接受债务人另行提供担保的，留置权消灭。

2．债务人的权利

（1）因留置权人保管不善的赔偿请求权。留置权人负有妥善保管留置财产的义务；因保管不善致使留置财产毁损、灭失的，应当承担赔偿责任。

（2）请求留置权人行使留置权的权利。债务人可以请求留置权人在债务履行期届满后行使留置权；留置权人不行使的，债务人可以请求人民法院拍卖、变卖留置财产。

（3）留置财产余额取回权。留置财产折价、变卖后，其价款超过债权数额的部分归债务人所有。

**（四）留置权的实现**

留置权设定的目的在于督促债务人履行其债务，在债务人不能履行其到期债务时，留置权人有权依法处分留置财产，以优先受偿其债权。但是，在债务人不能清偿其到期债务时，留置权人不能立即实现留置权，而只有在满足留置权实现的条件时才可以。《物权法》规定，留置权人与债务人应当约定留置财产后的债务履行期间；没有约定或者约定不明确的，留置权人应当给债务人两个月以上履行债务的期间，但鲜活易腐等不易保管的动产除外。债务人逾期未履行的，留置权人可以与债务人协议以留置财产折价，也可以就拍卖、变卖留置财产所得的价款优先受偿。

## 二、定金

**（一）定金的概念、数额及定金合同的形式与生效**

定金是当事人在合同订立时或者债务履行之前，为担保合同的履行，由一方向对方支付的一定数额的货币。定金数额由当事人约定，但不得超过主合同标的额的20%。定金应当以书面形式约定，当事人在定金合同中应当约定交付定金的期限。定金合同从实际交付定金之日起生效。

**（二）定金的效力**

债务人履行债务后，定金应当抵作价款或者收回。给付定金的一方不履行约定的债务的，无权要求返还定金；收受定金的一方不履行约定的债务的，应当双倍返还定金。

## 本章小结:

本章介绍了担保法中规定的各种担保形式的概念、特征、基本原理及其适用范围,在实践中需要重点把握各种担保形式的实现方式。

## 典型案例:

甲将一台汽车发动机送到一汽车修理部修理,修理部约定 7 天取货,甲取货时,修理部要修理费 560 元,甲认为高,拒绝支付。修理部押留了发动机,并告知甲尽快交修理费,否则变卖发动机,甲半年未索要发动机,也未交修理费。后来,甲又将电瓶送修,约定 15 天取货。甲如约取货,修理部要求甲交 560 元加上本次修理费 440 元,甲只交了 440 元,且说 560 元以发动机抵。修理部不同意,说发动机没人要,于是退了发动机,扣留了电瓶,告诉甲限 7 天内交 560元,否则变卖电瓶。双方多次协商未果,甲诉至法院。问:修理部是否有权扣留甲的电瓶?

**解析:**

修理部有权扣留甲的电瓶。债务人甲不履行到期债务时,债权人修理部有权依照法律规定留置已经合法占有的债务人甲的电瓶,并就电瓶优先受偿。

# 第九章　工业产权法律制度

知识目标：

**知识目标：**

- 了解工业产权的概念和特征、工业产权法的概念、专利权的取得、商标管理
- 理解专利与专利法的概念、商标和商标法的概念
- 掌握专利权的主体、客体、专利权人的权利和义务、专利权的保护、商标权的主体、客体,商标权的内容、注册商标,商标权的保护

**能力目标：**

- 能够运用专利法和商标法解决实际问题

## 第一节　工业产权法概述

### 一、工业产权的概念和特征

#### (一) 工业产权的概念

工业产权是指人们对发明、实用新型、外观设计、商标等智力成果,依照法律规定在一定期限内和一定地域范围内拥有的专有权。在我国,工业产权通常是指商标权和专利权的统称。

#### (二) 工业产权的特征

工业产权属于无形财产权,与有形财产权相比,具有以下特征：

1. 专有性

专有性又称排他性、独占性、垄断性,是指工业产权在一定的区域和期限内,专属于创造人或其所属单位,即权利人享有独有的占有、使用、收益和处分的权利。

2. 地域性

工业产权具有严格的地域性,各国依照本国法律授予的工业产权只能在本国地域范围内享受权利,其他国家则不会给予保护。

3. 时间性

时间性又称为期限性,工业产权保护是有一定期限的,法定期限届满,工业产权自行终止,成为社会公共财产,任何人都可以使用。

### 二、工业产权的国际保护

从 19 世纪开始,各国纷纷采用签订国际条约的方式来保护本国的工业产权在国外的权

益。关于保护工业产权的国际条约,较为著名的有:1883 年的《保护工业产权巴黎公约》、1970年的《专利合作条约》、1891 年的《商标注册马德里协定》、1973 年的《商标注册条约》和《与贸易有关的知识产权(包括假冒商标贸易)协议》等。其中最重要的是《保护工业产权巴黎公约》,它确立了国民待遇原则、优先权原则、独立性原则等。这些成为现代国际保护工业产权制度的主要原则,因而奠定了现代工业产权制度的基础。我国于 1980 年加入了联合国世界知识产权组织(WIPO),此后又参加了《保护工业产权巴黎公约》、《商标注册马德里协定》、《专利合作条约》等。

# 第二节　专利法

## 一、专利法概述

### (一)专利的概念

从不同的角度讲,专利有多种含义,有的指专利局授予申请人的专利权;有的指受专利法保护的专利技术。而专利的基本含义是指专利权,即由国家颁发专利证书,授予专利权人在法律规定的期限内,对某项发明或者实用新型享有制造、使用、许可销售、销售、进口的专有权或对外观设计享有制造、使用、销售、进口的专有权。

### (二)专利法的概念

专利法有广义和狭义之分。广义的专利法是指调整申请、取得、利用和保护专利过程中发生的社会关系的法律规范的总称。包括立法机关制定的法律、法规,行政机关制定的规章、条例,以及司法机关做出的司法解释等构成的相关法律规范。狭义的专利法仅指立法机关依照法律制定的专利法。而专利法所调整的专利关系主要有专利管理关系、专利权属关系、专利许可使用关系、专利转让关系等。

## 二、专利权的主体

专利权的主体是指有权获得专利权并承担与此相关义务的个人或单位。自然人、法人、其他组织以及外国人、外国企业和外国其他组织都可以成为专利权的主体。

### (一)职务发明创造专利权的归属

职务发明创造,是指发明人或设计人为执行本单位的任务或者主要是利用本单位的物质技术条件(包括本单位的资金、设备、零部件、原材料或者不对外公开的技术资料等)所完成的发明创造。

职务发明创造的专利申请权属于发明人或设计人所在的单位。申请被批准后,该单位为专利权人。

利用本单位的物质技术条件所完成的发明创造,单位与发明人或者设计人订有合同,对申请专利的权利和专利权的归属做出约定的,从其约定。在职务发明创造中,发明人、设计人虽然不是专利申请人和专利权人,但所在单位应依法给予物质奖励和精神奖励。

### （二）非职务发明创造专利权的归属

非职务发明创造是指不是执行本单位的任务，也没有利用本单位的物质技术条件所完成的发明创造。非职务发明创造，申请专利的权利属于发明人或者设计人；申请被批准后，该发明人或者设计人为专利权人。

### （三）共同发明创造专利权的归属

共同发明创造是指由两个或者两个以上的单位或者个人合作完成的发明创造，它还包括两个以上的单位或者个人协作完成的发明创造。完成共同发明创造的个人、单位称为共同发明人或者共同设计人。共同发明创造申请专利的权利归共同发明人或者共同设计人；申请批准后的专利权，归共同发明人或者共同设计人所有，申请的单位或者个人为专利权人。

### （四）委托发明创造专利权的归属

委托发明创造是指一个单位或者个人接受其他单位或者个人委托所完成的发明创造。委托发明创造除另有协议的以外，申请专利的权利属于接受委托完成发明创造的单位或者个人。申请被批准后，申请的单位或者个人为专利权人。

### （五）同一种发明创造专利权的归属

两个以上的申请人分别就同样的发明创造申请专利的，专利权授予最先申请的人。

### （六）外国人、外国企业或者外国其他组织的专利权

国民待遇原则是《保护工业产权巴黎公约》规定的一项基本原则。根据该原则，外国人、外国企业或者外国其他组织在中国有经常性居所或者营业场所的，其申请专利的权利与中国公民和法人的地位相同。在中国没有经常性居所或者营业场所的外国人、外国企业或者其他组织在中国申请专利的，依照其所属国同中国签订的协议或者共同参加的国际条约，或者依照互惠原则，根据我国《专利法》申请专利权。申请被批准后，申请人即为专利权人。

## 三、专利权的客体

专利权的客体指依法可以申请并取得专利权的发明创造。对申请专利保护的发明创造，世界各国的规定不尽相同。我国《专利法》第 2 条规定："本法所称的发明创造是指发明、实用新型和外观设计。"

### （一）发明

发明是指对产品、方法或者其改进所提出的新的技术方案。这种技术方案一旦付诸实施，就能解决技术领域中的某一具体问题。发明可以是提出一种新的产品、方法，也可以是对原有的产品方法的改进。发明专利可以分为产品发明专利、方法发明专利和改进发明专利。产品发明是指人们利用自然规律创造出来的各种制成品或产品，是人工制造的各种有形物品的发明，如机器、仪器、工具等。方法发明是指通过操作方式、工艺过程的形式来表现其技术方案的发明，即人们利用自然规律将一个对象或物质改变成另一个对象或物质所使用的方法或手段。如制造产品的方法、使用产品的方法、测量方法、通讯方法等。改进发明是指人们对已有的产品、方法提出实质性改革的新的技术方案。发明的技术要求较高，必须具有突出的实质性特点和显著进步。因此，发明专利权的保护期限较长，为 20 年。

### （二）实用新型

实用新型是指对产品的形状、构造或者其结合所提出的适于实用的新的技术方案。实用新型仅指具有一定形状的物品发明，不适用于工艺方法，而且产品是必须具有一定形状、构造的产品。液体、气体粉末状产品不能成为实用新型的保护对象，材料本身也不能取得实用新型专利。实用新型必须是具有一定立体形状和结构或者两者相结合的产物。而且实用新型的技术水平要求较低，一般不涉及产品制造原理的改革，只是对产品的形状、构造所做的局部性改革，所以又称为"小发明"、"小创造"，其保护期限为 10 年。

### （三）外观设计

外观设计也称工业品外观设计，是指对产品的形状、图案、色彩或者其结合所做出的富有美感并且适于工业上应用的新设计。首先，外观设计对产品的形状、图案、色彩或者其结合所做出的新设计必须能在工业上应用，能大量地复制生产。其次，外观设计必须富有美感。再次，外观设计必须具有新颖性。外观设计的保护期限为 10 年。

### （四）对专利权客体的限制

我国《专利法》第 25 条规定，对下列各项不授予专利权：（1）科学发现；（2）智力活动的规则和方法；（3）疾病的诊断和治疗方法；（4）动物和植物品种；（5）用原子核变换方法获得的物质；（6）对平面印刷品的图案、色彩或者二者的结合做出的主要起标识作用的设计。

对动物和植物品种的生产方法，可依法授予专利权。

## 四、专利权人的权利和义务

### （一）专利权人的权利

1. 独占实施权

独占实施权是指专利权人对其专利产品或者专利方法依法享有的进行制造、使用、许诺销售、销售、进口的专有权利。由此派生出了专利权人的制造权、使用权、许诺销售权、销售权、进口权以及未经专利权人许可在以上方面的排他性权利。专利权被授予后，除因法定原因外，任何单位或个人未经专利权人许可，都不得实施其专利。

2. 转让权

转让权是指专利权人有权将其专利权通过买卖、赠予等方式转移给其他任何单位或者个人。转让权是专利权主体的变更。我国《专利法》第 10 条规定："专利申请权和专利权可以依法转让。"自愿转让和合法继承是专利权转移的两种途径。但是，发明人或者设计人在转让专利申请权和专利权时，并不丧失署名权和获得精神奖励等具有人身属性的权利。

中国单位或者个人向外国人、外国企业或者外国其他组织转让专利申请权或者专利权的，应当依照有关法律、行政法规的规定办理手续。

3. 许可权

许可权是指专利权人许可他人实施其专利并获取报酬的权利。实现专利使用权的转让应通过签订书面实施许可合同的形式进行。由被许可方向专利权人支付费用，且被许可人无权允许合同以外的任何单位或个人实施该专利。

4. 放弃权

放弃权是指专利权人有权通过书面声明或以不缴纳年费的方式放弃其专利权，是专利权人放弃其独占利益的权利。放弃专利权时应由国务院专利行政部门登记和公告。专利权人放弃专利权后,便失去对专利权的专有权,该发明创造即进入社会的公有领域。

5. 标记权

标记权是指专利权人享有在专利产品或者该产品的包装上、容器上、说明书上、产品公告中标注专利标记和专利号的权利。专利号是指国务院专利行政部门授予专利的序号。

6. 署名权

### (二) 专利权人的义务

1. 实施专利的义务

实施专利是指专利权人在取得专利的国家内切实地应用专利。专利权人可以自己制造专利产品或者使用专利方法;也可以允许他人制造专利产品使用专利方法。实施专利既是专利权人的权利,也是专利权人的义务。

2. 缴纳专利年费的义务

专利年费是指法律规定的为维持专利权的效力,由专利权人逐年向专利局缴纳的费用。专利权人应当自被授予专利权的当年开始缴纳年费。没有按规定缴纳年费的,专利权在期限届满前终止。

3. 依法对职务发明创造的发明人或设计人给予奖励和报酬的义务

被授予专利权的单位应当对职务发明创造的发明人或者设计人给予奖励;发明创造专利实施后,根据其推广应用的范围和取得的经济效益,对发明人或者设计人给予合理的报酬。

## 五、专利权的取得

### (一) 授予专利权的条件

1. 授予发明、实用新型专利权的条件

根据我国《专利法》规定,授予专利权的发明、实用新型应当具备新颖性、创造性和实用性。

(1) 新颖性

新颖性是指该发明或者实用新型不属于现有技术,也没有任何单位或者个人就同样的发明或者实用新型在申请日以前向国务院专利行政部门提出过申请,并记载在申请日以后公布的专利申请文件或者公告的专利文件中。现有技术,是指申请日以前在国内外为公众所知的技术。

但申请专利的发明创造在申请日以前 6 个月内,有下列情形之一的,不丧失新颖性:

① 在中国政府主办或者承认的国际展览会上首次展出的;

② 在规定的学术会议上或者技术会议上首次发表的;

③ 他人未经申请人同意而泄露其内容的。

(2) 创造性

创造性是指与现有技术相比,该发明具有突出的实质性特点和显著的进步,该实用新型具有实质性特点和进步。"实质性特点"和"进步"是判断发明和实用新型是否存在创造性的标准。

(3) 实用性

实用性是指该发明或者实用新型能够制造或者使用,并且能够产生积极的效果。实用性包括可实施性、再现性和有益性。可实施性是指发明创造必须能够解决技术问题,并且能够在产业中应用,能够制造或者使用。再现性是指发明创造所属技术领域的技术人员根据公开的技术内容,能够重复实施专利申请中为解决技术问题所采用的技术方案。有益性是指发明创造在经济、技术和社会领域能够产生积极效果。

2. 授予外观设计专利权应当具备的条件

授予专利权的外观设计,应当不属于现有设计;也没有任何单位或者个人就同样的外观设计在申请日以前向国务院专利行政部门提出过申请,并记载在申请日以后公告的专利文件中。授予专利权的外观设计与现有设计或者现有设计特征的组合相比,应当具有明显区别。授予专利权的外观设计不得与他人在申请日以前已经取得的合法权利相冲突。现有设计,是指申请日以前在国内外为公众所知的设计。

**(二) 专利的申请和审批**

1. 申请专利的原则

(1) 先申请原则

先申请原则是指两个以上的人就同样的发明创造提出专利申请,专利权授予最先向国务院专利行政部门提出申请的人。两个以上的申请人在同一日分别就同样的发明创造申请专利的,应当在收到国务院专利行政部门的通知后自行协商确定申请人。

(2) 优先权原则

优先权原则《是保护工业产权巴黎公约》的一项基本原则,是指一个发明创造第一次提出申请后,在一定期限内,就相同主题又提出申请,申请人有权要求将第一次提出申请的日期视为后来提出申请的日期。

优先权分为国际优先权和国内优先权。国际优先权是指申请人自发明或者实用新型在外国第一次提出专利申请之日起 12 个月内,或者自外观设计在外国第一次提出专利申请之日起 6 个月内,又在中国就相同主题提出专利申请的,依照该外国同中国签订的协议或者共同参加的国际条约,或者依照相互承认优先权的原则,可以享有优先权。

《专利法》第 30 条规定:申请人要求优先权的,应当在申请的时候提出书面申明,并且在 3 个月内提交第一次提出的专利申请文件副本;未提出书面声明或者逾期未提交申请文件副本的,视为未要求优先权。

(3) 书面原则

专利权申请必须以书面形式提交国务院专利行政部门,而且此后审批程序中的所有手续,均应以书面形式办理。

(4) 一发明一专利原则

《专利法》第 31 条规定:一件发明或者实用新型专利申请应当限于一项发明或者实用新型。属于一个总的发明构思的两项以上的发明或者实用新型,可以作为一件申请提出。

一件外观设计专利申请应当限于一种产品所使用的一项外观设计。用于同一类别并且成套出售或者使用的产品的两项以上的外观设计,可作为一件申请提出,如茶具等。

2. 专利的申请

(1) 专利申请的提出

① 申请人可以是发明人或设计人,发明创造的合法受让人,职务发明创造的单位以及外国人。

② 中国人申请专利可以委托专利代理机构代理。《专利法》第 19 条第 2 款规定:中国单

位或者个人在国内申请专利和办理其他专利事务的,可以委托专利代理机构办理。

③ 外国人申请专利应当委托专利代理机构代理。《专利法》第 19 条第 1 款规定:在中国没有经常居所或者营业场所的外国人、外国企业或者外国其他组织在中国申请专利和办理其他专利事务的,应当委托国务院专利行政部门指定的专利代理机构办理。

④ 任何单位或者个人将在中国完成的发明或者实用新型向外国申请专利的,应当事先报经国务院专利行政部门进行保密审查。中国单位或者个人可以根据中华人民共和国参加的有关国际条约提出专利国际申请。

（2）申请专利应提交的文件

申请发明或实用新型专利的,应当提交请求书、说明书、摘要和权利要求书等文件。申请外观设计专利的,应当提交请求书以及该外观设计的图片或者照片等文件,并且应当写明使用该外观设计的产品及其所属类别。

（3）申请日的确定

专利申请日,是国务院专利行政部门及其指定的专利申请受理代办机构收到完整专利申请文件的日期。因为申请日是判断发明创造新颖性、创造性的时间标准,同时我国又实现"先申请"原则,因此,正确选择申请日是十分重要的。但在确定申请日时要注意以下问题:如果专利申请文件是通过邮局邮寄的,则以寄出的邮戳日为申请日。如果邮件上寄出的邮戳日不清晰,除当事人能够提供证明外,则以国务院专利行政部门收到专利申请文件的日期为专利申请文件的递交日,并且以次日为专利申请日。专利申请人享有优先权的,以优先权日为申请日。

3. 专利申请的审批程序

（1）发明专利的审批程序

我国《专利法》对发明专利的申请采取初步审查、早期公开、实质审查制度,其审批程序如下:

① 初步审查,又称为"形式审查"。初步审查只审查申请文件是否齐备、书写是否规范以及是否属于授予专利权的范围。

② 早期公开。早期公开是指发明专利自提出申请之日起,有优先权的自优先权之日起满 18 个月即行公布,可根据申请人的请求早日公布其申请。

③ 实质审查。实质审查即对发明创造是否具有实质性条件所进行的审查。发明专利自申请日起 3 年内,国务院专利行政部门可以根据申请人提出的请求,随时对其申请进行实质审查。申请人无正当理由逾期不请求实质审查的,该申请即被视为撤回。国务院专利行政部门认为必要时,也可以自行对发明专利申请进行实质审查。

发明专利申请经实质审查没有发现驳回理由的,国务院专利行政部门应当做出授予发明专利权的决定,颁发发明专利证书,并予以登记和公告。发明专利权自公告之日起生效。

④ 复审。我国《专利法》第 41 条规定:国务院专利行政部门设立专利复审委员会。专利申请人对国务院专利行政部门驳回申请的决定不服的,可以自收到通知之日起三个月内,向专利复审委员会请求复审。专利复审委员会复审后,做出决定,并通知专利申请人。专利申请人对专利复审委员会的复审决定不服的,可以自收到通知之日起三个月内向人民法院起诉。

（2）实用新型、外观审计专利的审批程序

实用新型和外观设计专利申请经初步审查没有发现驳回理由的,由国务院专利行政部门做出授予实用新型专利权或者外观设计专利权的决定,发给相应的专利证书,同时予以登记和公告。实用新型专利权和外观设计专利权自公告之日起生效。

## 六、专利实施的强制许可

### (一)专利实施强制许可的概念

专利实施的强制许可,是指主权国家的专利行机构根据本国专利法规定的特定理由,不经专利权人同意,由专利行政机构依法直接强制性地授权许可已经具备实施条件者实施专利,同时由该强制许可授权的被许可方向专利权人支付合理的许可使用费的行为。

### (二)专利实施强制许可的条件

第三次修改后的《专利法》从 48 条至 52 条规范了给予专利实施强制许可的理由:

1. 因未实施专利引发的强制许可

即专利权人在法定期限内(自专利权被授予之日起满三年,且自提出专利申请之日起满四年)无正当理由未实施其专利的,根据具备实施条件的单位或者个人的申请,国务院专利行政部门给予申请者以实施发明专利或者实用新型专利的强制许可。

2. 因未充分实施专利引发的强制许可

即专利权人在法定期限内(自专利权被授予之日起满三年,且自提出专利申请之日起满四年)无正当理由未充分实施其专利的,根据具备实施条件的单位或者个人的申请,国务院专利行政部门给予申请者以实施发明专利或者实用新型专利的强制许可。

3. 因已被认定为垄断行为引发的强制许可

即专利权人行使专利权的行为通过行政程序或者司法程序已经被依法认定为垄断行为后,为消除或者减少该行为对竞争产生的不利影响,根据具备实施条件的单位或者个人的申请,国务院专利行政部门给予申请者以实施发明专利或者实用新型专利的强制许可。

4. 因国家出现紧急状态或者非常情况时引发的强制许可

在国家出现紧急状态或者非常情况时,国务院专利行政部门给予实施发明专利或者实用新型专利的强制许可。

5. 因公共利益引发的强制许可

国务院专利行政部门为了公共利益的目的,给予实施发明专利或者实用新型专利的强制许可。

6. 因公共健康而引发的强制许可

为了公共健康的目的,对取得专利权的药品,国务院专利行政部门可以给予在国内制造并将其出口到符合中华人民共和国参加的有关国际条约规定的国家或者地区的药品的强制许可。

7. 因依存专利实施而引发的强制许可

一项在后获得专利权的发明或者实用新型比在前已获得专利权的发明或者实用新型具有显著经济意义的重大技术进步,其实施又有赖于在前已获得专利权的发明或者实用新型的,国务院专利行政部门根据后一专利权人的申请,给予其实施在前发明或者实用新型的强制许可。此后,国务院专利行政部门根据前一专利权人的申请,给予其对实施在后发明或者实用新型的强制许可。

8. 半导体技术的强制许可

新《专利法》第 52 条对于半导体技术的强制许可作了特别的规定。只有为了公共利益的目的和专利权人行使专利权的行为被依法认定为垄断行为,才能申请强制许可。

## 七、专利权的保护

### (一)专利权的保护范围

我国《专利法》第 59 条对专利权的保护范围作了规定:发明或者实用新型专利权的保护范围以其权利要求书的内容为准,说明书及附图可以用于解释权利要求书。外观设计专利权的保护范围以表示在图片或者照片中的该外观设计专利产品为准。

### (二)专利侵权

侵犯专利权的行为表现多种多样,根据《专利法》的规定,专利侵权行为主要表现如下:

1. 未经专利权人许可实施其专利的侵权行为

《专利法》第 60 条规定:未经专利权人许可,实施其专利,即侵犯其专利权,引起纠纷的,由当事人协商解决;不愿协商或协商不成的,专利权人或者利害关系人可以向人民法院起诉,也可以请求管理专利工作的部门处理。管理专利工作的部门处理时,认定侵权行为成立的,可以责令侵权人立即停止侵权行为,当事人不服的,可以自收到处理通知之日起 15 日内依照《中华人民共和国行政诉讼法》向人民法院起诉;侵权人期满不起诉又不停止侵权行为的,管理专利工作的部门可以申请人民法院强制执行。进行处理的管理专利工作的部门应当事人请求,可以就侵犯专利权的赔偿数额进行调解;调解不成的,当事人可以依照《中华人民共和国民事诉讼法》向人民法院起诉。

但是有下列情形之一的,不视为专利侵权行为:

(1)专利产品或者依照专利方法直接获得的产品,由专利权人或者经其许可的单位、个人售出后,使用、许诺销售、销售、进口该产品的;

(2)在专利申请日前已经制造相同产品、使用相同方法或者已经作好制造、使用的必要准备,并且仅在原有范围内继续制造、使用的;

(3)临时通过中国领域、领水、领空的外国运输工具,依照其所属国同中国签订的协议或者共同参加的国际条约,或者依照互惠原则,为运输工具自身需要而在其装置和设备中使用有关专利的;

(4)专为科学研究和实验而使用有关专利的;

(5)为提供行政审批所需要的信息,制造、使用、进口专利药品或者专利医疗器械的,以及专门为其制造、进口专利药品或者专利医疗器械的。

为生产经营目的的使用或者销售不知道是未经专利权人许可而制造并售出的专利产品或者依照专利方法直接获得的产品,能证明其合法来源的,不承担赔偿责任。

2. 假冒或冒充专利的行为

假冒或冒充专利的行为,也属于专利侵权行为。假冒专利是指未经专利权人许可标明专利权人的专利标记或专利号,从而误导公众的行为。冒充专利是指将非专利产品或者专利方法冒充为专利产品或者专利方法,从而使他人误认为是专利产品或者专利方法的行为。假冒或冒充专利的行为不但侵犯了专利权人对其拥有的发明创造的独占权,而且侵犯了消费者的权利。

### (三)侵犯专利权的诉讼时效

侵犯专利权的诉讼时效为 2 年,自专利权人或者利害关系人知道或者应当知道侵权行为之日起计算。如果诉讼时效期间届满,专利权人或者利害关系人不能再请求人民法院保护,同时也不能再向管理专利工作的部门请求保护。

### (四) 法律责任

我国《专利法》对侵犯专利权,违反专利法的行为规定了以下三种法律责任:

#### 1. 民事责任

侵犯专利权的民事责任是指侵犯他人专利权的民事法律后果。《专利法》在专利权的保护上,侧重对专利权人拥有此项权利所产生的经济利益的保护,因此,对专利侵权行为主要采取民事制裁措施。承担民事责任的方式主要有:停止侵害、消除影响、赔偿损失等。侵犯专利权的赔偿数额按照权利人因被侵权所受到的实际损失确定;实际损失难以确定的,可以按照侵权人因侵权所获得的利益确定。权利人的损失或者侵权人获得的利益难以确定的,参照该专利许可使用费的倍数合理确定。赔偿数额还应当包括权利人为制止侵权行为所支付的合理开支。权利人的损失、权利人获得的利益和专利许可使用费均难以确定的,人民法院可以根据专利权的类型、侵权行为的性质和情节等因素,确定给予 1 万元以上 100 万元以下的赔偿。总之,不论采用哪种方法,都应当使专利权人因侵权行为而遭受的损失得以合理补救为原则。

#### 2. 行政责任

侵犯专利权的行政责任是指侵权人实施专利侵权行为所带来的带有行政性的法律后果。《专利法》第 63 条规定:假冒专利的,除依法承担民事责任外,由管理专利工作的部门责令改正并予以公告,没收违法所得,可以并处违法所得 4 倍以下的罚款;没有违法所得的,可以处 20 万元以下的罚款;构成犯罪的,依法追究刑事责任。《专利法》第 73 条规定:管理专利工作的部门不得参与向社会推荐专利产品等经营活动。管理专利工作的部门违反前款规定的,由其上级机关或者监察机关责令改正,消除影响,有违法收入的予以没收;情节严重的,对直接负责的主管人员和其他责任人员依法给予行政处分。规定侵权行为承担的行政责任有利于快速、直接地打击专利侵权行为,更好地维护专利权人的合法权益。

#### 3. 刑事责任

侵犯专利权的刑事责任是指侵权人实施专利侵权行为情节严重,触犯刑法,构成犯罪所应当承担的刑事法律后果。《专利法》第 63 条、71 条、74 条分别规定了假冒他人专利、泄露国家秘密和徇私舞弊的刑事责任。

# 第三节 商标法

## 一、商标法概述

### (一) 商标的概念和特征

商标俗称"品牌"或"牌子",是指商品的生产者、销售者或者服务的提供者使自己生产、销售的商品或提供的服务区别于其他商品生产者、销售者生产、销售的商品或者其他服务者提供的服务的一种专用标志。传统的商标通常为商品商标,商品商标作为商品的标记,一般由文字、图形、文字与图形的组合、三维标志、颜色组合、声音以及上述要素的组合构成。广义的商标还包括服务标记。商标除具有区别商品的作用之外，在专业化、市场化、国际化的世界经济中，还具有广告宣传、质量保证、市场竞争等作用。好的商标具有极优的市场价值，是商标所有人一项重要的无形财产。

商标具有以下特征：

1. 商标是商品和商业服务的标记。商标与商品和商业服务有紧密的联系，是用在商品和服务领域的特定标记。

2. 商标是区别不同的商品生产者、经营者和商业服务者的标记。

3. 商标可以在长期的商品交易中产生信誉，反映商品的质量和服务的水平，为商品的购买者和服务对象提供特殊的信息。

### （二）商标的分类

商标按照不同的标准，可以进行以下几种分类：

1. 商品商标和服务商标

按照使用的对象不同，分为商品商标和服务商标。商品商标是用于生产销售的商品上的标记。服务商标用于服务行业，以便与其他服务行业相区别的标志。

2. 文字商标、图形商标、数字商标、字母商标、三维标志商标、声音商标、颜色组合商标以及上述要素的组合商标

按照构成商标的形态分为文字商品、图形商标、数字商标、字母商标、三维标志商标、声音商标、颜色组合以及上述要素的组合商标。

3. 制造商标、销售商标与集体商标

按照商标的使用者分为制造商标、销售商标与集体商标。制造商标是商品制造者所使用的商标。销售商标是商品经营者所使用的商标。集体商标是以团体、协会或者其他组织的名义注册，供该组织成员在商事活动中使用，以表明使用者在该组织中的成员资格的标志。

4. 联合商标、防御商标、证明商标

按照商标的特殊性质分为联合商标、防御商标、证明商标。联合商标是指同一个商标所有人在相同或类似商品上使用的若干个近似商标。防御商标是指同一个商标所有人在不同类别的商品上注册使用同一个商标。证明商标是指某种商标或者服务具有监督能力的组织所控制，而由该组织以外的单位或者个人使用于其商品或者服务，用以证明该商品或者服务的原产地、原料、制造方法、质量或者其他特定品质的标志。

5. 注册商标与非注册商标

按照商标是否注册分为注册商标与非注册商标。经过商标局注册的商标是注册商标。未经过商标局注册的商标是非注册商标。

6. 驰名商标、著名商标与知名商标

按照商标为公众熟知的程度分为驰名商标、著名商标与知名商标。驰名商标是指由商标局认定的在市场上享有较高声誉并为相关公众熟知的商标。著名商标是指由省级工商行政管理部门认可的，在该行政区划范围内具有较高声誉和市场知名度的商标。知名商标是指由市一级工商行政管理部门认可的，在该行政区划范围内具有较高声誉和市场知名度的商标。

### （三）商标法的概念

商标法是调整因商标的注册、使用和商标专用权的保护、转让、管理过程中所发生的社会

关系的法律规范的总称。

现代社会的商标,已不再是一种单纯的商品或服务的标记。而是可以转让、买卖、具有极高经济价值的无形财产。因此,抢注商标、侵犯商标权已经成为没有国界的侵权行为。我国《商标法》的立法目的正是为了加强商标管理,保护商标专用权,促使生产者、经营者保证商品和服务质量,维护商业信誉,以保障消费者和生产者、经营者的利益,促进社会主义市场经济的发展。

## 二、商标注册

### (一) 商标注册的概念

商标注册是指商标使用人依照法定的程序,将自己使用的商标向国家商标局申请注册,经审查核准注册,并取得商标专用权的行为。只有经过注册的商标才享有商标专用权,受法律保护。

### (二) 商标应当具备的条件

无论是注册商标还是使用商标,都应当符合法律规定的条件。

**1. 必须具备法定的构成要素**

我国法律规定商标应当是可视性标志。《商标法》第 8 条规定:任何能够将自然人、法人或者其他组织的商品与他人的商品区别开的可视性标志,包括文字、图形、字母、数字、声音商标、三维标志和颜色组合,以及上述要素的组合,均可以作为商标申请注册。

**2. 必须具备显著特征,便于识别**

申请注册的商标,必须具有显著特征,便于识别。并不得与他人在先取得的合法权利相冲突。

**3. 必须是非禁用的标志**

虽然任何能够将自然人、法人或者其他组织的商品与他人的商品区别开的可视性标志,均可以作为商标,但《商标法》第 10 条规定,下列标志不能作为商标使用:

(1) 同中华人民共和国国家名称、国旗、国徽、军旗、勋章相同或者近似的,以及同中央国家机关所在地特定地点的名称或者标志性建筑物的名称、图形相同的;

(2) 同外国的国家名称、国旗、国徽、军旗、相同或者近似的,但该国政府同意的除外;

(3) 同政府间国际组织的名称、旗帜、徽记相同或者近似的,但经该组织同意或者不易误导公众的除外;

(4) 与表明实施控制、予以保证的官方标志相同或者近似的,但经授权的除外;

(5) 同"红十字"、"红新月"的名称、标志相同或者近似的;

(6) 带有民族歧视性的;

(7) 夸大宣传并带有欺骗性的;

(8) 有害于社会主义道德风尚或者其他不良影响的。

县级以上行政区划的地名或者公众知晓的外国地名,不得作为商标。但是地名具有其他含义或者作为集体商标、证明商标组成部分的除外;已经注册的使用地名的商标继续有效。

同时,商标应当具有显著特征,便于识别。《商标法》第 11 条规定,下列标志不得作为商标注册:

（1）仅有本商标的通用名称、图形、型号的；

（2）仅仅直接表示商品的质量、主要原料、功能、用途、重量、数量及其他特点的；

（3）缺乏显著特征的。

但是，上述标志经过使用取得显著特征，并便于识别的，可以作为商标注册。

### （三）商标注册申请

#### 1. 商标注册申请人

自然人、法人、其他组织或者上述个人和组织的共有人可以作为商标注册申请人，同时外国人和外国的企业也可以在我国申请商标注册。

我国《商标法》第 4 条规定：自然人、法人或者其他组织对其生产、制造、加工、拣选或者经销的商品，需要取得商标专用权的，应当向商标局申请商品商标注册。第 5 条规定：两个以上自然人、法人或者其他组织可以向商标局申请注册同一商标，共同享有和行使该商标专用权。

外国人或者外国企业在中国申请商标注册的，应当按其所属国和中华人民共和国签订的协议或者共同参加的国际条约办理，或者按照对等原则办理。外国人或者外国企业在中国申请商标注册和办理其他商标事宜的，应当委托国家认可的具有商标代理资格的组织代理。

#### 2. 申请的基本原则

（1）自愿注册与强制注册相结合的原则

自愿注册是指商标所有人对其所有商标是否申请注册，可根据情况自行决定。在实行商标自愿注册的同时，我国对极少数商品使用的商标仍实行强制注册的办法，这是自愿注册原则的一个例外。"国家规定必须使用注册商标的商品，必须申请注册，未经注册的，不得在市场上销售。"商标法规定强制注册的商品主要有人用药品和烟草制品。

（2）一申请一商标原则

一份申请只能请求注册一件商标，不能在一份申请上提出两件或者两件以上的商标。但是允许在一份申请中申请注册用于不同类别的商品上的同一商标。例如，"康师傅牌"方便面、饼干、冰红茶、矿泉水等。

（3）先申请原则

对于商标的冲突申请，目前国际上通常采用两种基本原则：先申请原则和先注册原则。我国实行先申请原则，即两个或者两个以上的商标注册申请人，在同一种商品或者类似商品上，以相同或者近似的商标申请注册的，初步审定并公告申请在先的商标，驳回其他人的申请，不予公告。先申请是以申请日为准，而申请日实行收到主义。我国《商标法实施条例》第 9 条规定：除本条例另有规定的外，当事人向商标评审委员会提交文件或者材料的日期，直接递交的，以递交日为准；邮寄的，以寄出的邮戳日为准；邮戳日不清晰或者没有邮戳日的，以商标局或者商标评审委员会实际收到日为准，但是当事人能够提出实际邮戳日证据的除外。

同一天提出申请的，初步审定并公告使用在先的商标，驳回其他人的申请，不予公告。申请人应当按照商标局的通知，在 30 日内提交申请注册前在先使用该商标的证据。同日使用或者均未使用的，各申请人可以自收到商标局通知之日起 30 日内自行协商，并将书面协议报送商标局；不愿协商或者协商不成的，商标局通知各申请人以抽签的方式确定一个申请人，驳回其他人的注册申请。商标局已经通知但申请人未参加抽签的，视为放弃申请。商标局应当书面通知未参加抽签的申请人。

（4）优先权原则

优先权分为国外优先权和展会优先权。国外优先权是指商标申请人自其商标在外国第一次提出商标注册申请之日起6个月内，又在中国就相同商品以同一商标提出商标注册申请的，依照该外国同中国签订的协议或者共同参加的国际条约，或者按照相互承认优先权的原则，可以享有优先权。但是申请人要求优先权的，应当在提出商标注册申请的时候提出书面声明，并且在3个月内提交第一次提出的商标注册申请文件副本；未提出书面声明或者逾期未提交商标注册副本的，视为未要求优先权。展会优先权是指商标在中国政府主办的或者承认的国际展览会展出的商品上首次使用的，自该商品展出之日起6个月内，该商标的注册申请人可以享有优先权。同样，申请人要求优先权的，应当在提出商标注册申请的时候提出书面声明，并且在3个月内提交展出其商品的展览会名称，在展出商品上使用该商标的证据、展出日期等证明文件；未提出书面证明的或者逾期未提交证明文件的，视为未要求优先权。

3．申请的提出

注册商标的申请是取得商标专用权的前提。国家工商行政管理总局商标局是商标注册主管机关。要取得商标专用权，必须依法向商标局提出申请。我国目前对商标注册申请事项实行由商标代理或由商标注册申请人直接向商标局提出申请的做法。申请商标注册的，应当按规定的商品分类表填报使用商标的商品类别和商品名称。商标注册申请人在不同类别的商品上申请注册同一商标的，应当按商品分类表提出注册申请。注册商标需要在同一类的其他商品上使用的，应当另行提出注册申请。

4．商标的变更申请

我国《商标法》规定，注册商标需要改变文字、图形的，应当重新提出注册申请。注册商标需要变更注册人的名称、地址，或者其他注册事项的，应当提出变更申请。

**（四）商标注册审核的程序**

1．形式审查

形式审查主要审查注册商标的申请是否具备法定的条件和手续，从而确定对申请是否受理。形式审查的内容主要包括：申请的手续是否齐备；申请人是否具备申请资格；申请文件是否齐全，填写是否正确；是否按规定缴纳了申请注册费等。形式审查是商标审查的第一步工作，只有形式审查合格的，才予以受理，编定申请号，发给受理通知书，才能进入实质审查。凡不符合商标法规定的，商标局驳回申请，发给申请人驳回通知书。

2．实质审查

形式审查之后符合受理条件的，进入实质审查阶段。实质审查的目的在于确定申请注册的商标是否符合《商标法》的法定条件，是否具有显著特征，是否违反商标法的禁用条款，是否与在先权利发生冲突。实质审查是决定申请注册的商标能否初步审定并予以公告的重要环节。经实质审查后，符合《商标法》规定的，由商标局初步审定，予以公告。不符合《商标法》规定的，由商标局驳回申请，不予公告，并发给《驳回通知书》。对于驳回申请、不予公告的商标，申请人可以自收到商标局的《驳回通知书》之日起15日内向商标评审委员会申请复审，由商标评审委员会做出决定，并书面通知申请人。当事人对商标评审委员会的决定不服的，可以自收到通知书之日起30日内向人民法院起诉。

3．商标的异议

对初步审定的商标，自公告之日起3个月内，任何人均可以提出异议。公告期满无异议的,予以核准注册,发给商标注册证,并予以公告。

对初步审定、予以公告的商标提出异议的,商标局应当听取异议人和被异议人陈述事实和理由,经调查核实后,做出裁定。当事人不服的,可以自收到通知之日起 15 日内向商标评审委员会申请复审,由商标评审委员会做出裁定,并书面通知异议人和被异议人。当事人对商标评审委员会的裁定不服的,可以自收到通知之日起 30 日内向人民法院起诉。当事人在法定期限内对商标局做出的裁定不申请复议或者对商标评审委员会做出的裁定不向人民法院起诉的,裁定生效。

经商标评审委员会裁定异议不能成立的,由商标局对该商标注册申请予以核准注册,发给商标注册证,并予以公告。

4. 申请的核准

初步审定公告的商标自公告之日起 3 个月内,没有异议或异议不成立的,由商标局核准注册。申请人取得商标专用权,商标成为注册商标,受法律保护。

5. 注册商标的无效宣告

注册商标的无效宣告是指在先申请商标注册的商标注册人或其他任何人认为他人申请注册的商标与在先申请商标注册的商标同一种或者类似商品上的注册商标相同或者近似,请求商标评审委员会宣告该注册商标无效。根据商标法第四十四条,已经注册的商标,违反本法第十条、第十一条、第十二条规定的,或者是以欺骗手段或者其他不正当手段取得注册的,由商标局宣告该注册商标无效;其他单位或者个人可以请求商标评审委员会宣告该注册商标无效。

商标局做出宣告注册商标无效的决定,应当书面通知当事人。当事人对商标局的决定不服的,可以自收到通知之日起 15 日内向商标评审委员会申请复审。商标评审委员会应当自收到申请之日起 9 个月内做出决定,并书面通知当事人。有特殊情况需要延长的,经国务院工商行政管理部门批准,可以延长 3 个月。当事人对商标评审委员会的决定不服的,可以自收到通知之日起 30 日内向人民法院起诉。

其他单位或者个人请求商标评审委员会宣告注册商标无效的,商标评审委员会收到申请后,应当书面通知有关当事人,并限期提出答辩。商标评审委员会应当自收到申请之日起 9 个月内做出维持注册商标或者宣告注册商标无效的裁定,并书面通知当事人。有特殊情况需要延长的,经国务院工商行政管理部门批准,可以延长 3 个月。当事人对商标评审委员会的裁定不服的,可以自收到通知之日起 30 日内向人民法院起诉。人民法院应当通知商标裁定程序的对方当事人作为第三人参加诉讼。

根据商标法第四十五条,已经注册的商标,违反本法第十三条第二款和第三款、第十五条、第十六条第一款、第三十条、第三十一条、第三十二条规定的,自商标注册之日起 5 年内,在先权利人或者利害关系人可以请求商标评审委员会宣告该注册商标无效。对恶意注册的,驰名商标所有人不受 5 年的时间限制。

商标评审委员会收到宣告注册商标无效的申请后,应当书面通知有关当事人,并限期提出答辩。商标评审委员会应当自收到申请之日起 12 个月内做出维持注册商标或者宣告注册商标无效的裁定,并书面通知当事人。有特殊情况需要延长的,经国务院工商行政管理部门批准,可以延长 6 个月。当事人对商标评审委员会的裁定不服的,可以自收到通知之日起 30 日内向人民法院起诉。人民法院应当通知商标裁定程序的对方当事人作为第三人参加诉讼。

商标评审委员会在依照前款规定对无效宣告请求进行审查的过程中,所涉及的在先权利的确定必须以人民法院正在审理或者行政机关正在处理的另一案件的结果为依据的,可以中止审查。中止原因消除后,应当恢复审查程序。

宣告无效的注册商标,由商标局予以公告,该注册商标专用权视为自始即不存在。

宣告注册商标无效的决定或者裁定,对宣告无效前人民法院做出并已执行的商标侵权案件的判决、裁定、调解书和工商行政管理部门做出并已执行的商标侵权案件的处理决定以及已经履行的商标转让或者使用许可合同不具有追溯力。但是,因商标注册人的恶意给他人造成的损失,应当给予赔偿。

依照前款规定不返还商标侵权赔偿金、商标转让费、商标使用费,明显违反公平原则的,应当全部或者部分返还。

### 三、商标管理

商标管理是指国家有关机关依法对商标的注册、使用、转让等行为进行监督、监察等活动的总称。商标管理在内容上主要有:商标的注册管理、商标的使用管理和商标的印制管理。商标管理的意义在于:有利于规范商标行为,维护消费者的利益;有利于商标使用人保证商品质量,树立品牌意识;有利于增强法制观念,防止商标侵权。

#### (一) 商标管理机关

国务院工商行政管理部门商标局主管全国商标注册和管理工作。国务院工商行政管理部门设立商标评审委员会,负责处理商标争议事宜。同时,各级工商行政管理部门有对商标进行管理的职责。因此,国务院工商行政管理部门商标局是全国性商标管理机关,地方各级工商行政管理局是地方商标管理机关。

#### (二) 商标使用管理

1. 注册商标的使用管理

根据《商标法》及《商标法实施条例》的有关规定,商标管理机关有权对注册商标进行管理,管理的内容主要有:不得自行改变注册商标;不得自行改变注册商标的注册人的名字、地址或其他注册事项;不得自行转让注册商标;不得连续3年停止使用注册商标;对注册商标的商品,不得粗制滥造、以次充好,欺骗消费者,应当保证商品质量;许可他人使用注册商标,必须签订使用许可合同,并向商标局备案;使用注册商标应当标明注册标记;对被注册或者被撤销的商标实行管理等。

2. 未注册商标的使用管理

未注册商标是指未经注册直接投放市场使用的商标。这主要是由于我国采用自愿注册与强制注册相结合的原则,因此允许未经注册的商标使用和存在。但是行政管理机关依然有权对未注册的商标进行管理,主要体现在以下方面:不得冒充注册商标;不得与他人在同一种或类似商品上已经注册的商标相同或相近似;不得违反《商标法》第10条的规定;使用未注册商标的商品不得粗制滥造,以次充好,欺骗消费者;未注册商标使用人应当在商品上、包装上标明企业名称或者地址;在国家强制注册的商品上不得使用未注册商标。

3. 商标印制管理

商标印制管理是指商标管理机关依法对商标印制行为进行监督、检查以及对非法印制商标标识进行查处的行为。商标印制管理是商标管理的重要组成部分,只有加强商标印制管理,才能制止假冒注册商标的违法行为,维护商标专用权。1980年8月8日国家工商行政管理总局发布了《关于贯彻执行〈商标印制管理办法〉有关问题的通知》,1996年9月5日,国家工商行政管理总局发布了新的《商标印制管理办法》,从而使商标印制活动更加制度化、法制化。

在《商标印制管理办法》中对商标印制单位的资格设定了严格的条件:有与其承印商标业务相适应的技术、设备及仓储保管设施等条件;有健全的管理商标印制业务的规章制度;有3名以上取得商标印制业务管理人员资格证书的人员。

《商标印制管理办法》中的商标印制管理制度通常包括以下内容:商标应当由具备商标印制资格的单位承印;印制单位的商标印制业务管理人员应当严格核查委托人提供的有关证明文件及商标图样,凡手续齐全、符合法定条件的,可以承印,否则应拒印;商标印刷单位应当建立完善的管理制度,如商标印制存档制度、商标标识出入库制度及废次商标标识的销毁制度等。

## 四、注册商标专用权的保护

### (一) 商标专用权人的权利和义务

1. 商标专用权人的权利

(1) 独占权。也称专用权、专有使用权。注册商标的专用权,以核准注册的商标和核定使用的商品为限,还包括与注册商标相近似商标和与该注册商标核定使用的商品相类似的商品。其他各种禁止他人擅自使用的权利,也属于商标专用权的权利保护范围。但是商标权人既不能滥用商标权,即不能把专用权用在非核定的商品上;也不能乱用商标权,即不能擅自改变商标的文字和图形。

(2) 许可使用权。商标注册人可以通过签订商标使用许可合同,许可他人使用其注册商标。许可人应当监督被许可人使用其注册商标的商品质量。被许可人应当保证使用该注册商标的商品质量。使用许可合同应当报商标局备案,商标使用许可未在商标局备案的,不得对抗善意第三人。

(3) 转让权。商标专用权作为一种无形财产,与有形财产一样,可以依法转让。转让注册商标的,转让人和受让人应当签订转让协议,并共同向商标局提出申请。受让人应当保证该注册商标的商品质量。转让注册商标经核准后,予以公告。受让人自公告之日起享有商标权。

2. 商标专用权人的义务

(1) 正确使用商标的义务。商标注册人应当在商品上标明"注册商标"字样或者注册商标标记"R"。不得将核准注册的商标长期停止使用。

(2) 保证商品或服务的质量。商标注册人负有保证商品或服务质量的义务,未尽此义务的,由商标管理部门分别就不同的情况,责令限期改正,并予以通报或者处以罚款,或者由商标局撤销其注册商标。

(3) 缴纳费用的义务。这也是商标权人的一项义务,如到期不缴纳年费,商标局视为其自动放弃商标权。

### (二) 注册商标专用权的期限和续展

注册商标只有在有效期限内才受法律保护。注册商标有效期为10年,自商标核准注册之日起计算。注册商标有效期满,需要继续使用的,应当在有效期满前6个月内申请续展注册;

在此期间未能提出申请的,给予 6 个月的宽展期。宽展期满仍未提出申请的,注销其注册商标,商标专用权即告丧失。商标每次续展注册的有效期为 10 年,续展的次数没有限制。

### (三)商标专用权的保护

#### 1. 商标侵权行为

商标侵权行为是指侵犯他人的注册商标专用权的行为。根据《商标法》的规定,下列行为属于商标侵权行为:

(1)未经商标注册人的许可,在同一种商品上使用与其注册商标相同的商标的;

(2)未经商标注册人的许可,在同一种商品上使用与其注册商标近似的商标,或者在类似商品上使用与其注册商标相同或者近似的商标,容易导致混淆的;

(3)销售侵犯注册商标专用权的商品的;

(4)伪造、擅自制造他人注册商标标识或者销售伪造、擅自制造的注册商标标识的;

(5)未经商标注册人同意,更换其注册商标并将该更换商标的商品又投入市场的;

(6)故意为侵犯他人商标专用权行为提供便利条件,帮助他人实施侵犯商标专用权行为的;

(7)给他人的注册商标专用权造成其他损害的。

#### 2. 商标侵权的法律责任

(1)行政责任

《商标法》第 60 条规定了侵犯商标专用权时,工商行政管理部门可以采取的措施有:责令停止侵权行为;没收、销毁侵权商品和专门用于制造侵权商品、伪造注册商标标识的工具;对商标侵权行为处以罚款。

工商行政管理机关可以根据情节处罚。违法经营额 5 万元以上的,可以处违法经营额 5 倍以下的罚款,没有违法经营额或者违法经营额不足 5 万元的,可以处 25 万元以下的罚款。对 5 年内实施两次以上商标侵权行为或者有其他严重情节的,应当从重处罚。销售不知道是侵犯注册商标专用权的商品,能证明该商品是自己合法取得并说明提供者的,由工商行政管理部门责令停止销售。

当事人对工商行政管理部门的处理决定不服的,可以自收到处理通知书之日起 15 日内向人民法院起诉。侵权人期满不起诉又不履行的,工商行政管理部门可以向人民法院申请强制执行。

(2)民事责任

我国《民法通则》和《商标法》对商标侵权规定了下列民事责任:停止侵害;消除影响;赔偿损失。侵犯商标专用权的赔偿数额,按照权利人因被侵权所受到的实际损失确定;实际损失难以确定的,可以按照侵权人因侵权所获得的利益确定;权利人的损失或者侵权人获得的利益难以确定的,参照该商标许可使用费的倍数合理确定。对恶意侵犯商标专用权,情节严重的,可以在按照上述方法确定数额的 1 倍以上 3 倍以下确定赔偿数额。赔偿数额应当包括权利人为制止侵权行为所支付的合理开支。

人民法院为确定赔偿数额,在权利人已经尽力举证,而与侵权行为相关的账簿、资料主要由侵权人掌握的情况下,可以责令侵权人提供与侵权行为相关的账簿、资料;侵权人不提供或者提供虚假的账簿、资料的,人民法院可以参考权利人的主张和提供的证据判定赔偿数额。

权利人因被侵权所受到的实际损失、侵权人因侵权所获得的利益、注册商标许可使用费难以确定的,由人民法院根据侵权行为的情节判决给予300万元以下的赔偿。

（3）刑事责任

我国《商标法》和《刑法》都对侵犯商标权规定了刑事责任,包括:假冒注册商标罪、销售假冒注册商标的商品罪、非法制造、销售非法制造的注册商标标识罪。根据《商标法》第六十七条,未经商标注册人许可,在同一种商品上使用与其注册商标相同的商标,构成犯罪的,除赔偿被侵权人的损失外,依法追究刑事责任。伪造、擅自制造他人注册商标标识或者销售伪造、擅自制造的注册商标标识,构成犯罪的,除赔偿被侵权人的损失外,依法追究刑事责任。销售明知是假冒注册商标的商品,构成犯罪的,除赔偿被侵权人的损失外,依法追究刑事责任。

## 五、驰名商标的特别保护措施

"驰名商标"（Famous Trade Mark）又称为周知商标,最早出现在1883年签订的《保护工业产权巴黎公约》中,作为专有名词,已经逐渐得到举世的公认。驰名商标是一个国际通用的法律概念,是指在市场上享有较高声誉并为广大公众熟知的商标。驰名商标相对于一般商标而然,其信誉程度显然要高。

《保护工业产权巴黎公约》第6条第1款规定:商标注册国或使用国主管机关认为一项商标在该国已成为驰名商标,其所有人已经成为有权享有本公约利益的人,而另一商标构成对此驰名商标的复制、仿造或翻译,用于相同或类似的商品上,易于造成混乱时,本同盟各国应当依职权一如本国法律允许或应有关当事人的请求,拒绝或取消该另一商标的注册,并禁止使用。该条款同时规定,商标的主要部分系抄袭驰名商标或是导致造成混乱的仿造者,也应适用本条规定。

### （一）我国对驰名商标的认定

关于驰名商标的判断,《保护工业产权巴黎公约》没有规定统一标准,由缔约国商标主管机关自行确定。依据我国《商标法》,认定驰名商标应当考虑下列因素:

（1）相关公众对该商标的知晓程度;

（2）该商标使用的持续时间;

（3）该商标的任何宣传工作的持续时间、程度和地理范围;

（4）该商标作为驰名商标受保护的纪录;

（5）该商标驰名的其他因素。

### （二）我国对驰名商标的特殊保护

1. 未注册的驰名商标可以排斥相同或近似商标的注册和使用。

驰名商标的保护不以注册为前提。就相同或类似商品申请注册他人的未注册驰名商标,容易导致混淆的,不予注册并禁止使用。

2. 注册的驰名商标可以排斥他人在非类似商品上以相同或近似的商标申请注册和使用。

3. 禁止将与他人驰名商标相同或近似的文字作为企业名称的一部分使用。

4. 如他人恶意注册驰名商标,驰名商标所有人的撤销权不受时间的限制。

一般商标注册人请求撤销冲突商标,撤销权必须在冲突商标核准注册之日起5年内行使。

## ▌▌▌本章小结：▌▌▌

工业产权法是我国经济法律制度重要内容之一，本章主要介绍了工业产权法的概念以及商标法和专利法。其具体内容包括：工业产权的概念和特征，工业产权的立法；商标权与专利权取得的条件和程序以及权利的具体内容；对商标和专利的管理；对专利权、商标权的保护等。

**思考题：**
1. 工业产权的概念及其特征。
2. 授予专利权的条件是什么？
3. 商标注册应遵循哪些原则？
4. 我国《专利法》规定专利实施强制许可的条件。
5. 试述商标侵权行为及其处理。

## ▌▌▌典型案例及分析：▌▌▌

例一：
[案情介绍]

浙江帅康电器有限公司（以下简称帅康公司）于 2001 年 4 月 28 日向国家知识产权局申请一种名为"燃气灶风门调节装置"的实用新型专利，国家知识产权局于 2002 年 3 月 6 日授予该实用新型专利权，专利号为 ZL01220334.3。帅康公司依法缴纳了专利年费。2005 年 12 月 21 日，帅康公司委托代理人毛亚枫与宁波市公证处工作人员一同来到宁波市江东永乐家用电器有限公司海曙天一生活电器店（以下简称永乐电器店），毛亚枫以普通消费者的身份从该店以人民币 1955 元的价格购买了一台型号为 JZ20Y.2-EQ66X 的燃气灶一台，该燃气灶的包装盒上印有"伊莱克斯（中国）电器有限公司"及"伊莱克斯（中国）电器有限公司设计、中山市好伙伴燃具电器有限公司制造"、"中国湖南长沙中意二路"等字样，该包装盒内所附的使用说明书上也印有"伊莱克斯（中国）电器有限公司"（以下简称伊莱克斯公司）字样。

2006 年 6 月 27 日，帅康公司向宁波市中级人民法院起诉，请求判令永乐电器店、伊莱克斯公司：1. 立即停止侵权行为，即停止生产、销售、许诺销售侵犯 ZL01220334.3 号专利权的产品；2. 销毁用于生产侵权产品的模具、侵权产成品、半成品及其零部件，销毁许诺销售的侵权产品宣传资料；3. 连带赔偿其经济损失 50 万元。

[法律分析]

宁波市中级人民法院审理中，通过将被控侵权产品与 ZL01220334.3 号"燃气灶风门调节装置"实用新型专利的权利要求 1 进行对比，发现该两种型号的燃气灶中安装的风门调节装置均包括设在灶具下方的底罩，该底罩内均安装有文氏混合管，文氏混合管前端均安装有 8 字风门、喷嘴和一个可转动调节气流的空调板，所述空调板上分别具有两个和一个与之垂直的折边；底罩底面均设有一调节杆，该调节杆均可相对该底面转动，调节杆一端均设有伸出底罩外的旋柄,一活动连接杆与折边和调节杆的另一端相配合。经国家知识产权局检索,由伊莱克斯公司与好伙伴公司共同制造的全部权利要求1—8符合专利法第22条新颖性和创造性的规定。庭审中帅康公司认可永乐电器店销售的上述燃气灶具具有合法来源。

宁波市中级人民法院审理认为,帅康公司提供的经公证购买的燃气灶的包装盒上虽印有"中山市好伙伴燃具电器有限公司(以下简称好伙伴公司)制造"字样,但该包装盒上同时印有"伊莱克斯(中国)电器有限公司"及"伊莱克斯(中国)电器有限公司设计"及伊莱克斯公司的地址"中国湖南长沙中意二路"等字样,该包装盒内所附的使用说明书上也印有"伊莱克斯(中国)电器有限公司"字样,故该燃气灶应视为由伊莱克斯公司与好伙伴公司共同制造,该燃气灶中安装的风门调节装置也应视为由伊莱克斯公司与好伙伴公司共同制造。经对比,被控侵权物已完全具备ZL01220334.3号实用新型专利的权利要求1所记载的全部技术特征,已落入该专利保护范围。伊莱克斯公司制造、销售及许诺销售的行为已构成对帅康公司享有的上述专利权的侵害,应依法承担相应的民事责任。永乐电器店销售的燃气灶中含有属于ZL01220334.3号专利保护范围的风门调节装置,也构成对帅康公司享有的上述专利权的侵害,也应依法承担相应的民事责任。帅康公司请求判令两被告立即停止侵权行为有法有据,予以支持。帅康公司请求判令两被告立即停止侵权行为有法有据,予以支持。帅康公司请求判令两被告销毁用于生产侵权产品的模具、侵权产成品、半成品及其零部件、销毁许诺销售的侵权产品宣传资料,因销毁模具、产成品、半成品、零部件和宣传资料并非法律规定的民事责任的方式,而永乐电器店仅是销售商,帅康公司未向宁波市中级人民法院提供伊莱克斯公司用于生产侵权产品的模具、侵权产成品、半成品及其零部件以及两被告散发的含有侵权产品的宣传资料的证据,宁波市中级人民法院也未保全到这方面的证据,故对帅康公司的这部分诉讼请求不予支持。帅康公司请求按定额赔偿方式判令两被告连带赔偿其损失50万元,因帅康公司在庭审中明确认可永乐电器店销售的侵权产品的燃气灶具有合法来源,故永乐电器店依法可不承担赔偿责任。

鉴于帅康公司未提供伊莱克斯公司因侵权所获得的利益或帅康公司因伊莱克斯公司侵权所受到的损失的确切依据,宁波市中级人民法院按照本案专利权的类别、伊莱克斯公司侵权的性质、生产经营规模、产品售价等因素酌定赔偿数额。宁波市中级人民法院于2006年4月13日依法做出判决:一、伊莱克斯公司立即停止侵权行为,即立即停止制造、销售、许诺销售侵犯帅康公司享有的ZL01220334.3号专利权的风门调节装置;二、永乐电器店立即停止侵权行为,即立即停止销售侵犯帅康公司享有的ZL01220334.3号专利权的风门调节装置;三、伊莱克斯公司赔偿帅康公司损失30万元,此款于判决生效后十日付清;四、驳回帅康公司的其他诉讼请求。

**例二:**

[案情介绍]

江苏徐州某漆业公司系生产专业油漆的企业,所生产的"万通"牌白磁漆因质量优质而行销全国各地,在浙江省更是占有可观市场。浙江某化工公司也系生产油漆的企业,为了迅速打开市场,从1999年10月至2001年10月期间,未经徐州某漆业公司的许可,擅自委托他人印制标有徐州某漆业公司所有的WT变体图形注册商标和企业名称的油漆桶,并以此油漆桶灌入自己生产的白磁漆销往浙江内外,致使徐州某漆业公司在该地区的销售额剧减,造成了一定的经济损失。

2001年10月22日,浙江某工商行政管理局在浙江某化工公司现场查获某假冒WT变体图形注册商标的油漆空桶2 000只和已罐装的假冒油漆427桶,并依法封存了查获的油漆空桶和假冒油漆。针对上述侵权行为,浙江某工商行政管理局依法做出了罚款等处罚决定。此后,徐州某漆业公司多次与浙江某化工公司交涉,要求赔偿其经济损失,在双方交涉未果的情况下,2003年初,徐州某漆业公司以侵犯其企业名称权为由将浙江某化工公司告上了法庭,请求法院判决被告公开赔礼道歉并赔偿经济损失96万元。

**[法律分析]**

本案主要涉及注册商标专用权的权利内容。

根据《商标法》的规定,经合法注册的商标,商标权人享有商标专用权。《商标法》第52条规定:"未经商标注册人的许可,任何人都不得在同一种商品或者类似的商品上使用与注册商标相同或近似的商标。"在本案中,被告浙江某化工公司未经徐州某漆业公司的许可,擅自委托他人印制标有徐州某化工公司油漆桶,并以此油漆桶灌入自己生产的白磁漆进行销售,导致原告徐州某漆业公司在浙江地区的销售额剧减,市场份额缩减,造成了一定的经济损失,侵犯了原告的注册商标专用权,应当承担相应的侵权责任。但是本案有一定的特殊性,本案被告未经原告许可,而在产品的外包装上使用了原告企业的名称和注册商标,这就意味着,被告在侵犯原告商标专用权的同时,还侵害原告的企业名称权,这就构成了对原告商标专用权和企业名称权的侵权竞合。在这种企业名称权和商标专用权的侵权竞合的情形下,就需要原告权衡并选择到底是以哪种诉由提起诉讼,由于我国《商标法》详细规定了对商标专用权的侵权救济措施,因此,如果原告以侵犯商标专用权为由提起诉讼,可能可以更为充分地保护自身的合法权益。

# 第十章　反不正当竞争法

**知识目标：**

- 了解：不正当竞争行为、反不正当竞争法法律责任
- 理解：不正当竞争行为的种类
- 掌握：混淆行为的认定、商业贿赂行为认定及其例外、商业秘密的概念及侵犯商业秘密的方式、不正当有奖销售行为类型

**能力目标：**

- 能对不正当竞争行为进行准确判别
- 能说明日常商业竞争行为的合法与否及其责任

## 第一节　反不正当竞争法概述

### 一、反不正当竞争法的概念

反不正当竞争法的概念有广义与狭义之分。广义的反不正当竞争法是调整市场竞争过程中因规制不正当竞争行为而产生的社会关系的法律规范的总称。狭义的反不正当竞争法是《中华人民共和国反不正当竞争法》，中华人民共和国第八届全国人民代表大会常务委员会第三次会议于 1993 年 9 月 2 日通过，自 1993 年 12 月 1 日起施行。中华人民共和国第十二届全国人民代表大会常务委员会第三十次会议于 2017 年 11 月 4 日修订通过，自 2018 年 1 月 1 日起施行。

### 二、反不正当竞争法的基本原则

#### （一）自愿原则

自愿原则也是我国民法的基本原则。它是指公民、法人等任何民事主体在生产经营活动中都必须遵守自愿协商的原则，都有权按照自己的真实意愿独立自主地选择、决定交易对象和交易条件，建立和变更民事法律关系，并同时尊重对方的意愿和社会公共利益，不能将自己的意志强加给对方或任何第三方。

#### （二）平等与公平原则

平等原则是指当事人之间在生产经营活动中的法律地位平等，不论交易主体的财产所有制形式，都不受歧视平等参与市场竞争，一视同仁。公平原则强调在市场经济中，对任何经营者都只能以市场交易规则为准则，享受公平合理的对待，既不享有任何特权，也不履行任何不

公平的义务,权利与义务相一致。

### (三) 诚实信用原则

诚实信用原则,是指经营者在生产经营活动中,应当以诚待人,恪守信用,不得弄虚作假、为所欲为。诚实信用原则也是中国民法中规定的一项民事活动的基本原则。在市场经济活动中,遵守诚实信用原则具有特殊的重要意义。凡是正当经营的经营者,必然是诚实的、讲信用的,凡是不正当竞争的行为,必然违反诚实信用原则。

### (四) 遵守法律和商业道德

它要求经营者在生产经营活动中应当遵守法律和商业道德。传统意义上的商业道德应该主要体现在民事法律关系中,这一点最为核心的是民法的基本原则诚实信用原则。和同为民法的公平原则不同的是,诚实信用的原则是建立在交易道德基础上的当事人之间的公平的较量。也就是判断当事人的行为是否悖于诚实信用原则的首要的标准是是否有悖于交易道德,次之为当事人的利益是否因此而失衡。而真正商业道德和社会公德关系问题的凸显是在古典的自由经济的衰落和以垄断为标志的新的经济模式诞生所致。当人们尤其是消费者较之于垄断体而言,甚至是一般的企业,一般人的实际地位是不对等的,商业道德的遵守与否很可能害于普通人的利益。所以这个时候,也就是在经济法的范畴中的商业道德具有和社会公德很强的关联性。所以为了保护一般人尤其是消费者的利益,许多的商业上的道德被法律化,是企业和经营者们必须遵守的规范,否则便会受到法律的制裁。

# 第二节　不正当竞争行为

## 一、不正当竞争行为的概念

不正当竞争行为,是指经营者在生产经营活动中,违反本法规定,扰乱市场竞争秩序,损害其他经营者或者消费者的合法权益的行为。经营者,是指从事商品生产、经营或者提供服务(以下所称商品包括服务)的自然人、法人和非法人组织。

## 二、不正当竞争行为的种类

不正当竞争行为,是指经营者在市场竞争中,采取非法的或者有悖于公认的商业道德的手段和方式,损害其他经营者或消费者合法权益的行为。在现实生活中,不正当竞争行为五花八门、形形色色、举不胜举。所以,各个国家的竞争法律制度往往首先对不正当竞争行为作出概括性的规定,然后再具体列举出典型的、突出的、在一定时期内比较严重的不正当竞争行为,明文加以禁止。我国的反不正当竞争法列举出七种不正当竞争行为,现将这七种行为分述如下:

### (一) 混淆行为

1. 混淆行为的界定

混淆行为是指经营者在市场经营活动中,以种种不实手法对自己的商品或服务作虚假表示、说明或承诺,或不当利用他人的智力劳动成果推销自己的商品或服务,使用户或者消费者产生误解,扰乱市场秩序、损害同业竞争者的利益或者消费者利益的行为。

2. 行为种类

根据反不正当竞争法第 6 条的规定,下列行为均属于混淆行为:

(1)擅自使用与他人有一定影响的商品名称、包装、装潢等相同或者近似的标识。擅自使用知名商品特有的名称、包装、装潢,或者使用与知名商品近似的名称、包装、装潢,造成和他人的知名商品相混淆,使购买者误认为是该知名商品的,构成不正当竞争行为。所谓"知名商品",是指在市场上具有一定知名度,为相关公众所知悉的商品。所谓知名商品特有的名称,是指知名商品独有的与通用名称有显著区别的商品名称。

法律、行政规章之所以对知名商品特有的名称、包装、装潢进行保护,是因为商品特有的名称、包装、装潢是权利人创造性劳动的成果,在使用过程中,权利人投入一定的人力财力进行宣传,才使其由普通商品成为知名商品。他人擅自制造、使用、销售知名商品特有的名称、包装、装潢,目的在于利用其良好的商品信誉和一定的知名度推销自己的商品或牟取其他非法利益,其不正当属性是显而易见的。知名商品特有的名称、包装、装潢的归属,在有多人主张权利时,应当依照使用在先的原则予以认定。

(2)擅自使用他人有一定影响的企业名称(包括简称、字号等)、社会组织名称(包括简称等)、姓名(包括笔名、艺名、译名等)。企业名称及自然人个人的姓名,是其拥有者最具特色的、最基本的识别性符号。社会组织是为了实现特定的目标而有意识地组合起来的社会群体,如人类的企业、政府、学校、医院、社会团体等。社会组织具有民间性、自愿性、自治性、非营利性、公益性特征。企业名称权、社会组织名称权及公民姓名权是受法律保护的人格权中重要的组成部分。在市场经营活动中,企业名称和生产经营者的姓名是区分商品生产者、经营者或服务的提供者来源的重要标志,它能反映出该企业或该生产经营者的商品声誉及商业信誉。他人若要使用(无论出于什么目的)必须取得合法所有人的书面同意。擅自使用行为不仅侵犯他人的合法在先权利,也是对消费者的欺骗,对市场竞争规则的破坏。因此,反不正当竞争法予以明文禁止。

(3)擅自使用他人有一定影响的域名主体部分、网站名称、网页等。

域名是由一串用点分隔的名字组成的 Internet 上某一台计算机或计算机组的名称,用于在数据传输时标识计算机的电子方位。域名可以分为顶级域名、二级域名、三级域名等。顶级域名本身并不具有作为商业标识的显著识别性,而二级域名作为域名注册人的网上名称,属于域名主体部分,有着较强的搜索、访问网站的指引功能,具有商业标识意义上的识别性,其民事权益应当受到法律保护。未经权利人许可,在域名中擅自使用他人的注册商标或域名主体部分,构成侵权或不正当竞争,应当承担民事责任。在侵权人注册、使用的域名构成侵害商标权的情况下,无须认定该行为同时构成不正当竞争。权利人请求保护的商标、字号及域名基于同一事实,侵权人的被控侵权行为也是基于同一事实,在此情况下,人民法院可以合并审理基于同一事实发生的侵害商标权纠纷、侵害企业名称权纠纷和侵害网络域名纠纷。

(4)其他足以引人误认为是他人商品或者与他人存在特定联系的混淆行为。

当前,市场上有很多产品似曾相识,不同产品的商标、字号或企业名称具有相同或者相似的内容,消费者会认为是同一家公司的产品或者同一个生产者。新修订的《反不正当竞争法》对这种利用不同类别的商业标识制造市场混淆的行为作出规定,加大了对合法经营行为的保护力度。反不正当竞争法还有效衔接了商标法的相关规定,任何擅自使用他人具有一定影响的商业标识而产生的市场混淆行为,都将受到反不正当竞争法的规制。

### 3. 认定标准

混淆行为表现形式虽多种多样，反不正当竞争法择其要者列举出四种明文禁止。概括其行为要点如下：

（1）该行为的主体是从事市场经营活动的经营者。不是经营者，不构成此行为的主体如国家机关工作人员利用其特殊的身份进行欺骗行为，不属于该法规范的对象。

（2）经营者在市场经营活动中，客观上实施了本法第6条禁止的不正当竞争手段，如擅自使用与他人有一定影响的商品名称、包装、装潢等相同或者近似的标识，擅自使用他人有一定影响的企业名称（包括简称、字号等）、社会组织名称（包括简称等）、姓名（包括笔名、艺名、译名等），擅自使用他人有一定影响的域名主体部分、网站名称、网页。其实质在于盗用他人的劳动成果，利用其良好的商品声誉或者商业信誉为自己牟取非法利益。

（3）经营者的欺骗性行为已经或足以使用户或消费者误认，亦即这种欺骗行为达到了较为严重的程度。

### 4. 法律责任

本法第18条针对第6条所列不正当竞争行为作出了相应的行政处罚规定：经营者违反本法第六条规定实施混淆行为的，由监督检查部门责令停止违法行为，没收违法商品。违法经营额五万元以上的，可以并处违法经营额五倍以下的罚款；没有违法经营额或者违法经营额不足五万元的，可以并处二十五万元以下的罚款。情节严重的，吊销营业执照。经营者登记的企业名称违反本法第6条规定的，应当及时办理名称变更登记；名称变更前，由原企业登记机关以统一社会信用代码代替其名称。

## （二）商业贿赂行为

### 1. 商业贿赂行为的界定

商业贿赂是指经营者为争取交易机会，暗中给予交易对方有关人员或者其他能影响交易的相关人员以财物或其他好处的行为。商业贿赂的形式不胜枚举。在我国相当长一段时间内，以回扣、折扣、佣金、咨询费、介绍费等名义争取交易机会的现象非常普遍，如何判断其是否违法，我们必须以法律为标准，分析其实质特征，从而得出正确结论。

本法第7条规定，经营者不得采用财物或者其他手段贿赂下列单位或者个人，以谋取交易机会或者竞争优势：（一）交易相对方的工作人员；（二）受交易相对方委托办理相关事务的单位或者个人；（三）利用职权或者影响力影响交易的单位或者个人。经营者在交易活动中，可以以明示方式向交易相对方支付折扣，或者向中间人支付佣金。经营者向交易相对方支付折扣、向中间人支付佣金的，应当如实入账。接受折扣、佣金的经营者也应当如实入账。

经营者的工作人员进行贿赂的，应当认定为经营者的行为；但是，经营者有证据证明该工作人员的行为与为经营者谋取交易机会或者竞争优势无关的除外。

### 2. 认定标准

（1）行为的主体是经营者及其职工。

（2）行为的目的是争取市场交易机会，而非其他目的（如政治目的、提职、获取职称等）。

（3）有私下暗中给予他人财物和其他好处的行为，且达到一定数额。如若只是许诺给予财物，不构成该行为；给予的财物或好处数额过小，如为联络感情赠送小礼物，亦不构成该行为。

（4）该行为由行贿与受贿两方面构成。一方行贿，另一方不接受，不构成商业贿赂；一方索贿，另一方不给付，也不构成商业贿赂。

3. 法律责任

根据反不正当竞争法第19条的规定,经营者违反本法第7条规定贿赂他人的,由监督检查部门没收违法所得,处十万元以上三百万元以下的罚款。情节严重的,吊销营业执照。

**(三)虚假宣传行为**

1. 虚假宣传行为的界定

虚假宣传行为是指经营者利用广告和其他方法,对产品的质量、性能、成分、用途、产地等所作的引人误解的不实宣传。以广告或其他方式销售商品,是现代社会最常见的促销手段。但各类虚假广告和其他虚假宣传,或乱人视听,有害社会主义精神文明;或直接误导用户及消费者,使其作出错误的消费决策,引发了大量社会问题;或侵犯其他经营者,特别是同行业竞争对手的合法利益,造成公平竞争秩序的混乱。广告法、反不正当竞争法均将此类行为作为必须禁止的违法行为予以规范。

反不正当竞争法第8条规定,经营者不得对其商品的性能、功能、质量、销售状况、用户评价、曾获荣誉等作虚假或者引人误解的商业宣传,欺骗、误导消费者。经营者不得通过组织虚假交易等方式,帮助其他经营者进行虚假或者引人误解的商业宣传。

2. 认定标准

(1)行为的主体是经营者、广告主、广告制作者和广告发布者。在某些情况下,几者身份可能重叠。

(2)上述主体实施了虚假宣传行为。

(3)上述虚假广告或虚假宣传达到了引人误解的程度,因而具有社会危害性。

(4)主观方面,广告商在明知或应知情况下,方对虚假广告负法律责任;对广告主和经营者,则不论其主观上处于何种状态,均必须对虚假广告承担法律责任。

3. 法律责任

(1)经营者的法律责任。反不正当竞争法第20条规定,经营者违反本法第8条规定对其商品作虚假或者引人误解的商业宣传,或者通过组织虚假交易等方式帮助其他经营者进行虚假或者引人误解的商业宣传的,由监督检查部门责令停止违法行为,处二十万元以上一百万元以下的罚款;情节严重的,处一百万元以上二百万元以下的罚款,可以吊销营业执照。经营者违反本法第八条规定,属于发布虚假广告的,依照《中华人民共和国广告法》的规定处罚。广告法第55条规定,违反本法规定,发布虚假广告的,由工商行政管理部门责令停止发布广告,责令广告主在相应范围内消除影响,处广告费用三倍以上五倍以下的罚款,广告费用无法计算或者明显偏低的,处二十万元以上一百万元以下的罚款;两年内有三次以上违法行为或者其他严重情节的,处广告费用五倍以上十倍以下的罚款,广告费用无法计算或者明显偏低的,处一百万元以上二百万元以下的罚款,可以吊销营业执照,并由广告审查机关撤销广告审查批准文件、一年内不受理其广告审查申请。

(2)连带责任。广告法第56条规定:违反本法规定,发布虚假广告,欺骗、误导消费者,使购买商品或者接受服务的消费者的合法权益受到损害的,由广告主依法承担民事责任。广告经营者、广告发布者不能提供广告主的真实名称、地址和有效联系方式的,消费者可以要求广告经营者、广告发布者先行赔偿。关系消费者生命健康的商品或者服务的虚假广告,造成消费者损害的,其广告经营者、广告发布者、广告代言人应当与广告主承担连带责任。前款规定以外的商品或者服务的虚假广告,造成消费者损害的,其广告经营者、广告发布者、广告代言人,明知或者应知广告虚假仍设计、制作、代理、发布或者作推荐、证明的,应当与广告主承担连带责任。

### (四) 侵犯商业秘密行为

#### 1. 商业秘密的概念

商业秘密是指不为公众所知悉,能为权利人带来经济利益,具有实用性并经权利人采取保密措施的技术信息和经营信息。商业秘密权是权利人劳动成果的结晶,商业秘密权是权利人拥有的一种无形财产权,反不正当竞争法将侵犯商业秘密行为作为不正当竞争行为予以禁止是十分必要的。商业秘密不同于专利和注册商标,它可以为多个权利主体同时拥有和使用,只要获得及使用手段合法。如自主研究开发,或者通过反向工程破译他人商业秘密等。

#### 2. 侵犯商业秘密行为的界定

侵犯商业秘密行为是指以不正当手段获取、披露、使用他人商业秘密的行为。反不正当竞争法第9条以及国家工商行政管理局《关于禁止侵犯商业秘密行为的若干规定》指出,经营者不得实施下列侵犯商业秘密的行为:(一) 以盗窃、贿赂、欺诈、胁迫或者其他不正当手段获取权利人的商业秘密;(二) 披露、使用或者允许他人使用以前项手段获取的权利人的商业秘密;(三) 违反约定或者违反权利人有关保守商业秘密的要求,披露、使用或者允许他人使用其所掌握的商业秘密。第三人明知或者应知商业秘密权利人的员工、前员工或者其他单位、个人实施前款所列违法行为,仍获取、披露、使用或者允许他人使用该商业秘密的,视为侵犯商业秘密。第三人的行为与侵权人构成共同侵权。

#### 3. 认定标准

(1) 认定是否构成侵权,必须首先依法确认商业秘密确实存在。

(2) 行为主体可以是经营者,也可以是其他人。反不正当竞争法规范的各种不正当竞争行为的实施者,绝大多数要求其具有经营者的身份,而侵犯商业秘密的人则不受该限制。

(3) 客观上,行为主体实施了侵犯他人商业秘密的行为。实施的方式有盗窃、利诱、胁迫或不当披露、使用等。

(4) 以非法手段获取、披露或者使用他人商业秘密的行为已经或可能给权利人带来损害后果。

#### 4. 法律责任

反不正当竞争法第21条对侵犯商业秘密行为规定了处罚方式,即由监督检查部门责令停止违法行为,处十万元以上五十万元以下的罚款;情节严重的,处五十万元以上三百万元以下的罚款。实践中,权利人还可依照合同法、劳动法的有关规定,对违反约定侵犯商业秘密的行为要求制裁。此外,我国刑法第219条规定了侵犯商业秘密罪。

### (五) 不正当有奖销售行为

#### 1. 不正当有奖销售行为的界定

不正当有奖销售是指经营者在销售商品或提供服务时,以提供奖励(包括金钱、实物、附加服务等)为名,实际上采取欺骗或者其他不当手段损害用户、消费者的利益,或者损害其他经营者合法权益的行为。不正当有奖销售行为包括欺骗性有奖销售、信息不明确有奖销售、最高奖金超过50 000元的抽奖式有奖销售。反不正当竞争法第10条规定,经营者进行有奖销售不得存在下列情形:(一) 所设奖的种类、兑奖条件、奖金金额或者奖品等有奖销售信息不明确,影响兑奖;(二) 采用谎称有奖或者故意让内定人员中奖的欺骗方式进行有奖销售;(三) 抽奖式的有奖销售,最高奖的金额超过五万元。

2. 认定标准

(1) 不正当有奖销售的主体是经营者。

(2) 经营者实施了法律禁止的不正当有奖销售行为。如欺骗性有奖销售或巨奖销售。

(3) 经营者实施不正当有奖销售，目的在于争夺顾客，扩大市场份额，排挤竞争对手。

3. 法律责任

根据反不正当竞争法第 22 条的规定，经营者违反本法第 10 条的规定进行有奖销售的，由监督检查部门责令停止违法行为，处五万元以上五十万元以下的罚款。有关当事人因有奖销售活动中的不正当竞争行为受到侵害的，可根据本法第 17 条的规定，向人民法院起诉，请求赔偿。

### (六) 诋毁商誉行为

1. 诋毁商誉行为的界定

诋毁商誉行为是指经营者捏造、散布虚假事实，损害竞争对手的商业信誉、商品声誉，从而削弱其竞争力的行为。商誉是社会公众对市场经营主体名誉的综合性积极评价。它是经营者长期努力追求，刻意创造，并投入一定的金钱、时间及精力才取得的。良好的商誉本身就是一笔巨大的无形财富。在经济活动中，最终又通过有形的形式（如销售额、利润）回报它的所有人、使用人。法律对通过积极劳动获得的商誉给予尊重和保护，对以不正当手段侵犯竞争者商誉的行为予以严厉制裁。反不正当竞争法第 11 条规定，经营者不得编造、传播虚假信息或者误导性信息，损害竞争对手的商业信誉、商品声誉。

2. 认定标准

(1) 行为的主体是市场经营活动中的经营者，其他经营者如果受其指使从事诋毁商誉行为的，可构成共同侵权人。新闻单位被利用和被唆使的，仅构成一般的侵害他人名誉权行为，而非不正当竞争行为。

(2) 经营者实施了诋毁商誉行为，如通过广告、新闻发布会等形式捏造、散布虚假事实，使用户、消费者不明真相产生怀疑心理，不敢或不再与受诋毁的经营者进行交易活动。若发布的消息是真实的，则不构成诋毁行为。

(3) 诋毁行为是针对一个或多个特定竞争对手的。如果捏造、散布的虚假事实不能与特定的经营者相联系，商誉主体的权利便不会受到侵害。应注意的是，对比性广告通常以同行业所有其他经营者为竞争对手而进行贬低宣传，此时应认定为商业诋毁行为。

(4) 经营者对其他竞争者进行诋毁，其目的是败坏对方的商誉，其主观心态出于故意是显而易见的。

3. 法律责任

经营者违反本法第 11 条规定损害竞争对手商业信誉、商品声誉的，由监督检查部门责令停止违法行为、消除影响，处十万元以上五十万元以下的罚款；情节严重的，处五十万元以上三百万元以下的罚款。

### (七) 利用技术手段在互联网领域从事不正当竞争行为

1. 利用技术手段在互联网领域从事不正当竞争行为的界定

反不正当竞争法第 12 条规定经营者利用网络从事生产经营活动，应当遵守本法的各项规定。经营者不得利用网络技术或者应用服务实施下列影响用户选择、干扰其他经营者正常经营的行为：（一）未经用户同意，通过技术手段阻止用户正常使用其他经营者的网络应用服务；

（二）未经许可或者授权，在其他经营者提供的网络应用服务中插入链接，强制进行目标跳转；

（三）误导、欺骗、强迫用户修改、关闭、卸载或者不能正常使用他人合法提供的网络应用服务；

（四）未经许可或者授权，干扰或者破坏他人合法提供的网络应用服务的正常运行。

互联网领域中的不正当竞争行为类型有以下六种：损害竞争对手商誉的行为；侵犯商业秘密的行为；流量劫持行为；利用客户端软件破坏、干扰他人合法产品或服务行为；商业抄袭行为；网络搭便车行为。互联网经济形态中，最重要的资源既不是传统意义上的资本，也不是信息本身，而是注意力。互联网世界，信息传递方式扁平化，信息量爆炸式增长，加剧了注意力的稀缺性。由于技术变化对互联网行业的刺激远强于其他行业，相比传统行业对用户的争夺，互联网领域对注意力的争夺更加激烈和频繁。这个特点造就了互联网领域中不正当竞争行为与传统不正当竞争行为的不同特点，即技术的发展变化可在一个阶段同时催生和消灭大量新型不正当竞争行为。

2. 认定标准

（1）主体为互联网经营者，即从事互联网经营的法人、其他经济组织和个人。

（2）经营者为商业目的，利用网络技术，实施影响用户选择、干扰其他经营者正常经营的行为。

（3）经营者的行为影响了用户的正常使用，干扰了其他经营者的正常经营。

3. 法律责任

经营者违反本法第12条规定妨碍、破坏其他经营者合法提供的网络产品或者服务正常运行的，由监督检查部门责令停止违法行为，处十万元以上五十万元以下的罚款；情节严重的，处五十万元以上三百万元以下的罚款。

# 第三节  对涉嫌不正当竞争行为的调查

## 一、调查部门

我国反不正当竞争法在总则中确定县级以上人民政府工商行政管理部门对不正当竞争行为进行查处。法律、行政法规规定由其他部门查处的，依照其规定。所谓其他部门，主要指与市场管理有关的其他行政职能部门，如质量技术监督部门、物价部门、食品卫生行政管理部门等。

## 二、监督检查职权

根据反不正当竞争法第13条的规定，调查部门的职权有以下五项：（一）进入涉嫌不正当竞争行为的经营场所进行检查；（二）询问被调查的经营者、利害关系人及其他有关单位、个人，要求其说明有关情况或者提供与被调查行为有关的其他资料；（三）查询、复制与涉嫌不正当竞争行为有关的协议、账簿、单据、文件、记录、业务函电和其他资料；（四）查封、扣押与涉嫌不正当竞争行为有关的财物；（五）查询涉嫌不正当竞争行为的经营者的银行账户。

采取前款规定的措施，应当向监督检查部门主要负责人书面报告，并经批准。采取前款第四项、第五项规定的措施，应当向设区的市级以上人民政府监督检查部门主要负责人书面报告，并经批准。

监督检查部门调查涉嫌不正当竞争行为，应当遵守《中华人民共和国行政强制法》和其他有关法律、行政法规的规定,并应当将查处结果及时向社会公开。

另外,本法还规定:监督检查部门调查涉嫌不正当竞争行为,被调查的经营者、利害关系人及其他有关单位、个人应当如实提供有关资料或者情况。监督检查部门及其工作人员对调查过程中知悉的商业秘密负有保密义务。对涉嫌不正当竞争行为,任何单位和个人有权向监督检查部门举报,监督检查部门接到举报后应当依法及时处理。监督检查部门应当向社会公开受理举报的电话、信箱或者电子邮件地址,并为举报人保密。对实名举报并提供相关事实和证据的,监督检查部门应当将处理结果告知举报人。

# 第四节　法律责任

反不正当竞争法是规范各种竞争行为的,它除了调整经营者之间的竞争关系外,还涉及监督检查部门在行使维护竞争权、市场管理权时与经营者之间的关系调整。因此,下列行为均属违反该法的行为:各种不正当竞争行为;监督检查不正当竞争行为的国家工作人员违反该法规定的行为。对于这些涉及不正当竞争行为的违法、犯罪行为,均应承担相应的法律责任。

## 一、行政责任

各级工商行政管理部门是反不正当竞争法规定的监督检查部门,具有行政执法职能。反不正当竞争法几乎对每一种不正当竞争行为都规定了制裁措施。这些行政制裁措施归纳起来有:(1) 责令停止违法行为,消除影响;(2) 没收违法所得;(3) 罚款;(4) 吊销营业执照;(5) 责令改正;(6) 给予行政处分。本法对经营者主动消除违法行为的后果做了明确规定。经营者违反本法规定从事不正当竞争,有主动消除或者减轻违法行为危害后果等法定情形的,依法从轻或者减轻行政处罚;违法行为轻微并及时纠正,没有造成危害后果的,不予行政处罚。本法还规定经营者违反本法规定从事不正当竞争,受到行政处罚的,由监督检查部门记入信用记录,并依照有关法律、行政法规的规定予以公示。妨害监督检查部门依照本法履行职责,拒绝、阻碍调查的,由监督检查部门责令改正,对个人可以处五千元以下的罚款,对单位可以处五万元以下的罚款,并可以由公安机关依法给予治安管理处罚。监督检查部门的工作人员滥用职权、玩忽职守、徇私舞弊或者泄露调查过程中知悉的商业秘密的,依法给予处分。本法第29条规定了救济措施,即当事人对监督检查部门作出的决定不服的,可以依法申请行政复议或者提起行政诉讼。

## 二、民事责任

为保护合法经营者的正当竞争权利,本法第17条规定:经营者违反本法规定,给他人造成损害的,应当依法承担民事责任。经营者的合法权益受到不正当竞争行为损害的,可以向人民法院提起诉讼。因不正当竞争行为受到损害的经营者的赔偿数额,按照其因被侵权所受到的实际损失确定;实际损失难以计算的,按照侵权人因侵权所获得的利益确定。赔偿数额还应当包括经营者为制止侵权行为所支付的合理开支。

经营者违反本法第6条、第9条规定,权利人因被侵权所受到的实际损失、侵权人因侵权所获得的利益难以确定的,由人民法院根据侵权行为的情节判决给予权利人三百万元以下的赔偿。

本法第27条对经营者同时应承担民事责任、行政责任、刑事责任的情况下财产不足以支付时如何处理也做了明确规定。经营者违反本法规定,应当承担民事责任、行政责任和刑事责任,其财产不足以支付的,优先用于承担民事责任。

## 三、刑事责任

对情节严重的不正当竞争行为给予刑事处罚,是各国竞争法的通行做法。我国反不正当竞争法对下列三种行为,即商标侵权行为,销售伪劣商品的行为,商业贿赂行为可以追究刑事责任。此外,广告法、价格法、招标投标法中也有刑事制裁的规定。刑法也将侵犯商业秘密犯罪作为罪行之一予以制裁。

## ▌▌▌ 本章小结：▌▌▌

本章介绍了反不正当竞争法的概念、基本原则,详细论述了七种不正当竞争行为及其认定标准和法律责任。不正当竞争行为包括混淆行为、商业贿赂行为、虚假宣传行为、侵犯商业秘密行为、不正当有奖销售行为、诋毁商誉行为以及利用互联网进行不正当竞争的行为。不正当竞争行为根据其表现和情节,应当承当相应的行政责任、民事责任和刑事责任。

**思考题:**
1. 反不正当竞争法的基本原则有哪些?
2. 七类不正当竞争行为的内容?

## ▌▌▌ 典型案例及分析：▌▌▌

**基本案情**

原告北京百度网讯科技有限公司(以下简称百度公司)诉称:其拥有的 www. baidu. com 网站(以下简称百度网站)是中文搜索引擎网站。三被告青岛奥商网络技术有限公司(以下简称奥商网络公司)、中国联合网络通信有限公司青岛市分公司(以下简称联通青岛公司)、中国联合网络通信有限公司山东省分公司(以下简称联通山东公司)在山东省青岛地区,利用网通的互联网接入网络服务,在百度公司网站的搜索结果页面强行增加广告的行为,损害了百度公司的商誉和经济效益,违背了诚实信用原则,构成不正当竞争。请求判令:1. 奥商网络公司、联通青岛公司的行为构成对原告的不正当竞争行为,并停止该不正当竞争行为;第三人承担连带责任;2. 三被告在报上刊登声明以消除影响;3. 三被告共同赔偿原告经济损失 480 万元和因本案的合理支出 10 万元。

被告奥商网络公司辩称:其不存在不正当竞争行为,不应赔礼道歉和赔偿 480 万元。

被告联通青岛公司辩称:原告没有证据证明其实施了被指控行为,没有提交证据证明遭受的实际损失,原告与其不存在竞争关系,应当驳回原告全部诉讼请求。

被告联通山东公司辩称:原告没有证据证明其实施了被指控的不正当竞争或侵权行为,承担连带责任没有法律依据。

第三人青岛鹏飞国际航空旅游服务有限公司(以下简称鹏飞航空公司)述称:本案与第三人无关。

法院经审理查明:百度公司经营范围为互联网信息服务业务,核准经营网址为 www.baidu.com 的百度网站,主要向网络用户提供互联网信息搜索服务。奥商网络公司经营范围包括网络工程建设、网络技术应用服务、计算机软件设计开发等,其网站为 www.og.com.cn。该公司在上述网站"企业概况"中称其拥有 4 个网站:中国奥商网(www.og.com.cn)、讴歌网络营销伴侣(www.og.net.cn)、青岛电话实名网(www.0532114.org)、半岛人才网(www.job17.com)。该公司在其网站介绍其"网络直通车"业务时称:无须安装任何插件,广告网页强制出现。介绍"搜索通"产品表现形式时,以图文方式列举了下列步骤:第一步在搜索引擎对话框中输入关键词;第二步优先出现网络直通车广告位(5 秒钟展现);第三步同时点击上面广告位直接进入宣传网站新窗口;第四步 5 秒后原窗口自动展示第一步请求的搜索结果。该网站还以其他形式介绍了上述服务。联通青岛公司的经营范围包括因特网接入服务和信息服务等,青岛信息港(域名为 qd.sd.cn)为其所有的网站。"电话实名"系联通青岛公司与奥商公司共同合作的一项语音搜索业务,网址为 www.0532114.org 的"114 电话实名语音搜索"网站表明该网站版权所有人为联通青岛公司,独家注册中心为奥商网络公司。联通山东公司经营范围包括因特网接入服务和信息服务业务。其网站(www.sdcnc.cn)显示,联通青岛公司是其下属分公司。鹏飞航空公司经营范围包括航空机票销售代理等。

2009 年 4 月 14 日,百度公司发现通过山东省青岛市网通接入互联网,登录百度网站(www.baidu.com),在该网站显示对话框中:输入"鹏飞航空",点击"百度一下",弹出显示有"打折机票抢先拿就打 114"的页面,迅速点击该页面,打开了显示地址为 http://air.qd.sd.cn/ 的页面;输入"青岛人才网",点击"百度一下",弹出显示有"找好工作到半岛人才网 www.job17.com"的页面,迅速点击该页面中显示的"马上点击",打开了显示地址为 http://www.job17.com/ 的页面;输入"电话实名",点击"百度一下",弹出显示有"查信息打 114,语音搜索更好用"的页面,随后该页面转至相应的"电话实名"搜索结果页面。百度公司委托代理人利用公证处的计算机对登录百度搜索等网站操作过程予以公证,公证书记载了前述内容。经专家论证,所链接的网站(http://air.qd.sd.cn/)与联通山东公司的下属网站青岛信息港(www.qd.sd.cn)具有相同域(qd.sd.cn),网站 air.qd.sd.cn 是联通山东公司下属网站青岛站点所属。

**裁判结果**

山东省青岛市中级人民法院于 2009 年 9 月 2 日做出(2009)青民三初字第 110 号民事判决:一、奥商网络公司、联通青岛公司于本判决生效之日起立即停止针对百度公司的不正当竞争行为,即不得利用技术手段,使通过联通青岛公司提供互联网接入服务的网络用户,在登录百度网站进行关键词搜索时,弹出奥商网络公司、联通青岛公司的广告页面;二、奥商网络公司、联通青岛公司于本判决生效之日起十日内赔偿百度公司经济损失二十万元;三、奥商网络公司、联通青岛公司于本判决生效之日起十日内在各自网站首页位置上刊登声明以消除影响,声明刊登时间应为连续的十五天;四、驳回百度公司的其他诉讼请求。宣判后,联通青岛公司、奥商网络公司提起上诉。山东省高级人民法院于 2010 年 3 月 20 日做出(2010)鲁民三终字第 5-2 号民事判决,驳回上诉,维持原判。

**裁判理由**

法院生效裁判认为:本案百度公司起诉奥商网络公司、联通青岛公司、联通山东公司,要求其停止不正当竞争行为并承担相应的民事责任。据此,判断原告的主张能否成立应按以下步骤进行:一、本案被告是否实施了被指控的行为;二、如果实施了被指控行为,该行为是否构成不正当竞争;三、如果构成不正当竞争,如何承担民事责任。

一、关于被告是否实施了被指控的行为

域名是互联网络上识别和定位计算机的层次结构式的字符标识。根据查明的事实,www. job17. com 系奥商网络公司所属的半岛人才网站,"电话实名语音搜索"系联通青岛公司与奥商网络公司合作经营的业务。域名 qd. sd. cn 属于联通青岛公司所有,并将其作为"青岛信息港"的域名实际使用。air. qd. sd. cn 作为 qd. sd. cn 的子域,是其上级域名 qd. sd. cn 分配与管理的。联通青岛公司作为域名 qd. sd. cn 的持有人否认域名 air. qd. sd. cn 为其所有,但没有提供证据予以证明,应认定在公证保全时该子域名的使用人为联通青岛公司。

在互联网上登录搜索引擎网站进行关键词搜索时,正常出现的应该是搜索引擎网站搜索结果页面,不应弹出与搜索引擎网站无关的其他页面,但是在联通青岛公司所提供的网络接入服务网络区域内,却出现了与搜索结果无关的广告页面强行弹出的现象。这种广告页面的弹出并非接入互联网的公证处计算机本身安装程序所导致,联通青岛公司既没有证据证明在其他网络接入服务商网络区域内会出现同样情况,又没有对在其网络接入服务区域内出现的上述情况给予合理解释,可以认定在联通青岛公司提供互联网接入服务的区域内,对于网络服务对象针对百度网站所发出的搜索请求进行了人为干预,使干预者想要发布的广告页面在正常搜索结果页面出现前强行弹出。

关于上述干预行为的实施主体问题,从查明的事实来看,奥商网络公司在其主页中对其"网络直通车"业务的介绍表明,其中关于广告强行弹出的介绍与公证保全的形式完全一致,且公证保全中所出现的弹出广告页面"半岛人才网""114 电话语音搜索"均是其正在经营的网站或业务。因此,奥商网络公司是该干预行为的受益者,在其没有提供证据证明存在其他主体为其实施上述广告行为的情况下,可以认定奥商网络公司是上述干预行为的实施主体。

关于联通青岛公司是否被控侵权行为的实施主体问题,奥商网络公司这种干预行为不是通过在客户端计算机安装插件、程序等方式实现,而是在特定网络接入服务区域内均可实现,因此这种行为如果没有网络接入服务商的配合则无法实现。联通青岛公司没有证据证明奥商网络公司是通过非法手段干预其互联网接入服务而实施上述行为。同时,联通青岛公司是域名 air. qd. sd. cn 的所有人,因持有或使用域名而侵害他人合法权益的责任,由域名持有者承担。联通青岛公司与奥商网络公司合作经营电话实名业务,即联通青岛公司也是上述行为的受益人。因此,可以认定联通青岛公司也是上述干预行为的实施主体。

关于联通山东公司是否实施了干预行为,因联通山东公司、联通青岛公司同属于中国联合网络通信有限公司分支机构,无证据证明两公司具有开办和被开办的关系,也无证据证明联通山东公司参与实施了干预行为,联通青岛公司作为民事主体有承担民事责任的资格,故对联通山东公司的诉讼请求,不予支持。百度公司将鹏飞航空公司作为本案第三人,但是在诉状及庭审过程中并未指出第三人有不正当竞争行为,也未要求第三人承担民事责任,故将鹏飞航空公司作为第三人属于列举当事人不当,不予支持。

二、关于被控侵权行为是否构成不正当竞争

《中华人民共和国反不正当竞争法》(简称《反不正当竞争法》)第二章第五条至第十五条,对不正当竞争行为进行了列举式规定,对于没有在具体条文中列举的行为,只有按照公认的商业道德和普遍认识能够认定违反该法第二条原则性规定时,才可以认定为不正当竞争行为。判断经营者的行为构成不正当竞争,应当考虑以下方面:一是行为实施者是反不正当竞争法意义上的经营者;二是经营者从事商业活动时,没有遵循自愿、平等、公平、诚实信用原则,违反了反不正当竞争法律规定和公认的商业道德;三是经营者的不正当竞争行为损害正当经营者的合法权益。

首先,根据《反不正当竞争法》第二条有关经营者的规定,经营者的确定并不要求原、被告属同一行业或服务类别,只要是从事商品经营或者营利性服务的市场主体,就可成为经营者。联通青岛公司、奥商网络公司与百度公司均属于从事互联网业务的市场主体,属于反不正当竞争法意义上的经营者。虽然联通青岛公司是互联网接入服务经营者,百度公司是搜索服务经营者,服务类别上不完全相同,但是联通青岛公司实施的在百度搜索结果出现之前弹出广告的商业行为,与百度公司的付费搜索模式存在竞争关系。

其次,在市场竞争中存在商业联系的经营者,违反诚信原则和公认商业道德,不正当地妨碍了其他经营者正当经营,并损害其他经营者合法权益的,可以依照《反不正当竞争法》第二条的原则性规定,认定为不正当竞争。尽管在互联网上发布广告、进行商业活动与传统商业模式有较大差异,但是从事互联网业务的经营者仍应当通过诚信经营、公平竞争来获得竞争优势,不能未经他人许可,利用他人的服务行为或市场份额来进行商业运作并从中获利。联通青岛公司与奥商网络公司实施的行为,是利用了百度网站搜索引擎在我国互联网用户中被广泛使用优势,利用技术手段,让使用联通青岛公司提供互联网接入服务的网络用户,在登录百度网站进行关键词搜索时,在正常搜索结果显示前强行弹出奥商公司发布的与搜索的关键词及内容有紧密关系的广告页面。这种行为诱使本可能通过百度公司搜索结果检索相应信息的网络用户点击该广告页面,影响了百度公司向网络用户提供付费搜索服务与推广服务,属于利用百度公司提供的搜索服务来为自己牟利。该行为既没有征得百度公司同意,又违背了使用其互联网接入服务用户的意志,容易导致上网用户误以为弹出的广告页面系百度公司所为,会使上网用户对百度公司提供服务的评价降低,对百度公司的商业信誉产生不利影响,损害了百度公司的合法权益,同时也违背了诚实信用和公认的商业道德,已构成不正当竞争。

三、关于民事责任的承担

由于联通青岛公司与奥商网络公司共同实施了不正当竞争行为,依照《中华人民共和国民法通则》第一百三十条的规定应当承担连带责任。依照《中华人民共和国民法通则》第一百三十四条、《反不正当竞争法》第二十条的规定,应当承担停止侵权、赔偿损失、消除影响的民事责任。首先,奥商网络公司、联通青岛公司应当立即停止不正当竞争行为,即不得利用技术手段使通过联通青岛公司提供互联网接入服务的网络用户,在登录百度网站进行关键词搜索时,弹出两被告的广告页面。其次,根据原告为本案支出的合理费用、被告不正当竞争行为的情节、持续时间等,酌定两被告共同赔偿经济损失20万元。最后,互联网用户在登录百度进行搜索时,面对弹出的广告页面,通常会认为该行为系百度公司所为。因此两被告的行为给百度公司造成了一定负面影响,应当承担消除影响的民事责任。由于该行为发生在互联网上,且发生在联通青岛公司提供互联网接入服务的区域内,故确定两被告应在其各自网站的首页上刊登消除影响的声明。

**案例分析**

从事互联网服务的经营者,在其他经营者网站的搜索结果页面强行弹出广告的行为,违反诚实信用原则和公认商业道德,妨碍其他经营者正当经营并损害其合法权益,可以依照《中华人民共和国反不正当竞争法》第二条的原则性规定认定为不正当竞争。

# 第十一章　广　告　法

**◆ 知识目标:**

- 了解:广告的概念、广告要素、广告法律责任
- 理解:广告法的调整对象、广告法的基本原则、广告活动主体的义务
- 掌握:广告的特征、一般广告准则的内容

**◆ 能力目标:**

- 能对一则广告从广告特征、广告要素的角度进行点评
- 能对现实生活中的违法广告进行认定并说明违反广告准则的哪些要求

## 第一节　广告及广告法概述

### 一、广告概述

1. 广告定义

一般地,广告有广义和狭义之分。广义的广告泛指一切要引起他人注意的宣传活动和宣传手段;狭义的广告则仅指各种营利组织的广告,即商业广告,是指商品经营者或者服务提供者承担费用,通过一定媒介和形式直接或者间接地介绍自己所推销的商品或者所提供的服务的宣传活动。

2. 广告特征

(1)针对对象的非个体性。(2)有特定的广告主。任何一个广告都是由一定的人或组织为一定的目的而发起的。广告主是指为推销商品或提供服务,自行或委托他人设计制作、代理发布广告的法人、其他经济组织或个人。

(3)支付一定的费用。

(4)传达一定信息。

(5)通过一定的传播媒介。

(6)具有一定的经济效益。

3. 广告要素

一则广告通常由两部分构成,即视觉形象要素和听觉形象要素。

在视觉形象要素中又有文字与图画之分。文字形象要素主要包括广告的标题、正文、口号和附文;图画形象要素是指除文字以外的一切视觉形象要素,既包括静态的绘画、商标、品牌、外缘和空白五部分构成。

广告的视觉要素在不同的广告文体、媒体的运用上,其形式、结构是不尽相同的。一般来说,印刷广告具有较完整的文字形象要素,标题、正文、标语口号、附文几乎样样俱全。但也有印刷广告以图示为主,文字形象仅保留标题或口号。电波广告一般常有较显著的广告口号,而标题很少使用。户外广告文字部分都很洗练,不但正文部分很简短,而且有的户外广告仅以标题和口号出现。但也有的户外广告,如招贴广告,不但标题、口号、正文、附文样样俱全,而且正文部分也很详细具体。

听觉形象要素一般由广告词、音乐、音响三部分组成,广泛使用于广播、电视、电影、幻灯、录像等广告之中,虽各具特色,但都注重听觉效果和传播效益。广告听觉形象要素一般在广播、电视、电影幻灯和录像等广告中使用。

这些广告构成要素在不同的广告文体、媒体的运用上,其形式、结构也不尽相同。

## 二、广告法概述

### 1. 关于广告法的概念

"广告法"的概念,我国法学界还没有一个权威的定义,通常认为广告法有广义和狭义之分。狭义的广告法是国家立法机关依照一定的法律程序所制定的专门调整广告活动的法律,即广告法典,特指《中华人民共和国广告法》这部法典,1994年10月27日颁布,2015年4月24日第十二届全国人民代表大会常务委员会第十四次会议修订,共六章七十五条。广义的广告法是指用来调整广告管理、广告活动的强制性行为规范的总称。广义的广告法除了《广告法》以外,还包括了国务院及有关主管部门制定和颁布的广告管理的行政法规和规章,以及地方性法规、规章等等,具体来讲包括:(1) 国务院制定的行政法规;(2) 国家广告管理职能机关和其他有关部门制定的广告管理规章;(3) 地方人民代表大会制定的地方性广告法规;(4) 设区的市以上的地方人民政府根据法律和国务院的行政法规制定发布的广告管理规章等。另外,与广告管理、广告活动相关的国家法律和其他行政性法规,也是属于广义的广告法的一部分。

### 2. 广告法的历史及中国广告法制体系

1907年,英国颁布了第一个《广告法》,这是国外广告管理史上最早的比较完整的广告法。美国是实施广告管理最典型的国家,早在1911年,在美国广告联合会的前身,广告联合俱乐部开展广告诚实化运动的基础上制定了世界闻名的《普令泰因克广告法案》。1975年,美国广播事业协会订立了《美国电视广告规范》,为行业自律规范。法国于1968年制定《消费者价格表示法》、《防止不正当行为表示法》、《禁止附带赠品销售法》等有关法律,对广告活动中的有关内容做出了严格限制,使广告活动能在法律规定范围内进行。

在我国,广告法规起步较晚,广告法规的建立健全则是改革开放后的事情。1982年6月,国务院颁布《广告管理暂行条例》。1987年10月26日,国务院正式颁布了《广告管理条例》,于1987年12月1日起施行。根据《广告管理条例》,1988年1月9日国家工商行政管理局发布了《广告管理条例施行细则》。直到1994年,经中华人民共和国第八届全国人民代表大会第十次会议审议通过了《中华人民共和国广告法》(以下简称《广告法》),并于1995年2月1日起施行。从而使我国的广告业走上了法制化轨道。2015年4月24日第十二届全国人民代表大会常务委员会第十四次会议对该法进行了修订,修订后的广告法2015年9月1日起施行。

随着社会主义市场经济的发展,中国广告法制建设也日趋完善,基本建立起了多层次、多方位、多角度的广告法制体系。中国广告法制体系是以《广告法》为核心和主干,以《广告管理条例》为必要补充、以国家工商局单独或会同有关部门制定的行政规章和规定为具体操作依据、以地方行政规定为实际针对性措施、以行业自律规则为司法行政措施的重要补充的多层次法制体系。它包括一部法律《广告法》、一部法规《广告管理条例》、20多项部门行政规章和规定以及据此制定的一些地方性行政规定等等。内容纷繁复杂,涉及面十分广泛。

3. 广告法的性质和立法目的

(1)广告法的性质

广告法是我国政治、法律制度的一个组成部分,它是由国家制定或者认可,体现国家意志,以国家强制力手段来保证实施的行为规范,广告法规既是我国广告管理机关进行广告管理的主要依据,又是广告主、广告经营者、广告发布者从事广告活动应当遵循的基本原则。在我国,广告法属于经济法范畴。

(2)广告法的立法目的

《广告法》属于广告界的根本大法。《广告法》的出现,使我国广告业的发展真正达到了有法可依、有法可循的状态。《广告法》与以往国家行政部门颁布的行关法规构成完整的广告法管理体系。广告法的立法目的概括来讲有以下几个方面:第一,促进广告业的健康发展。广告业属于知识密集、技术密集、智力密集、人才密集的高新技术产业。第二,保护消费者合法权益。在我国,消费者的合法权益受到法律的保护。按照《消费者权益保护法》的规定,消费者享有知情权。第三,维护社会主义市场经济秩序,发挥广告积极作用。我国广告法立法目的就是依法保护正当广告活动,防止和打击虚假广告现象,充分发挥广告的积极作用,充分保护消费者的合法权益,促进我国广告业的健康发展。

4. 广告法的调整对象

广告法作为一个独立的法律部门,有着其特定的调整范围和调整对象。从行为主体对象而言,《广告法》第二条第一款规定:"在中华人民共和国境内,商品经营者或者服务提供者通过一定媒介和形式直接或者间接地介绍自己所推销的商品或者服务的商业广告活动,适用本法。"从广告形式而言,只调整商业广告。从法律定义来看,我国《广告法》仅仅调整商业广告,公益广告、政府广告及分类广告等其他类型的广告应当有《民法通则》、《合同法》等法律来调整。

5. 广告法的基本原则

(1)公平原则。1937年通过的《国际广告行为准则》第1条明确规定:"任何广告不得有违反通行的公平标准的声明或陈述。"这一规定基本上可以作为"公平原则"的国际法依据。公平原则也是我国《广告法》规定的基本原则之一。根据我国《广告法》及相关法律、法规的规定,公平原则具有以下三个方面的内容:

① 从商品购买者和服务接受者的角度看,广告对其有直接的或者潜移默化的影响。若广告主、广告经营者或广告发布者利用虚假的、引人误解的广告欺骗或者误导广告受众或者消费者,诱导广告受众或者消费者购买其产品或者接受其服务,该广告行为主体的行为就是违反公平原则的行为。广告受众或者消费者之所以易于被误导或诱导,其主要原因在于广告受众或者消费者与广告行为主体在市场信息资源方面具有明显的不平等性,而且前者的市场信息资源主要来自后者。

② 凡参与广告市场竞争的广告行为主体,都应当依照同一规则从事广告活动,严禁广告

行为主体利用其优势,采用任何非正当的或者不道德的手段进行不公平竞争。诸如利用回扣、贿赂等手段承揽广告业务;或者利用自身优势垄断广告市场,阻碍他人参与广告市场的公平竞争等。

③ 在广告活动中,广告行为主体应当平等地享有权利和承担义务,不允许任何广告行为主体只享有权利而不承担义务;也不允许某些广告行为主体利用自己的优势地位,强迫交易对方放弃其依法享有的权利。

(2) 真实、合法原则。我国《广告法》规定:广告应当真实、合法,以健康的表现形式表达广告内容,符合社会主义精神文明建设和弘扬中华民族优秀传统文化的要求。广告不得含有虚假或者引人误解的内容,不得欺骗、误导消费者。广告主应当对广告内容的真实性负责。这是广告"真实、合法原则"的法律依据。

该项原则实际包含两个方面的内容,即"广告的真实性"和"广告的合法性"。广告的真实性,从正面讲,就是要求广告主在广告中提出的任何主张和陈述都是客观真实的,其所依据的数据、资料都是可以证实的,其所援引的依据和证据都是合法有效的;通过广告本身的语言、图案、画面及实物等所宣传、介绍、描述、表达的商品或服务必须客观、实际,真实地反映商品的性能、产地、用途、质量、价格、生产者、有效期、承诺,或者服务的内容、形式、质量、价格、承诺等。真实性是广告生命所在,是其赖以生存的基础,不允许杜撰、夸张、虚构、欺骗、误导和不公正等虚假情形存在。这是消费者所希望,国家有关广告法律、法规所规定,同时也是广告主体职业道德所要求的重要因素之一。从反面讲,就是任何广告不得通过直接或者间接说明的方法,或者通过省略、含糊或夸大的方法误导消费者,也不得利用过时的研究成果或者滥用科技资料,让广告受众误认为其广告的主张或者说明是真实的。广告的合法性,是指广告的形式和内容都必须遵守法律和行政法规的规定,不得违反公序良俗或者损害他人利益。广告的合法性,又可分为广告内容的合法性和广告形式的合法性。

(3) 诚实信用原则。我国《广告法》第 5 条规定:广告主、广告经营者、广告发布者从事广告活动,应当遵守法律、法规,诚实信用,公平竞争。这项原则要求广告行为主体在广告活动中应保持善意、诚实,恪守信用,反对任何形式的误导和欺骗。任何广告在设计时不得滥用消费者的信任或者利用消费者缺乏经验或者知识欠缺,弄虚作假、欺骗误导。更不得利用广告这种具有广泛影响力和说服力的宣传形式,诋毁、贬损其他经营者。

# 第二节　广告准则与广告活动

## 一、广告准则

广告准则又称广告标准,是指发布广告的一般原则与限制,是判断广告是否合法的依据,是广告法律、法规规定的广告内容与形式应符合的要求。

### (一)对于广告活动,广告准则有五个方面的作用

1. 规范广告活动行为

广告设计者、广告制作者策划、制作、设计的广告内容和形式应当符合广准则的要求。广告主自行或者委托他人设计、制作广告应当具有或者提供真实、合法、有效的文件,以确认广告

内容的真实性。广告经营者应当依据国家有关规定查验有关证明,核实广告内容是否符合广告标准。

2. 是广告发布者在发布广告时审查广告内容和形式的依据

广告发布者在发布广告之前应当依照法律、法规的规定,审查证明广告内真实性的文件,审查广告内容和形式是否符合广告准则,以决定是否发布某一广告。

3. 是广告审查机关进行广告审查的依据

对于一些涉及人体健康和人民财产、生产安全的特殊商品广告,应当进行事先审查,方能发布。广告审查机关必须在发布前依照广告准则以及法律、法规和其他有关规定,对广告内容进行审查,未经审查或者经审查不符合有关规定的,不得发布。

4. 是判断违法广告的重要依据

广告监督管理机关对已发布的广告有事后监督的责任和权力,广告监督管理机关应当依据广告准则及其他规定,对已发布的广告进行监督,查处违法广告。

5. 在有关广告的诉讼中,广告准则也是司法审判的重要依据

### (二) 一般广告准则的内容

广告内容是广告管理的核心,广告法对广告内容的要求,既是广告经营者和广告发布者审查、制作和发布广告的依据,也是广告主申请刊播、设置、张贴广告时应遵循的原则。《广告法》第8条规定:广告中对商品的性能、功能、产地、用途、质量、成分、价格、生产者、有效期限、允诺等或者对服务的内容、提供者、形式、质量、价格、允诺等有表示的,应当准确、清楚、明白。广告中表明推销的商品或者服务附带赠送的,应当明示所附带赠送商品或者服务的品种、规格、数量、期限和方式。法律、行政法规规定广告中应当明示的内容,应当显著、清晰表示。其具体原则是:

1. 广告必须真实、客观

广告必须真实、客观,不得以任何形式欺骗用户和消费者,这是广告最重要的原则。因此,必须做到:(1) 语言、文字、图像要与广告的内容一致。广告中宣传的产品与销售的产品应当完全一致,不能用特别挑选出来的或特别制造出来的产品做广告。(2) 广告使用的数据、统计资料、调查结果、文摘、引用语等,应当真实、准确,并表明出处。(3) 广告中涉及专利产品或者专利方法的,应当标明专利号和专利种类,未取得专利权的,不得在广告中谎称取得专利权。不得使用已经终止、撤销、无效的专利做广告。

2. 广告必须清晰、明白,能够使人们正确理解

(1) 广告应当具有可识别性,能够使消费者辨明其为广告;广告应在形式上具有可识别性,能够使消费者辨明其为广告。大众传播媒体不得以新闻报道形式发布广告,通过大众传播媒介发布的广告应当有广告标记与其他非广告信息相区别,不得使消费者产生误解。特别是利用电视、广播、杂志、报纸等大众传播媒体发布广告时,必须有专门的标记作为提示,以便广大消费者将广告与新闻区别开。

(2) 广告中对商品的性能、产地、用途、质量、价格、生产者、有效期限、允诺或者对服务的内容、形式、质量、价格、允诺有表示的,应当清楚、明白。

(3) 广告中表明推销商品、提供服务附带赠送礼品的,应当表明赠送的品种和数量。

3. 广告要维护国家利益和社会公共利益、维护消费者的利益

4. 不得损害未成年人和残疾人的身心健康

广告不得损害未成年人和残疾人的身心健康。主要包括以下方面的内容：（1）在制作、发布广告时要尊重他们的权利，维护他们的尊严。（2）广告语言、文字、画面不得含有歧视、侮辱未成年人和残疾人的内容。（3）有关未成年人和残疾人的饮食品、用具、器械等商品的广告，应当真实、明白、容易理解，真实反映产品质量，明白无误地说明产品的性能、用途；使用方法，不得损害残疾人的身体健康。

5. 广告内容必须体现公平竞争的原则

广告是宣传、推销商品的重要手段，广告只能用于正当的、公开的竞争，防止利用发布广告贬低同类产品，抬高自己，诱惑顾客等不正当的竞争。在现实生活中，有些同类产品为了争夺市场，都分别在广播、电视、报刊上做广告，极力宣扬自己产品的优点，并用一些或者明显，或者暗示性的词语诋毁别人的产品，互相打"广告战"，其结果不仅仅是违反了广告法，在经济利益上也往往是两败俱伤，损失惨重。

6. 广告必须合法

这一原则要求广告内容及表现形式都应当遵守法律、法规的规定。由于广告涉及各个领域，所以广告不仅要遵守有关广告的法律法规，同时也要遵守其他法律、法规。为了使广告内容的管理具体化，《广告法》第9条规定，广告不得有下列情形：

（1）使用或者变相使用中华人民共和国的国旗、国歌、国徽，军旗、军歌、军徽；

（2）使用或者变相使用国家机关、国家机关工作人员的名义或者形象；

（3）使用"国家级"、"最高级"、"最佳"等用语；

（4）损害国家的尊严或者利益，泄露国家秘密；

（5）妨碍社会安定，损害社会公共利益；

（6）危害人身、财产安全，泄露个人隐私；

（7）妨碍社会公共秩序或者违背社会良好风尚；

（8）含有淫秽、色情、赌博、迷信、恐怖、暴力的内容；

（9）含有民族、种族、宗教、性别歧视的内容；

（10）妨碍环境、自然资源或者文化遗产保护；

还有法律、行政法规规定禁止的其他情形。

**（三）特殊商品广告广告准则的内容**

发布一般的商品广告，只要遵循对广告的基本要求即可。但发布药品、医疗器械、农药、兽药、烟草等特殊商品的广告，广告法有以下明确的规定：

1. 利用广播、电影、电视、报纸、期刊以及其他媒介发布药品、医疗器械、农药、兽药等特殊商品的广告，必须在发布前依照有关法律、行政法规由有关行政主管部门（即广告审查机关）对广告内容进行审查；未经审查，不得发布。

2. 药品广告的内容必须以国务院卫生行政部门或者省、自治区、直辖市卫生行政部门批准的说明书为准；国家规定的应当在医生指导下使用的治疗性药品广告中，必须注明"按医生处方购买和使用"。

3. 食品、酒类、化妆品广告的内容必须符合卫生许可的事项，并不得使用医疗用语或者容易与药品混淆的用语。（1）食品广告，内容必须符合卫生许可标准和事项，如食品的主要成分、生产日期、保质期等必须与标准相符；不得使用医疗用语或者易与药品混淆的用语。（2）

酒类广告,获得国优、部优、省优和39度以下的烈性酒,以及符合卫生许可事项的酒,才可做广告。不得用一些医疗用语或易于混淆的用语,不得以文字、语言等形式鼓励人们饮酒,给消费者身心造成危害。(3)化妆品广告,其质量必须达到卫生许可标准,在广告中表述的化妆品主要配方、功用、生产日期、有效期等,均要与标准相符。也不能使用医学用语或易与药品相混用语。

4. 麻醉药品、精神药品、毒性药品、放射性药品等特殊药品,不得做广告。

5. 药品、医疗器械广告不得有下列内容:医疗、药品、医疗器械广告不得含有下列内容:(1)表示功效、安全性的断言或者保证;(2)说明治愈率或者有效率的;(3)与其他药品、医疗器械的功效和安全性或者其他医疗机构比较的;(4)利用广告代言人作推荐、证明的;(5)法律、行政法规规定禁止的其他内容。

6. 保健食品广告不得含有下列内容:(1)表示功效、安全性的断言或者保证;(2)涉及疾病预防、治疗功能;(3)声称或者暗示广告商品为保障健康所必需;(4)与药品、其他保健食品进行比较;(5)利用广告代言人作推荐、证明;(6)法律、行政法规规定禁止的其他内容。保健食品广告应当显著标明"本品不能代替药物"。

7. 农药、兽药、饲料和饲料添加剂广告不得含有下列内容:(1)表示功效、安全性的断言或者保证;(2)利用科研单位、学术机构、技术推广机构、行业协会或者专业人士、用户的名义或者形象作推荐、证明;(3)说明有效率;(4)违反安全使用规程的文字、语言或者画面;(5)法律、行政法规规定禁止的其他内容。

8. 禁止在大众传播媒介或者公共场所、公共交通工具、户外发布烟草广告。禁止向未成年人发送任何形式的烟草广告。禁止利用其他商品或者服务的广告、公益广告,宣传烟草制品名称、商标、包装、装潢以及类似内容。烟草制品生产者或者销售者发布的迁址、更名、招聘等启事中,不得含有烟草制品名称、商标、包装、装潢以及类似内容。

9. 酒类广告不得含有下列内容:(1)诱导、怂恿饮酒或者宣传无节制饮酒;(2)出现饮酒的动作;(3)表现驾驶车、船、飞机等活动;(4)明示或者暗示饮酒有消除紧张和焦虑、增加体力等功效。

10. 教育、培训广告不得含有下列内容:(1)对升学、通过考试、获得学位学历或者合格证书,或者对教育、培训的效果做出明示或者暗示的保证性承诺;(2)明示或者暗示有相关考试机构或者其工作人员、考试命题人员参与教育、培训;(3)利用科研单位、学术机构、教育机构、行业协会、专业人士、受益者的名义或者形象作推荐、证明。

11. 招商等有投资回报预期的商品或者服务广告,应当对可能存在的风险以及风险责任承担有合理提示或者警示,并不得含有下列内容:(1)对未来效果、收益或者与其相关的情况做出保证性承诺,明示或者暗示保本、无风险或者保收益等,国家另有规定的除外;(2)利用学术机构、行业协会、专业人士、受益者的名义或者形象作推荐、证明。

12. 房地产广告,房源信息应当真实,面积应当表明为建筑面积或者套内建筑面积,并不得含有下列内容:(1)升值或者投资回报的承诺;(2)以项目到达某一具体参照物的所需时间表示项目位置;(3)违反国家有关价格管理的规定;(4)对规划或者建设中的交通、商业、文化教育设施以及其他市政条件作误导宣传。

13. 农作物种子、林木种子、草种子、种畜禽、水产苗种和种养殖广告关于品种名称、生产性能、生长量或者产量、品质、抗性、特殊使用价值、经济价值、适宜种植或者养殖的范围和条件等方面的表述应当真实、清楚、明白,并不得含有下列内容:(1) 作科学上无法验证的断言;(2) 表示功效的断言或者保证;(3) 对经济效益进行分析、预测或者作保证性承诺;(4) 利用科研单位、学术机构、技术推广机构、行业协会或者专业人士、用户的名义或者形象作推荐、证明。

### (四)虚假广告

广告以虚假或者引人误解的内容欺骗、误导消费者的,构成虚假广告。广告有下列情形之一的,为虚假广告:(1) 商品或者服务不存在的;(2) 商品的性能、功能、产地、用途、质量、规格、成分、价格、生产者、有效期限、销售状况、曾获荣誉等信息,或者服务的内容、提供者、形式、质量、价格、销售状况、曾获荣誉等信息,以及与商品或者服务有关的允诺等信息与实际情况不符,对购买行为有实质性影响的;(3) 使用虚构、伪造或者无法验证的科研成果、统计资料、调查结果、文摘、引用语等信息作证明材料的;(4) 虚构使用商品或者接受服务的效果的;(5) 以虚假或者引人误解的内容欺骗、误导消费者的其他情形。

## 二、广告活动

所谓广告活动,是指广告主、广告经营者、广告发布者根据自己的意志依法进行的宣传活动。从法律角度研究广告活动,重点是关注广告活动主体应当履行的特定义务。

### (一)广告主的义务

1. 广告主可以根据自己的意志在法律、行政法规允许的范围内自行或者委托他人设计、制作、发布广告,但所推销的产品或提供的服务符合广告主的经营范围。

2. 广告主委托设计、制作、发布广告,应当委托具有合法经营资格的广告经营者广告发布者。

3. 广告主委托设计、制作、发布广告,应当具有或者提供真实、合法、有效的证明文件,包括:营业执照以及其他生产、经营委托的证明文件;质量检验机构对广告中有关商品质量内容出具的证明文件;确认广告内容真实性的其他证明文件夹,此外,发布的广告需要有关行政主管审查的,应提供有关批准文件。任何单位和个人不得伪造、编造,或者转让广告审查文件。

4. 广告主在广告中使用他人名义形象的,依据《民法通则》规定,应当事先取得他人的书面同意;使用无民事行为能力人,限制民事行为能力人的名义、形象的,应当事先取得其监护人的书面同意。

### (二)广告经营者与广告发布者的义务

1. 从事广告经营的,应当具有必要的专业技术人员、制作设备、并依法办理公司或者广告经营登记,方可从事广告活动。广播电台、电视台、报刊出版单位的广告业务应当由其专门从事广告业务的机构办理,并依法办理兼营广告的登记。

2. 广告经营者,广告发布者依据法律、行政法规查验有关证明文件,核实广告内容。对内容不实或者证明文件不全的广告,广告经营者不得提供设计、制作、代理服务广告发布主不得发布。

3. 广告经营者、广告发布者按照国家有关规定,建立、健全广告业务的承接登记、审核、档案管理制度。

4. 广告收费应当合理,公开。广告经营者、广告发布者应当公布其收费标准和收费办法,收费标准和收费办法应当向物价和工商行政管理部门备案。

5. 广告发布者向广告主、广告经营者提供的媒介覆盖率,收视率、发行量等资料应当真实。

同时,《广告法》第三十条和三十一条规定:广告主、广告经营者、广告发布者之间在广告活动中应当依法订立书面合同,明确各自的权利和义务,各方不得在广告活动中进行任何形式的不正当竞争。

### (三) 关于设置户外广告的规定

《广告法》明确规定:设置户外广告,应依据不影响环境的美化,自然资源名胜古迹的保护,人民生产或生活的安定,有利于国家财产和交通安全为原则。因此,《广告法》第四十二条规定,有下列情形之一的,不得置户外广告:

1. 利用交通安全设施、交通标志的;
2. 影响市政公共设施、交通安全设施、交通标志使用的;
3. 妨碍生产或人民生活、损害市容市貌的;
4. 国家机关、文物保护单位和名胜风景点的建筑控制地带;
5. 当地县级以上地方人民政府禁止设置户外广告的区域。

户外广告的设置规则和管理办法,由当地县级以上地方人民政府组织广告监督管理、城市建设、环境保护、公安等有关部门制定。

### (四) 广告代言人的相关规定

广告代言人在广告中对商品、服务作推荐、证明,应当依据事实,符合本法和有关法律、行政法规规定,并不得为其未使用过的商品或者未接受过的服务作推荐、证明。

不得利用不满十周岁的未成年人作为广告代言人。

对在虚假广告中作推荐、证明而受到行政处罚未满三年的自然人、法人或者其他组织,不得利用其作为广告代言人。

### (五) 关于广告的发布的特殊规定

1. 根据广告法第四十三条,任何单位或者个人未经当事人同意或者请求,不得向其住宅、交通工具等发送广告,也不得以电子信息方式向其发送广告。以电子信息方式发送广告的,应当明示发送者的真实身份和联系方式,并向接收者提供拒绝继续接收的方式。

2. 利用互联网从事广告活动,适用本法的各项规定。利用互联网发布、发送广告,不得影响用户正常使用网络。在互联网页面以弹出等形式发布的广告,应当显著标明关闭标志,确保一键关闭。

3. 公共场所的管理者或者电信业务经营者、互联网信息服务提供者对其明知或者应知的利用其场所或者信息传输、发布平台发送、发布违法广告的,应当予以制止。

## 三、法律责任

广告违法行为,是指广告主、广告经营者、广告发布者在广告活动中违反我国广告管理法规并应受到法律制裁的行为。

常见的广告违法行为有:(1) 非法经营广告;(2) 发布违禁广告,如虚假广告、新闻广告、超越经营范围和国家许可范围的广告等;(3) 代理、发布无合法证明或证明不全的广告;(4) 伪造、涂改、盗用或擅自复制广告证明;(5) 为广告主出具非法或虚假证明;(6) 非法发布卷烟、药品等特殊商品广告;(7)广告活动中的垄断和不正当竞争行为。

广告法律责任,是指广告活动主体在广告活动中违反广告法等法律应当承担的不利性后果。广告法律责任包括行政责任、民事责任和刑事责任。

**(一) 行政责任**

工商行政管理机关对违反广告法规的当事人给予的行政处罚。主要形式有:停止发布广告;责令公开更正;通报批评;没收非法所得;罚款;停业整顿;吊销营业执照或者广告经营许可证。

由工商行政管理部门责令停止发布广告,责令广告主在相应范围内消除影响,处广告费用3倍以上5倍以下的罚款,广告费用无法计算或者明显偏低的,处20万元以上100万元以下的罚款;两年内有3次以上违法行为或者有其他严重情节的,处广告费用五倍以上10倍以下的罚款,广告费用无法计算或者明显偏低的,处100万元以上200万元以下的罚款,可以吊销营业执照,并由广告审查机关撤销广告审查批准文件、一年内不受理其广告审查申请。

医疗机构有前款规定违法行为,情节严重的,除由工商行政管理部门依照本法处罚外,卫生行政部门可以吊销诊疗科目或者吊销医疗机构执业许可证。

广告经营者、广告发布者明知或者应知广告虚假仍设计、制作、代理、发布的,由工商行政管理部门没收广告费用,并处广告费用3倍以上5倍以下的罚款,广告费用无法计算或者明显偏低的,处20万元以上100万元以下的罚款;两年内有3次以上违法行为或者有其他严重情节的,处广告费用5倍以上10倍以下的罚款,广告费用无法计算或者明显偏低的,处100万元以上200万元以下的罚款,并可以由有关部门暂停广告发布业务、吊销营业执照、吊销广告发布登记证件。

广告主、广告经营者和广告发布者对工商行政管理机关处罚决定不服的,可在收到处罚通知之日起15日内向做出处罚决定的机关的上一级机关申请复议;当事人也可以在接到处罚通知之日起15日内直接向人民法院起诉。

复议机关应当在接到复议申请之日起60日内做出复议决定。当事人对复议决定不服的,可以在接到复议决定之日起15日内向人民法院起诉。复议机关逾期不做出复议决定的,当事人可以在复议期满之日起15日内向人民法院起诉。

当事人逾期不申请复议也不向人民法院起诉,又不履行处罚决定的,做出处罚决定的机关可以申请人民法院强制执行。

**(二) 民事责任**

民事责任方式有:停止侵害、排除妨碍、消除危险、返还财产、恢复原状、修理、重做、更换、赔偿损失、支付违约金、消除影响、恢复名誉、赔礼道歉。

违反本法规定,发布虚假广告,欺骗、误导消费者,使购买商品或者接受服务的消费者的合法权益受到损害的,由广告主依法承担民事责任。广告经营者、广告发布者不能提供广告主的真实名称、地址和有效联系方式的,消费者可以要求广告经营者、广告发布者先行赔偿。

关系消费者生命健康的商品或者服务的虚假广告,造成消费者损害的,其广告经营者、广告发布者、广告代言人应当与广告主承担连带责任。

**(三) 刑事责任**

1. 广告主、广告经营者、广告发布者利用广告对商品或者服务虚假宣传,构成犯罪的,依法追究刑事责任。

2. 拒绝、阻挠工商行政管理部门监督检查,或者有其他构成违反治安管理行为的,构成犯罪的,依法追究刑事责任。

3. 广告主伪造、变造或者转让广告审查决定文件,构成犯罪的,依法追究刑事责任。

4. 广告监督管理机关和广告审查机关工作人员玩忽职守、滥用职权、徇私舞弊构成犯罪的,依法追究刑事责任。

**(四)监督实施《广告法》的执法机关与广告争议纠纷的解决**

根据《广告法》规定,县级以上人民政府工商行政管理部门是广告监督管理机关。

工商行政管理局对于在中华人民共和国境内设计、制作、设置、发布、张贴的广告、有违反《广告法》规定行为的,有权依法查处。

广告主、广告经营者、广告发布者及有关其他当事人对工商行政管理机关的行政处罚不服的,可以在接到处罚通知之日起15日内向做出处罚机关的上一级机关申请复议;当事人也可以在接到处罚通知之日起15日内直接向人民法院起诉。复议机关在接到复议申请之日起60日内做出复议决定。当事人对复议决定不服的仍可以在接到复议决定之日起15日内向人民法院起诉。复议机关逾期不做出复议决定的,当事人可以在复议期满之日起15日内向人民法院起诉。

当事人逾期不申请复议也不向人民法院起诉,对不履行处罚决定的,做出处罚决定的机关可以申请人民法院强制执行。

广告主、广告经营者或广告发布者及有关当事人因违反《广告法》规定,致使消费者和用户蒙受损失的,受害人可以请求县级以上工商行政管理部门依法进行处理,赔偿其经济损失并承担民事责任。受害人对工商行政管理机关的处理不服的,可以向人法院起诉,也可以直接向人民法院起诉。

## 本章小结:

本章介绍了广告定义、特征、要素,简单论述了广告法的历史、调整对象、基本原则,全面论述一般广告准则的内容、特殊商品广告广告准则的内容、广告活动要求、法律责任。其中一般广告准则的内容、广告活动的要求、法律责任内容较多,同时也极为重要。这些内容,对于了解广告及广告法基本知识具有基础性意义。

**思考题:**

1. 广告的特征?

2. 广告法的调整对象?

3. 一般广告准则的内容?

4. 广告经营者与广告发布者的义务有哪些?

# 典型案例阅读：

浙江杭州华夏医院的广告曾编造了这样一个医学界的"神话"："香港国际类风湿病研究院独创的'免疫平衡调节微创手术'，治疗类风湿性关节炎、强直性脊柱炎，手术安全可靠、无痛苦，术后无须长期服药。只需一次手术，还您终身健康。"在这则医疗广告的狂轰滥炸下，2005年7月至11月，38名患者前往引进该项技术的杭州华夏医院接受手术。其中有11名患者在接受治疗后，反映病未治好，还不同程度地出现了声音嘶哑、咳嗽、恶心等症状。浙江省工商局根据群众举报，对杭州华夏医院发布虚假医疗广告，导致38位患者病情加重的行为进行了查处，并向全省广告媒介单位及工商机关发布《关于禁止发布杭州华夏医院"免疫平衡调节微创手术治疗类风湿性关节炎、强直性脊柱炎"虚假广告的通告》。

同日，依法将该案移交公安部门追究刑事责任，突破了此类案件移送的"零"记录。2006年5月，26位患者在浙江省消协的支持下提起民事诉讼，索赔近500万元。经浙江大学司法鉴定中心鉴定，确认4人均因"免疫平衡调节微创术"，导致右声带麻痹达到九级伤残。

杭州华夏医院面对人财两空的危险，意欲"釜底抽薪"，状告工商局行政违法。以浙江省工商局认定虚假广告的内容没有事实依据；在杭州市工商局对其做出行政处罚后再次查处并发布行政通告的行为违反"一事不再理"原则，违法行政已造成医院严重经济损失的理由，要求法院确认浙江省工商局发布通告认定其虚假广告的行政行为违法，并撤销该认定。

2006年8月31日，杭州西湖区法院驳回杭州华夏医院对浙江省工商行政管理局的行政诉讼请求，华夏医院提出上诉。2006年11月1日，杭州市江干区人民检察院认定杭州华夏医院涉嫌虚假广告罪，其直接责任人杨文秀和杨国坤被批准逮捕。下午，听到风声的杨元其投案自首。据悉，检察院将此案认定为一起涉嫌虚假医疗广告罪的单位犯罪，这在全国还是首例。2006年11月2日，杭州市中级人民法院做出终审判决：驳回杭州华夏医院的上诉请求，维持原判。

**思考路径：**

一般广告准则；特殊商品广告准则。

# 第十二章　消费者权益保护法律制度

◆ **知识目标：**

- 了解消费者的概念、消费者权益保护法的概念
- 理解消费者权益保护法的适用范围、消费者合法权益的保护
- 掌握消费者权益保护法的基本原则、消费者的权利和经营者的义务、消费争议的解决方法

◆ **能力目标：**

- 能够运用消费者权益保护法的基本理论解决消费争议,在消费中,增强自我保护意识

## 第一节　消费者权益保护法律制度概述

### 一、消费者的概念

消费者一般有狭义和广义两种解释。狭义的消费者,是指以个人消费为目的而购买、使用商品或者接受服务的个体社会成员。广义的消费者,从消费内容上看,它既包括生活消费又包括工业生产消费;从消费主体上看,它既包括个体、公众又包括社团、法人。

### 二、消费者权益保护法的概念

消费者权益保护法是调整消费者为生活消费需要而购买、使用商品或者接受服务过程中,与经营者、国家机关、其他社会组织发生的权益保护关系的法律规范的总称。

我国实行改革开放以后,对消费者权益保护日渐重视。1993 年 10 月 31 日,第八届全国人民代表大会常务委员会第四次会议通过了《中华人民共和国消费者权益保护法》(以下简称《消费者权益保护法》),该法于 1994 年 1 月 1 日起正式实施。这是我国第一部以保护消费者权益为核心,对消费领域的经济关系进行全面调整的法律。根据 2009 年 8 月 27 日第十一届全国人民代表大会常务委员会第十次会议《关于修改部分法律的决定》第一次修正根据 2013 年 10 月 25 日第十二届全国人民代表大会常务委员会第五次会议《关于修改的决定》第二次修正。

### 三、消费者权益保护法的基本原则

#### （一）自愿、平等、公平、诚实信用原则

这是经营者与消费者进行交易应当遵循的基本原则。即:经营者与消费者进行交易时,要

尊重消费者的意愿;交易双方法律地位平等,不得恃强凌弱;双方的交易符合等价交换这一商品经济的本质要求和社会商业道德规范的精神;双方在交易中应实事求是,恪守信用。

### (二) 国家保护原则

它是指国家对消费者提供法律保护,这是消费者权益保护法的核心原则。其内容是:国家制定保护消费者权益的政策、法律;有关国家机关负责对实际生活中发生的侵犯消费者合法权益的行为进行监督、查处;国家司法机关采取迅速、便捷的方式解决消费者与经营者之间发生的消费纠纷,维护消费者利益;国家设立专门的保护消费者的组织机构,专门从事保护消费者权益的活动。

### (三) 社会保护原则

即除了国家对消费者提供特别保护之外,动员全社会力量,发挥各方面的积极性,形成消费者权益保护的社会机制,使消费者权益保护法律制度真正落到实处。

# 第二节　消费者的权利

消费者的权利,是指消费者依法享有的做出一定行为或者不做一定行为,或者要求他人做出一定的行为或者不做一定行为的一种资格。消费者的权利是国家对消费者进行保护的前提和基础。消费者的权利具有以下特征:一是消费者的权利是消费者所享有的权利,消费者的权利与消费者的身份紧密相连;二是消费者的权利通常是法定的权利,因而具有强制性;三是消费者的权利是法律基于消费者的弱者地位特别赋予的。

根据《消费者权益保护法》第7条至第15条的规定,消费者享有以下九项权利。

## 一、安全保障权

安全保障权是消费者最基本的权利,是指消费者在购买、使用商品和接受服务时所享有的人身、财产安全不受侵犯的权益。为了保障消费者安全保障权的实现,消费者有权要求经营者提供的商品和服务,符合保障人身、财产安全的需要。

为了保障消费者安全保障权的实现,经营者应当做到:

(1) 提供的商品和服务应当符合人体健康和人身财产安全的国家标准或者行业标准。

(2) 对于暂时没有标准的,应当保障符合人身健康、财产安全的要求。

(3) 对于可能危及人体健康和安全的商品和服务,要事先向消费者做出真实的说明和明确的警示,并标明或说明正确使用商品和接受服务的方法。

(4) 发现提供的商品和服务有严重缺陷,即使消费者采用正确使用方法仍可能导致危害的,应及时告之,并采取切实可行的措施。

## 二、知情权

知情权,是指消费者购买、使用商品或者接受的服务时,享有知悉其所购买、使用商品的真实情况的权利。

知情权具有以下两方面的基本含义:

（1）消费者有了解商品和服务的真实情况的权利。例如,消费者有权根据商品或者服务的不同情况,要求经营者提供商品的价格、产地、生产者、用途、性能、规格、等级、主要成分、生产日期、有效期限、检验合格证明、使用方法、说明书、售后服务,或者服务的内容、规格、费用等有关情况。

（2）消费者在购买、使用商品或者接受服务时,有权询问和了解商品或服务的有关情况。例如,消费者在接受服务时,享有获得与接受服务有关的必要的知识,包括服务内容以及其他相关信息的权利。

## 三、自主选择权

自主选择权,是指消费者在购买商品或者接受服务时,享有自主选择商品或者服务的权利。

自主选择权的内容包括：

（1）消费者有权自主选择提供商品或者服务的经营者。

（2）消费者有权自主选择商品的品种或者服务的方式。

（3）消费者有权自主决定购买或者不购买任何一种商品,接受或者不接受任何一项服务,经营者不可进行干涉和阻挠。

（4）消费者在自主选择商品或者接受服务时,有权进行比较、鉴别和挑选。

## 四、公平交易权

公平交易权,是指消费者在购买商品或者接受服务时享有公平交易的权利。

消费者的公平交易权体现为以下两点：

（1）消费者在购买商品或者接受服务时,有权获得质量保障、价格合理、计量正确等公平交易条件,这些条件符合平等、自愿、等价有偿、公平、诚实信用等市场交易的基本原则。有权拒绝经营者的强制交易行为。

（2）经营者和消费者签订合同时应遵循市场交易的基本原则。消费者有权享受合同约定的服务。

## 五、求偿权

求偿权,是指消费者因购买、使用商品或者接受服务受到人身、财产损害的,享有依照法律规定或合同约定获得赔偿的权利。

求偿权的范围如下：

（1）人身权受到侵害。人身权受到侵害既包括消费者的人身健康权,也包括消费者的其他人格权。

（2）财产权受到损害。即消费者在财产上遭受的损失,包括直接损失和间接损失。

（3）消费者因人身权受到侵害造成精神痛苦的,经营者也要根据不同的情况予以赔偿。

赔偿损失是求偿权最基本、最常见的实现方式。此外,还包括恢复原状、赔礼道歉、重做、更换、消除影响、恢复名誉等民事责任的承担方式。

## 六、结社权

结社权,是指消费者享有依法成立维护自身合法权益的社会团体的权利。

消费者结社权,是宪法规定的公民享有结社权的具体化,也是客观实践的需要。在消费领域,虽然经营者与消费者法律地位平等,但双方经济地位在实践中是不平等的。分散的消费者在议价、承受能力等方面处于弱势地位,消费者面对强势的经营者为了更有效地保护自身的合法权益,可以通过建立社会团体来抗衡经营者。结社权也体现了国家鼓励全社会共同保护消费者的合法权益。

消费者社会团体形成对商品和服务的广泛监督,促使一些侵害消费者权益的纠纷得到及时解决,消费者社会团体又充当政府和消费者之间的桥梁,指导消费者的消费行为,提高消费者的自我保护意识。

## 七、知识获取权

知识获取权,是指消费者享有获得有关消费和消费者权益保护方面知识的权利。

知识获取权的内容包括以下两个方面:

(1)获得有关消费知识方面的权利。最基本的包括有关消费态度的知识、有关商品和服务的基础知识、有关市场的基本知识。

(2)获得有关消费者权益保护方面知识的权利。主要包括有关消费者权益保护法律、法规、政策等方面的知识;保护机构和争议解决等方面的知识。

## 八、受尊重权

受尊重权,是指消费者在购买、使用商品和接受服务时,享有人格尊严和民族风俗习惯得到尊重的权利。人格权是消费者人身权的重要组成部分,尊重他人的人格尊严和不同民族的风俗习惯,是一个国家和社会文明进步的重要标志,也是法律对人格保障的基本要求。我国是一个多民族国家,各民族的风俗习惯有所不同,尊重各个民族尤其是少数民族的风俗习惯,关系到国家的安定团结、各民族的长久和睦及和谐社会的构建。

为了保障消费者受尊重权的实现,经营者不得对消费者进行侮辱、诽谤或者利用他人通过捏造、散布虚假事实或以不文明、不礼貌的语言贬低、诋毁消费者的人格尊严;不得搜查消费者的身体及其携带物品;不得侵犯消费者的人身自由等。

## 九、监督权

监督权,是指消费者享有对商品和服务以及保护消费者权益工作进行监督的权利。

监督权包括以下内容:

(1)消费者有权对商品和服务的价格、质量、计量、服务态度等进行监督。

(2)消费者有权对消费者权益工作进行监督,对保护消费者权益工作提出批评、建议。

(3)消费者有权控告侵害消费者合法权益的行为和国家机关及其工作人员在保护消费者权益工作过程中的违法失职行为。

经营者应当接受消费者的监督,要通过有效途径或方式接受消费者的批评、建议,诸如设立专门机构、配置专业人员收集、听取消费者的批评和建议,与消费者对话等;把向消费者提供商品或服务的活动置于消费者的有效监督之下。监督的方式多种多样,如对侵害消费者权益的行为进行检举和控告;通过新闻舆论和消费者保护组织对经营者进行监督等。

# 第三节 经营者的义务

经营者的义务是指经营者在经营活动中应当履行的依照法律规定必须为一定的行为或者不为一定的行为的责任。《消费者权益保护法》所规定的经营者的义务，是法定义务，是与消费者的权利相对应的，在法律中规定经营者的义务是消费者的权利得以实现的重要保障。经营者的义务来源于法律的直接规定，经营者义务的内容由法律直接规定，所以经营者不得以格式条款或其他声明排除其应当履行的义务，必须严格履行法定义务。

《消费者权益保护法》第16条至29条规定了经营者必须履行的十项义务。

## 一、依法或依约履行规定的义务

经营者履行法律、法规规定的义务和与消费者约定的义务包括以下内容：

（1）经营者向消费者提供商品或者服务，应当依照本法和其他有关法律、法规的规定履行义务。

（2）经营者有履行与消费者合法约定的义务。经营者和消费者有约定的，应当按照约定履行义务，但双方的约定不得违反法律、法规的规定。

（3）经营者向消费者提供商品或者服务，应当恪守社会公德，诚信经营，保障消费者的合法权益；不得设定不公平、不合理的交易条件，不得强制交易。

## 二、听取意见和接受监督

经营者应当听取消费者对其提供的商品或者服务的意见，接受消费者和其他社会组织的监督。经营者可以采取各种途径收集消费者意见，虚心听取，接受消费者的监督，提高商品和服务质量，更好地保护消费者的合法权益。

## 三、保障人身和财产安全

保障消费者人身和财产安全的义务包括以下内容：

（1）经营者提供的商品或者服务要符合保障人身、财产安全的要求。对于可能危及消费者人身、财产安全的商品和服务，应当向消费者做出真实的说明和明确的警示，并说明和标明正确使用商品或者接受服务的方法以及防止危害发生的方法。

（2）经营者发现其提供的商品或者服务存在严重缺陷，不符合国家或行业规定的安全标准，即使正确使用商品或者接受服务仍然可能对消费者人身、财产安全造成危害的，应当立即向有关部门报告并告知消费者，并采取防止危害发生的措施。

（3）宾馆、商场、餐馆、银行、机场、车站、港口、影剧院等经营场所的经营者，应当对消费者尽到安全保障义务。

## 四、提供真实信息

经营者提供商品或服务的真实信息的义务包括以下内容：

（1）经营者向消费者提供有关商品或者服务的质量、性能、用途、有效期限等信息，应当真实、全面,不得作虚假或者引人误解的宣传。

(2) 经营者对消费者就其提供的商品或者服务的质量、使用方法等问题提出的询问,应当做出真实、明确的答复。

(3) 经营者提供商品和服务应当明码标价。

(4) 采用网络、电视、电话、邮购等方式提供商品或者服务的经营者,以及提供证券、保险、银行等金融服务的经营者,应当向消费者提供经营地址、联系方式、商品或者服务的数量和质量、价款或者费用、履行期限和方式、安全注意事项和风险警示、售后服务、民事责任等信息。

## 五、标明真实名称和标记

标明真实名称和标记的义务包括以下内容:

(1) 租赁他人柜台或者场地的经营者,应当如实标明其真实名称和营业标记。

(2) 只能使用自己真实的企业名称或者营业标记,不得使用未经核准登记的企业名称,不准擅自改动使用经核准登记的企业名称,不准假冒他人企业名称和他人持有的营业标记,不准仿冒或使用与他人企业名称或营业标记相似、足以造成消费者误认的企业名称或营业标记。

## 六、出具购货凭证或服务单据

出具购货凭证或服务单据的义务包括以下内容:

(1) 经营者提供商品或者服务,应当按照国家有关规定或商业惯例向消费者出具购货凭证或服务单据。购物凭证或者服务单据具有重要的证据价值,是经营者与消费者之间形成交易关系的有效证明。

(2) 消费者索要购货凭证或者服务单据的,经营者必须出具,不得拒绝或者以其他借口拖延。

## 七、提供符合要求的商品和服务的义务

经营者应当保证在正常使用商品或者接受服务的情况下其提供的商品或者服务应当具有的质量、性能、用途和有效期限;但消费者在购买该商品或者接受该服务前已经知道其存在瑕疵,且存在该瑕疵不违反法律强制性规定的除外。

经营者以广告、产品说明、实物样品或者其他方式表明商品或者服务的质量状况的,应当保证其提供的商品或者服务的实际质量与表明的质量状况相符。

经营者提供的机动车、计算机、电视机、电冰箱、空调器、洗衣机等耐用商品或者装饰装修等服务,消费者自接受商品或者服务之日起六个月内发现瑕疵,发生争议的,由经营者承担有关瑕疵的举证责任。

## 八、承担"三包"和其他责任的义务

经营者提供的商品或者服务不符合质量要求的,消费者可以依照国家规定、当事人约定退货,或者要求经营者履行更换、修理等义务。没有国家规定和当事人约定的,消费者可以自收到商品之日起七日内退货;七日后符合法定解除合同条件的,消费者可以及时退货,不符合法定解除合同条件的,可以要求经营者履行更换、修理等义务。

依照前款规定进行退货、更换、修理的,经营者应当承担运输等必要费用。

经营者采用网络、电视、电话、邮购等方式销售商品,消费者有权自收到商品之日起七日内退货,且无须说明理由,但下列商品除外:

(1) 消费者定做的;

(2) 鲜活易腐的;

(3) 在线下载或者消费者拆封的音像制品、计算机软件等数字化商品;

(4) 交付的报纸、期刊。

除前款所列商品外,其他根据商品性质并经消费者在购买时确认不宜退货的商品,不适用无理由退货。

消费者退货的商品应当完好。经营者应当自收到退回商品之日起七日内返还消费者支付的商品价款。退回商品的运费由消费者承担;经营者和消费者另有约定的,按照约定。

## 九、遵守公平交易的义务

经营者不得从事不公平、不合理的交易,包括以下内容:

(1) 为了保障消费者的公平交易权,经营者在经营活动中使用格式条款的,应当以显著方式提请消费者注意商品或者服务的数量和质量、价款或者费用、履行期限和方式、安全注意事项和风险警示、售后服务、民事责任等与消费者有重大利害关系的内容,并按照消费者的要求予以说明。

(2) 经营者不得以格式条款、通知、声明、店堂告示等方式,做出排除或者限制消费者权利、减轻或者免除经营者责任、加重消费者责任等对消费者不公平、不合理的规定,不得利用格式条款并借助技术手段强制交易。

(3) 如果经营者的格式合同、通知、店堂告示等含有上述所禁止的内容,其内容无效。

## 十、不得侵犯消费者的人身权和其他权益

经营者在交易过程中必须尊重消费者,不得侵犯消费者的人身权。

(1) 经营者不得对消费者进行侮辱、诽谤。不得搜查消费者的身体及其携带的物品。不得侵犯消费者的人身自由。

(2) 经营者收集、使用消费者个人信息,应当遵循合法、正当、必要的原则,明示收集、使用信息的目的、方式和范围,并经消费者同意。经营者收集、使用消费者个人信息,应当公开其收集、使用规则,不得违反法律、法规的规定和双方的约定收集、使用信息。

(3) 经营者及其工作人员对收集的消费者个人信息必须严格保密,不得泄露、出售或者非法向他人提供。经营者应当采取技术措施和其他必要措施,确保信息安全,防止消费者个人信息泄露、丢失。在发生或者可能发生信息泄露、丢失的情况时,应当立即采取补救措施。

(4) 经营者未经消费者同意或者请求,或者消费者明确表示拒绝的,不得向其发送商业性信息。

# 第四节　消费者合法权益的保护

## 一、国家对消费者合法权益的保护

### （一）立法保护

立法保护是指国家立法机关通过制定、颁布、修改、废止以消费者权益保护为内容的立法活动,保护消费者的合法权益。我国消费者权益保护方面的法律、法规主要有:《消费者权益保护法》、《产品质量法》、《反不正当竞争法》、《反垄断法》、《广告管理条例》、《食品安全法》、《药品管理法》等。

### （二）行政保护

行政保护是指国家行政部门通过有关关系到消费者权益方面的行政执法活动对消费者进行的保护。各级人民政府及其行政部门在国家对消费者合法权益保护方面起着重要作用。

### （三）司法保护

对于在提供商品和服务中侵害消费者合法权益的经营者的违法犯罪行为负有惩处责任的公安机关、检察机关、审判机关,应当依照法律、法规的规定履行职责。

## 二、消费者组织对消费者合法权益的保护

消费者协会和其他消费者组织是依法成立的对商品和服务进行社会监督的保护消费者合法权益的社会组织,目前主要是指中国消费者协会和地方各级消费者协会。他们是依法成立的,对商品和服务进行社会监督的、保护消费者合法权益的社会团体。中国消费者协会成立于1985年,是目前我国规模最大的消费者组织。

### （一）消费者协会的职能

消费者协会作为依法成立的对商品和服务进行社会监督的保护消费者合法权益的社会团体,必须依法履行其职能,各级人民政府对消费者协会履行职能应当予以支持。消费者协会依法可以履行下列职能:

（1）向消费者提供消费信息和咨询服务,提高消费者维护自身合法权益的能力,引导文明、健康、节约资源和保护环境的消费方式;

（2）参与制定有关消费者权益的法律、法规、规章和强制性标准;

（3）参与有关行政部门对商品和服务的监督、检查;

（4）就有关消费者合法权益的问题,向有关部门反映、查询,提出建议;

（5）受理消费者的投诉,并对投诉事项进行调查、调解;

（6）投诉事项涉及商品和服务质量问题的,可以委托具备资格的鉴定人鉴定,鉴定人应当告知鉴定意见;

（7）就损害消费者合法权益的行为,支持受损害的消费者提起诉讼或者依照本法提起诉讼;

（8）对损害消费者合法权益的行为,通过大众传播媒介予以揭露、批评。

各级人民政府对消费者协会履行职责应当予以必要的经费等支持。消费者协会应当认真履行保护消费者合法权益的职责,听取消费者的意见和建议,接受社会监督。依法成立的其他消费者组织依照法律、法规及其章程的规定,开展保护消费者合法权益的活动。

**(二)权利限制**

消费者组织不得从事商品经营和营利性服务,不得以收取费用或者其他谋取利益的方式向消费者推荐商品和服务。

**(三)消费者权益争议的解决**

1. 消费争议的解决途径

(1)与经营者协商和解。协商和解,是指消费者与经营者之间发生争议时,就与争议有关的问题进行协商,达成和解协议,使纠纷得以解决的活动。

(2)请求消费者协会或者依法成立的其他调解组织调解。当消费者与经营者协商不成或者不愿协商时,消费者可以请求消费者协会或依法成立的其他调解组织调解,由调解者召集双方,明确责任,居中调解,解决纠纷。

(3)向有关行政部门申诉。指公民或法人认为自己的合法权益受到损害而向行政部门提出依法保护的请求。

(4)根据与经营者达成的仲裁协议提请仲裁机构仲裁。在消费者与经营者达成仲裁协议的前提下,双方都可以将争议提交有关仲裁机构进行裁决。

(5)向人民法院提起诉讼。消费者与经营者的争议在无法协商之时,双方可以通过向人民法院起诉的方式,运用司法力量解决争议。

2. 消费争议赔偿责任主体的确定

(1)消费者在购买、使用商品时,其合法权益受到损害的,可以向销售者要求赔偿。销售者赔偿后,属于生产者的责任或者属于向销售者提供商品的其他销售者的责任的,销售者有权向生产者或者其他销售者追偿。

(2)消费者或者其他受害人因商品缺陷造成人身、财产损害的,可以向销售者要求赔偿,也可以向生产者要求赔偿。属于生产者责任的,销售者赔偿后,有权向生产者追偿;属于销售者责任的,生产者赔偿后,有权向销售者追偿。

(3)消费者在接受服务时,其合法权益受到损害的,可以向服务者要求赔偿。

(4)消费者在购买、使用商品或者接受服务时,其合法权益受到损害,因原企业分立、合并的,可以向变更后承担其权利、义务的企业要求赔偿。

(5)使用他人营业执照的违法经营者提供商品或者服务,损害消费者合法权益的,消费者可以向营业执照的使用人要求赔偿,也可以向营业执照的持有人要求赔偿。

(6)消费者在展销会、租赁柜台购买商品或者接受服务,其合法权益受到损害的,可以向销售者或者服务者要求赔偿。展销会结束或者柜台租赁期满后,也可以向展销会的举办者、柜台的出租者要求赔偿。展销会的举办者、柜台的出租者赔偿后,有权向销售者或者服务者追偿。

(7)消费者因经营者利用虚假广告或者其他虚假宣传方式提供商品或者服务,其合法权益受到损害的,可以向经营者要求赔偿。广告经营者、发布者发布虚假广告的,消费者可以请求行政主管部门予以惩处。广告经营者、发布者不能提供经营者的真实名称、地址和有效联系方式的,应当承担赔偿责任。

广告经营者、发布者设计、制作、发布关系消费者生命健康商品或者服务的虚假广告,造成消费者损害的,应当与提供该商品或者服务的经营者承担连带责任。

社会团体或者其他组织、个人在关系消费者生命健康商品或者服务的虚假广告或者其他虚假宣传中向消费者推荐商品或者服务,造成消费者损害的,应当与提供该商品或者服务的经营者承担连带责任。

(8) 消费者通过网络交易平台购买商品或者接受服务,其合法权益受到损害的,可以向销售者或者服务者要求赔偿。网络交易平台提供者不能提供销售者或者服务者的真实名称、地址和有效联系方式的,消费者也可以向网络交易平台提供者要求赔偿;网络交易平台提供者做出更有利于消费者的承诺的,应当履行承诺。网络交易平台提供者赔偿后,有权向销售者或者服务者追偿。

网络交易平台提供者明知或者应知销售者或者服务者利用其平台侵害消费者合法权益,未采取必要措施的,依法与该销售者或者服务者承担连带责任。

(9) 消费者向有关行政部门投诉的,该部门应当自收到投诉之日起七个工作日内,予以处理并告知消费者。

(10) 对侵害众多消费者合法权益的行为,中国消费者协会以及在省、自治区、直辖市设立的消费者协会,可以向人民法院提起诉讼。

### 三、侵犯消费者合法权益应承担的法律责任

#### (一) 民事责任

1. 承担民事责任的范围

根据《消费者权益保护法》规定,经营者提供商品或者服务有下列情形之一的,除该法另有规定外,应当依照《产品质量法》和其他有关法律、法规的规定,承担民事责任:

(1) 商品或者服务存在缺陷的;

(2) 不具备商品应当具备的使用性能而出售时未作说明的;

(3) 不符合在商品或者其包装上注明采用的商品标准的;

(4) 不符合商品说明、实物样品等方式表明的质量状况的;

(5) 生产国家明令淘汰的商品或者销售失效、变质的商品的;

(6) 销售的商品数量不足的;

(7) 服务的内容和费用违反约定的;

(8) 对消费者提出的修理、重作、更换、退货、补足商品数量、退还货款和服务费用或者赔偿损失的要求,故意拖延或者无理拒绝的;

(9) 法律、法规规定的其他损害消费者权益的情形。

经营者对消费者未尽到安全保障义务,造成消费者损害的,应当承担侵权责任。

2. 承担民事责任的形式

(1) 侵犯人身权的民事责任

《消费者权益保护法》对侵犯人身权的民事责任作了专门的规定,其主要内容如下:

① 经营者提供商品或者服务,造成消费者或者其他受害人人身伤害的,应当赔偿医疗费、护理费、交通费等为治疗和康复支出的合理费用,以及因误工减少的收入。造成残疾的,还应

当赔偿残疾生活辅助具费和残疾赔偿金。

② 经营者提供商品或者服务,造成消费者或者其他受害人死亡的,应当支付造成死亡的,还应当赔偿丧葬费和死亡赔偿金。

③ 经营者侵害消费者的人格尊严、侵犯消费者人身自由或者侵害消费者个人信息依法得到保护的权利的,应当停止侵害、恢复名誉、消除影响、赔礼道歉,并赔偿损失。

（2）侵犯财产权的民事责任

《消费者权益保护法》对侵犯财产权的民事责任也作了专门的规定,其内容如下:

① 经营者提供商品或者服务,造成消费者财产损害的,应当依照法律规定或者当事人约定承担修理、重作、更换、退货、补足商品数量、退还货款和服务费用或者赔偿损失等民事责任。

② 经营者有侮辱诽谤、搜查身体、侵犯人身自由等侵害消费者或者其他受害人人身权益的行为,造成严重精神损害的,受害人可以要求精神损害赔偿。

③ 经营者以预收款方式提供商品或者服务的,应当按照约定提供。未按照约定提供的,应当按照消费者的要求履行约定或者退回预付款;并应当承担预付款的利息、消费者必须支付的合理费用。

④ 依法经有关行政部门认定为不合格的商品,消费者要求退货的,经营者应当负责退货。

⑤ 经营者提供商品或者服务有欺诈行为的,应当按照消费者的要求增加赔偿其受到的损失,增加赔偿的金额为消费者购买商品的价款或者接受服务的费用的三倍;增加赔偿的金额不足五百元的,为五百元。法律另有规定的,依照其规定。

**（二）行政责任**

根据我国《消费者权益保护法》的规定,经营者有下列情形之一,除承担相应的民事责任外,其他有关法律、法规对处罚机关和处罚方式有规定的,依照法律、法规的规定执行;法律、法规未作规定的,由工商行政管理部门或者其他有关行政部门责令改正,可以根据情节单处或者并处警告、没收违法所得、处以违法所得一倍以上十倍以下的罚款,没有违法所得的,处以五十万元以下的罚款;情节严重的,责令停业整顿、吊销营业执照:

（1）提供的商品或者服务不符合保障人身、财产安全要求的;

（2）在商品中掺杂、掺假,以假充真,以次充好,或者以不合格商品冒充合格商品的;

（3）生产国家明令淘汰的商品或者销售失效、变质的商品的;

（4）伪造商品的产地,伪造或者冒用他人的厂名、厂址,篡改生产日期,伪造或者冒用认证标志等质量标志的;

（5）销售的商品应当检验、检疫而未检验、检疫或者伪造检验、检疫结果的;

（6）对商品或者服务作虚假或者引人误解的宣传的;

（7）拒绝或者拖延有关行政部门责令对缺陷商品或者服务采取停止销售、警示、召回、无害化处理、销毁、停止生产或者服务等措施的;

（8）对消费者提出的修理、重作、更换、退货、补足商品数量、退还货款和服务费用或者赔偿损失的要求,故意拖延或者无理拒绝的;

（9）侵害消费者人格尊严、侵犯消费者人身自由或者侵害消费者个人信息依法得到保护的权利的;

（10）法律、法规规定的对损害消费者权益应当予以处罚的其他情形。

经营者有前款规定情形的,除依照法律、法规规定予以处罚外,处罚机关应当记入信用档案,向社会公布。

### (三) 刑事责任

根据我国《消费者权益保护法》,经营者违反本法规定提供商品或者服务,侵害消费者合法权益,构成犯罪的,依法追究刑事责任。经营者违反本法规定,应当承担民事赔偿责任和缴纳罚款、罚金,其财产不足以同时支付的,先承担民事赔偿责任。

以暴力、威胁等方法阻碍有关行政部门工作人员依法执行职务的,依法追究刑事责任;拒绝、阻碍有关行政部门工作人员依法执行职务,未使用暴力、威胁方法的,由公安机关依照《中华人民共和国治安管理处罚法》的规定处罚。

## ▌▌▌ 本章小结：▌▌▌

本章学习了《消费者权益保护法》的基本理论。其具体内容包括:消费者的概念及其特征、消费者权益保护法的概念及其调整对象、消费者权益保护法的基本原则、消费者的权利和经营者的义务、消费者合法权益的保护、侵犯消费者合法权益应当承担的法律责任。

**思考题：**
1. 消费者的概念及其法律特征。
2. 消费者权益保护法的概念及其调整对象是什么?
3. 消费者权益保护法的基本原则有哪些?
4. 消费者有哪些权利?
5. 经营者有哪些义务?
6. 什么是格式合同? 怎样理解经营者不得以格式合同等方式限制消费者权利的义务?
7. 什么是消费者权益争议? 其解决途径有哪些?

## ▌▌▌ 典型案例及分析：▌▌▌

**[案情介绍]**

2014 年 10 月 8 日,李某到附近一家超市购买生活用品。一进这家超市大门,一块显眼的告示牌映入眼帘,上面赫然写着"谨慎购买,概不退换"八个大字。李某在食品柜挑选了一袋奶粉,然后又挑选了一些其他日常生活用品。当天下午,李某在冲奶粉的时候,发现这袋奶粉已经过了保质期。李某立即来到这家超市要求退货。值班经理认为不能退货,因为商店已经以告示牌的形式向广大顾客声明,请大家谨慎购买商品,一旦购买一概不予退换;而且告示牌放在十分显眼的地方,每位顾客一进门就会发现。李某认为奶粉过了保质期,已不能食用,商店当然应该退货,这是常识,任何一家商店都应该这么做。双方争执不下,李某便投诉到工商局,要求这家超市退货,并且向他赔礼道歉。

**[法律分析]**

我们认为,尽管这家超市以告示牌的形式声明"谨慎购买,概不退换",但仍应该按照李某的要求退货。

我国《消费者权益保护法》第 10 条规定:"消费者享有公平交易的权利。消费者在购买商品或者接受服务时,有权获得质量保障、价格合理、计量正确等公平交易条件,有权拒绝经营者的强制交易行为。"在本案中该超市卖给李某的奶粉已经过了保质期,显然侵犯了李某享有的公平交易的权利。同时,《消费者权益保护法》第 23 条规定:"经营者应当保证在正常使用商品或者接受服务的情况下其提供的商品或者服务应当具有的质量、性能、用途和有效期限;但消费者在购买该商品或者接受该服务前已经知道其存在瑕疵,且存在该瑕疵不违反法律强制性规定的除外。"李某在购买奶粉时显然不知道该奶粉已经过了保质期,商店当然应该无条件地保证其出售的商品的质量符合有关规定。因此这家超市已经违反了其应当承担的质量保证义务。所以,按照我国有关法律规定,这家超市应当给李某退货。

这家超市之所以应当退货,显然是根据法律的直接规定。那么,这家超市通过告示牌的形式能否事先免除自己的责任吗? 这是不可以的,因为法律关于销售者损害赔偿责任的规定属于强制性的,不允许销售者事先声明免除。对此,《消费者权益保护法》第 26 条作了专门规定:"经营者不得以格式条款、通知、声明、店堂告示等方式,做出排除或者限制消费者权利、减轻或者免除经营者责任、加重消费者责任等对消费者不公平、不合理的规定,不得利用格式条款并借助技术手段强制交易。

格式条款、通知、声明、店堂告示等含有前款所列内容的,其内容无效。"该超市以店堂告示的形式试图免除其对消费者应当承担的退换货物的责任,实际上是要免除自己对出售货物的质量保证责任,内容当然无效。该超市不能以店堂告示为借口,拒不退货,从而损害李某的合法权益。

李某要求该超市赔礼道歉,也是合理合法的。《民法通则》第 134 条规定,赔礼道歉为承担民事责任的方式之一。

此外,工商局对该超市应当给予适当的行政处罚。

# 第十三章　财税法

**知识目标：**

- 了解财政法的主要内容
- 了解预算法的主要内容
- 掌握税收、税种的基本知识
- 掌握重点税种的主要内容
- 了解税收征管的有关内容

**能力目标：**

- 能够运用本章知识和法律规定分析财税法案例，处理与财税法相关的实际问题

## 第一节　财政法

### 一、财政法概述

#### （一）财政的概念与特征

财政就是国家为了实现其职能的需要，凭借政治权力参与一部分社会产品和国民收入分配和再分配的活动。财政具有以下特征：

1. 国家主体性

即财政活动必须在国家统一组织下实施，财政活动的主体是政府，分配的对象、范围和规则都由国家确定。

2. 强制性

国家在处理财政分配关系、组织实施财政收支时，是依靠国家的政治权力，运用法律手段强制实施的。

3. 无偿性

财政不具有营利性，其目的是为了满足公共需要，向社会提供公共产品。

#### （二）财政的职能

1. 资源配置职能。财政不仅是一部分社会资源的直接分配者，而且也是全社会资源配置的调节者。

2. 收入分配职能。

3. 调控经济职能。

4. 监督管理职能。通过对经济运行的监督管理，为国家宏观调控提供决策依据，规范经济秩序，从而为经济正常运行创造良好的市场环境。

### （三）财政法的概念和调整对象

财政法是调整国家财政收支关系的法律规范的总称。财政法的调整对象可以进一步分为以下几个方面：(1) 财政管理体制关系。(2) 预算管理关系。(3) 税收关系。(4) 国家信用管理关系。(5) 财政监督管理关系。(6) 国有资产管理关系。

## 二、财政管理体制与财政管理机构

### （一）财政管理体制

财政管理体制有广义和狭义两种含义。狭义的财政管理体制是指中央及地方政府之间划分财政收支管理权和分配权的制度，即指国家预算管理体制。广义的财政体制不仅包括中央政府和地方政府之间及地方各级政府之间划分财政资金支配权的根本制度，而且包括国家和自然人、企事业单位之间分配资金的根本制度。

### （二）财政管理机构

目前，我国专门从事财政管理的政府机构主要有政府财政机关、审计机关、税务机关和海关。

# 第二节　预算法

## 一、概述

### （一）预算和预算法

预算是指国家机关、团体和企事业单位经法定程序编制、审查和批准的年度财政收支计划，以及对该计划的实施、调整、监督和评价的过程。

预算法是有关国家的预算收入和预算支出，以及进行预算管理的法律规范的总称，它是财政法中的基本法。

### （二）预算管理体制

我国《预算法》规定：国家实行一级政府一级预算，设立中央，省、自治区、直辖市，设区的市、自治州，县、自治县、不设区的市、市辖区，乡、民族乡、镇五级预算。不具备设立预算条件的乡、民族乡、镇，经省、自治区、直辖市政府确定，可以暂不设立预算。

根据《预算法》的规定，全国人民代表大会及其常务委员会、县级以上人民代表大会是预算的审批机构，国务院及县以上地方各级政府是预算的编制和管理机构。

## 二、预算收支范围

预算由预算收入和预算支出组成。

预算收入划分为中央预算收入、地方预算收入、中央和地方预算共享收入。预算支出划分为中央预算支出和地方预算支出。

预算收入包括：① 税收收入；② 依照规定应当上缴的国有资产收益；③ 专项收入；④ 其他收入。

预算支出包括：① 经济建设支出；② 教育、科学、文化、卫生、体育等事业发展支出；③ 国家管理费用支出；④ 国防支出；⑤ 各项补贴支出；⑥ 其他支出。

## 三、预算的组织管理

### (一) 预算编制

预算编制是指政府各部门、各预算单位制定筹集和分配预算资金年度计划的预算活动，是预算法必须规范的主要内容。预算编制应当遵守国家编制预算的原则，按照编制办法和程序进行。

《预算法》规定：中央预算和地方各级政府预算，应当参考上一年预算执行情况和本年度收支预测，按照复式预算编制，即按经常性预算和建设性预算编制。预算的编制应当符合以下几个原则：

(1) 平衡性原则。中央政府公共预算不列赤字。中央预算中必需的建设投资的部分资金，可以通过举借国内和国外债务等方式筹措，但是借债应当有合理的规模和结构。地方各级预算按照量入为出、收支平衡的原则编制，不列赤字。除法律和国务院另有规定外，地方政府不得发行地方政府债券。

(2) 真实性原则。预算编制必须真实可靠，符合客观实际情况，不得弄虚作假。各级预算收入的编制，应当与国民生产总值的增长率相适应。对必须列入预算的收入，不得隐瞒、少列，也不得将上年的非正常收入作为编制预算收入的依据。

(3) 合理性原则。各级预算支出的编制，应当贯彻厉行节约、勤俭建国的方针。各级预算支出的编制，应当统筹兼顾、确保重点，编制预算时必须先安排好政府公共预算，然后再合理安排其他预算。

### (二) 预算编制的程序

根据《预算法》的规定，国家预算编制的程序包括以下几步：

1. 国务院应当及时下达关于编制下一年预算草案的指示。国务院应向省、自治区、直辖市政府和中央各部门下达编制下一年度预算草案的指示，提出编制预算草案的原则和要求。

2. 财政部根据国务院编制下一年度预算草案的指示，部署编制预算草案的具体事项，规定预算收支科目、报表格式、编报方法，并安排财政收支计划。

3. 省、自治区、直辖市政府应当按照国务院规定的时间，将本级总预算草案报国务院审核汇总。

### (三) 预算的审查和批准

1. 预算草案的初步审查

各级政府财政部门应当在每年本级人民代表大会会议举行的 1 个月前，将本级预算的主要内容提交本级人民代表大会财政经济委员会或有关的专门委员会进行初步审查。

2. 预算草案的审查和批准

中央预算由全国人民代表大会审查和批准，地方各级政府预算由本级人民代表大会审查和批准。

3. 预算批准后的法律效力

各级政府预算经本级人民代表大会批准后,本级政府财政部门应当及时向本级各部门批复预算。各部门应当及时向所属各单位批复预算。

国家预算一经批准,就成为正式的国家预算,具有法律效力,非经法定程序不得更改,任何单位和个人必须遵守。

### (四) 预算的执行

国家预算经审查批准后,即具有了法律效力,各地区、各部门、各单位必须认真执行。

各级预算由本级政府组织执行,具体工作由本级政府财政部门负责。预算收入征收部门必须依照法律、行政法规的规定,及时、足额征收应征的预算收入,不得擅自减征、免征或者缓征应征的预算收入,不得截留、占用或者挪用预算收入。各级政府财政部门必须依照规定,及时、足额地拨付预算支出资金,加强对预算支出的管理和监督。县级以上各级预算必须设立国库,具备条件的乡、民族乡、镇也应当设立国库,各级国库必须按照国家有关规定,及时准确地办理预算收入的收纳、划分、留解和预算支出的拨付。除法律、行政法规规定外,未经本级政府财政部门同意,任何部门、单位和个人都无权动用国库库存或者以其他方式支配已入库的库款。

### (五) 预算调整

预算调整是指经全国人民代表大会批准的中央预算和经地方各级人民代表大会批准的本级预算,在执行中因特殊情况需要增加支出或者减少收入,使原批准的收支平衡的预算的总支出超过总收入,或者使原批准的预算中举借债务的数额增加的部分变更。在预算年度内,如果发生重大事件、国家经济政策调整,对预算执行产生重大影响时,可以依法进行调整,但是必须遵守严格的程序。

各级政府对于必须进行的预算调整,应当编制预算调整方案。中央预算的调整方案必须提请全国人民代表大会常务委员会审查和批准。县级以上地方各级政府预算的调整方案必须提请本级人民代表大会常务委员会审查和批准;乡、民族乡、镇政府预算的调整方案必须提请本级人民代表大会审查和批准。未经批准,不得调整预算。

## 四、决算

决算是指各级政府各部门、各单位编制的经法定程序审查和批准的预算收支的年度执行结果。决算草案由各级政府各部门、各单位,在每一预算年度终了后按照国务院规定的时间编制。编制决算草案的具体事项,由国务院财政部门部署。

国务院财政部门编制中央决算草案,报国务院审定后,由国务院提请全国人民代表大会常务委员会审查和批准。县级以上地方各级政府财政部门编制本级决算草案,报本级政府审定后,由本级政府提请本级人民代表大会常务委员会审查和批准。乡、民族乡、镇政府编制本级决算草案,提请本级人民代表大会审查和批准。各级政府决算经批准后,财政部门应当向本级各部门批复决算。

地方各级政府应当将经批准的决算,报上一级政府备案。国务院和县级以上地方各级政府对下一级政府报送备案的决算,认为有同法律、行政法规相抵触或者有其他不适当之处,需要撤销批准该项决算的决议的,应当提请本级人民代表大会常务委员会审议决定;经审议决定撤销的,该下级人民代表大会常务委员会应当责成本级政府依照本法规定重新编制决算草案,提请本级人民代表大会常务委员会审查和批准。

## 五、预算、决算监督

### (一) 各级人民代表大会及其常务委员会的监督

全国人民代表大会及其常务委员会对中央和地方预算、决算进行监督。县级以上地方各级人民代表大会及其常务委员会对本级和下级政府预算、决算进行监督。乡、民族乡、镇人民代表大会对本级预算、决算进行监督。各级人民代表大会和县级以上各级人民代表大会常务委员会有权就预算、决算中的重大事项或者特定问题组织调查,有关的政府、部门、单位和个人应当如实反映情况和提供必要的材料。各级人民代表大会和县级以上各级人民代表大会常务委员会举行会议时,人民代表大会代表或者常务委员会组成人员可以依照法律规定程序就预算、决算中的有关问题提出询问或者质询,受询问或者受质询的有关政府或者财政部门必须及时给予答复。各级政府应当在每一预算年度内至少两次向本级人民代表大会或者其常务委员会做预算执行情况的报告。

### (二) 各级政府及各级政府财政部门的监督

各级政府监督下级政府的预算执行,下级政府应当定期向上一级政府报告预算执行情况。

各级政府财政部门负责监督检查本级各部门及其所属各单位预算的执行,并向本级政府和上一级政府财政部门报告预算执行情况。各级政府审计部门对本级各部门、各单位和下级政府的预算执行、决算实行审计监督。

# 第三节　税　法

## 一、税法概述

### (一) 税收的概念和特征

#### 1. 税收的概念

税收是国家为了满足一般的社会共同需要,凭借政治权力,按照法律规定的标准,强制地、无偿地征收货币或实物,以取得财政收入的一种工具。它是国家为了行使其职能,取得财政收入的一种方式。税收是随着国家的产生而产生的,在奴隶社会、封建社会、资本主义社会以及社会主义社会,税收始终存在。

#### 2. 税收的特征

(1) 无偿性。指国家征税后,税款就归国家所有,税款一经征收即归国家所有,国家对纳税人既不付出任何代价,也不偿还。

(2) 强制性。指国家依据法律征税,纳税人必须依法纳税,否则就会受到法律的制裁。

(3) 固定性。指税法规定各税的征收对象、征收数额或比例、征收期限,国家和纳税人都必须遵守,不能擅自改变。

**（二）税法的概念和税法的作用**

**1. 税法的概念和调整对象**

税法是调整国家与纳税人之间税收征纳关系的法律规范的总和。我国的税法包括全国人民代表大会及其常务委员会制定的法律、国务院及其所属机构制定的法规和地方性的规范性文件。

税法的调整对象是税收征纳关系。所谓税收征纳关系，就是代表国家的税务机关、负有纳税义务的社会组织和个人在征纳税过程中发生的社会关系。这些关系包括：国家权力机关、国家行政机关、税务机关之间的税收管理权限关系；税务机关、纳税人之间的税收经济关系；税务机关、纳税人之间的税收征收管理程序关系。

**2. 税法的构成要素**

**（1）征税主体与纳税主体**

征税主体，是指代表国家行使征税权的税务机关、地方财政局和海关。

纳税主体是指纳税义务人，是指税法规定负有纳税义务的社会组织和个人，包括法人和自然人。

**（2）征税客体**

征税客体又称征税对象，是指征税主体、纳税主体共同指向的对象，即对什么征税，它是区分不同税种的主要标志，每一种税都有明确的征税对象。

**（3）税目**

税目，即征税对象的具体内容，是在税法中对征税对象分类规定的具体的征税品种和项目。

**（4）计税依据**

计税依据，是指计算应纳税额的依据，是征税对象的计量单位和征收标准，包括从价和从量两种。

**（5）税率**

税率是指应纳税额与计税依据之间的法定比例。我国现行税率分为三种：

① 比例税率。它是对同一征税对象，不论数额多少，都适用同一比率计征。比例税率计算简便，税负相同，通常适合于对商品流转额征收的税种，如增值税、营业税的税率均适用固定的比例税率。

② 累进税率。它是按征税对象数额大小划分若干等级，从低到高分别按逐级递增的税率计征。征税对象数额越大，税率越高。

③ 定额税率。又称固定税率，是按单位征税对象，直接规定固定税额的一种税率形式。

**（6）纳税环节**

纳税环节，是指应税商品从生产到消费的流转过程中应当缴纳税款的环节。它确定一种税在哪个或哪几个环节征收，我国目前对流转税的征收多采用多环节征税。

**（7）纳税期限**

纳税期限，是指纳税人按照税法规定缴纳税款的期限。税法规定纳税人按日、月、季度、纳税年度缴纳税款。

**（8）减免税与加征**

减税是对应纳税额的少征，免税是对应征税额全部免除，减免税是对纳税义务的减轻或免除。

（9）税务纠纷处理

税务纠纷处理，是指税务机关、人民法院依法处理因适用税法发生争议的行为。纳税人与税务机关因适用税法发生争议，纳税人不服税务机关所做的决定，可以依法向上一级税务机关申请复议、向人民法院起诉。

## 二、我国现行主要税种

### （一）流转税

流转税是以商品生产、流通和提供劳务的销售额或营业额为征税对象的各个税种的总称。我国现行的流转税有增值税、消费税、城市维护建设税和关税。

1. 增值税

增值税是流转税中最重要的税种，是对销售货物或者加工、修理修配劳务（以下简称劳务）、销售服务、无形资产、不动产以及进口货物过程中实现的增值额征收的一种税收。所谓增值额，是指纳税人发生应税销售行为所取得的收入价格与购进价格之间的差额。

（1）增值税的纳税主体。增值税的纳税主体是在中华人民共和国境内销售货物或者加工、修理修配劳务，销售服务、无形资产、不动产以及进口货物的单位和个人。增值税纳税人分为一般纳税人和小规模纳税人。一般纳税人是指实行根据增值税专用发票上注明的税款抵扣制度的纳税人。小规模纳税人是指年应税销售额在规定标准以下并且会计核算不健全的纳税人。年应税销售额超过小规模纳税人标准的个人、非企业性单位、不经常发生应税行为的企业视同小规模纳税人。小规模纳税人会计核算健全，能够提供准确税务资料的，可以向主管税务机关申请资格认定，不作为小规模纳税人，依照本条例有关规定计算应纳税额。

（2）增值税的征税范围。在中华人民共和国境内销售货物或者提供加工、修理修配劳务以及进口货物的单位和个人，为增值税的纳税人，应当依照本条例缴纳增值税。

（3）增值税的税率。根据 2017 年 12 月 1 日国务院关于废止《中华人民共和国营业税暂行条例》和修改《中华人民共和国增值税暂行条例》的决定，增值税的税率作如下规定：（一）纳税人销售货物、劳务、有形动产租赁服务或者进口货物，除本条第二项、第四项、第五项另有规定外，税率为 17％。（二）纳税人销售交通运输、邮政、基础电信、建筑、不动产租赁服务，销售不动产，转让土地使用权，销售或者进口下列货物，税率为 11％：1. 粮食等农产品、食用植物油、食用盐；2. 自来水、暖气、冷气、热水、煤气、石油液化气、天然气、二甲醚、沼气、居民用煤炭制品；3. 图书、报纸、杂志、音像制品、电子出版物；4. 饲料、化肥、农药、农机、农膜；5. 国务院规定的其他货物。（三）纳税人销售服务、无形资产，除本条第一项、第二项、第五项另有规定外，税率为 6％。（四）纳税人出口货物，税率为零；但是，国务院另有规定的除外。（五）境内单位和个人跨境销售国务院规定范围内的服务、无形资产，税率为零。税率的调整，由国务院决定。

另外，对于小规模纳税人则不按上述税率计税和使用增值税专用发票抵扣进项税款，而是实行按销售额 3％的征收率计算应纳税额，国务院另有规定的除外。

纳税人兼营不同税率的货物或者应税劳务、服务、无形资产、不动产，应当分别核算其销售额；未分别核算销售额的，从高适用税率。

（4）应纳税额的计算。

我国增值税实行凭进货发票扣税的方法计算应纳税额，即在计算纳税人的应纳增值税额时,可以凭进货发票按税法规定的范围,从当期销项税额中抵扣购进货物或者应税劳务已交纳的增值税税额(即进项税额)。

应纳税额计算公式为:

$$应纳税额＝当期销项税额－当期进项税额$$
$$销项税额＝销售额×税率$$

按照《中华人民共和国增值税暂行条例》的规定,小规模纳税人销售货物、劳务、服务、无形资产、不动产,实行按照销售额和征收率计算应纳税额的简易办法,并不得抵扣进项税额。应纳税额计算公式:应纳税额＝销售额×征收率。目前,小规模纳税人增值税征收率为3%或5%。

(5)增值税的税收减免。下列项目免征增值税:农业生产者销售的自产农产品;避孕药品和用具;古旧图书;直接用于科学研究、科学试验和教学的进口仪器、设备;外国政府、国际组织无偿援助的进口物资和设备;由残疾人的组织直接进口供残疾人专用的物品;销售的自己使用过的物品。

2. 消费税

消费税是对一些特定消费品和消费行为征收的一种税。消费税的特点是:征收范围具有选择性,一般只选择部分消费品和消费行为进行征税;征税环节具有单一性,只在消费品的生产、流通和消费的某一个环节征税;征收方法具有选择性,采取从价税率、从量定额等多种方法;税率、税额具有差别性,不同的消费品税率不同。

(1)消费税的纳税主体。在我国境内生产、委托加工和进口应税消费品的单位和个人为消费税的纳税义务人。

(2)消费税的征税范围。我国现行消费税法确定了15个税目,分别采用比例税率和固定税额标准征收消费税。分别是:烟、酒、化妆品、贵重首饰及珠宝玉石、鞭炮和焰火、成品油、摩托车、小汽车、高尔夫球及球具、高档手表、游艇、木制一次性筷子、实木地板、电池和涂料。消费税税目、税率的调整,由国务院决定。

(3)消费税的税率。消费税多数为比例税率,少数为定额税率。消费税实行从价定率、从量定额,或者从价定率和从量定额复合计税的办法计算应纳税额。

3. 关税

关税是指一国海关对进出境的货物或者物品征收的一种税。关税分为进口税和出口税。

(1)关税的纳税主体。关税的纳税主体包括进口货物的收货人、出口货物的发货人、进出境物品的所有人(持有人)及进口邮件的收件人。

(2)关税的征税对象。关税的征税对象包括进出境的货物和物品。货物是指贸易性的进出口商品;物品是指非贸易性的属于入境旅客随身携带的行李物品,个人邮递进境的物品,各种运输工具上的服务人员携带进口物品、馈赠物品,以及其他方式进入关境的个人物品。

(3)关税的税率。关税采用比例税率,又分为出口税率和进口税率。进口税率分普通税率和优惠税率两种差别税率。对产自与中国订有互惠协议的国家或地区的进口货物,适用优惠税率,否则一律适用普通税率。为了鼓励出口,国家只对部分商品征收出口税。

(4)关税的减免。下列货物,经海关审查无误,可以免税:关税税额在人民币10元以下的一票货物;无商业价值的广告品和货样;外国政府、国际组织无偿赠送的物资;进出境运输工具装载的途中必需的燃料、物料和饮食用品。

有下列情形之一的进口货物,海关可以酌情减免关税:在境外运输途中或者在起卸时遭受损坏或者损失的;起卸后海关放行前因不可抗力遭受损坏或者损失的;海关检验时已经破漏、损坏或者腐烂,经证明不是保管不慎造成的。

### (二) 所得税

所得税也称为收益税,是以纳税人的所得额为征税对象的各个税种的总称。我国现行的收益税有企业所得税和个人所得税。

1. 企业所得税

企业所得税是以企业的生产经营所得和其他所得为征税对象所征收的一种税。

(1) 企业所得税的纳税主体。在中华人民共和国境内,企业、事业单位、社会团体以及其他取得收入的组织为企业所得税的纳税人。

(2) 企业所得税的征税范围。企业所得税的征税范围为企业的生产经营所得。企业每一纳税年度的收入总额,减除不征税收入、免税收入、各项扣除及允许弥补的以前年度亏损后的余额,为应纳税所得额。纳税人的收入总额包括:包括销售货物所得、提供劳务所得、转让财产所得、股息红利等权益性投资所得、利息所得、租金所得、特许权使用费所得、接受捐赠所得和其他所得。计算应纳税所得额时准予扣除的项目是指与纳税人取得收入有关的、合理的支出,包括成本、费用、税金、损失和其他支出。企业发生的公益性捐赠支出,只有在年度利润总额12%以内的部分,才准予在计算应纳税所得额时扣除。

(3) 企业所得税的税率。企业所得税的税率为25%。非居民企业在中国境内未设立机构、场所的,或者虽设立机构、场所但取得的所得与其所设机构、场所没有实际联系的,就其来源于中国境内的所得缴纳企业所得税,适用20%的税率,减按10%的税率征收。

(4) 企业所得税的减免。

企业的下列收入为免税收入:国债利息收入;符合条件的居民企业之间的股息、红利等权益性投资收益;在中国境内设立机构、场所的非居民企业从居民企业取得与该机构、场所有实际联系的股息、红利等权益性投资收益;符合条件的非营利组织的收入。

企业的下列所得,可以免征、减征企业所得税:从事农、林、牧、渔业项目的所得;从事国家重点扶持的公共基础设施项目投资经营的所得;从事符合条件的环境保护、节能节水项目的所得;符合条件的技术转让所得;非居民企业在中国境内未设立机构、场所的,或者虽设立机构、场所但取得的所得与其所设机构、场所没有实际联系的,就其来源于中国境内的所得缴纳企业所得税时可以免征、减征企业所得税。

2. 个人所得税

个人所得税是以自然人取得的各类应税所得为征税对象而征收的一种所得税,是政府利用税收对个人收入进行调节的一种手段。个人所得税的征税对象不仅包括个人还包括具有自然人性质的企业。

(1) 纳税义务人。

个人所得税的纳税人分为两类,一类是居民纳税人,一类是非居民纳税人。

依据《中华人民共和国个人所得税法》的第1条规定:"在中国境内有住所,或者无住所而在境内居住满一年的个人,从中国境内和境外取得的所得,依照本法规定缴纳个人所得税。在中国境内无住所又不居住或者无住所而在境内居住不满一年的个人,从中国境内取得的所得,依照本法规定缴纳个人所得税。"即对于居民纳税人负有无限纳税义务。其所取得的应纳税所得,无论是来源于中国境内还是中国境外任何地方,都要在中国境内缴纳个人所得税。对于非居民纳税人承担有限纳税义务,只就其来源于中国境内的所得,向中国缴纳个人所得税。

(2) 个人所得税的征税范围。根据《中华人民共和国个人所得税法》第 2 条的规定,下列各项个人所得,应纳个人所得税:工资、薪金所得;个体工商户的生产、经营所得;对企事业单位的承包经营、承租经营所得;劳务报酬所得;稿酬所得;特许权使用费所得;利息、股息、红利所得;财产租赁所得;财产转让所得;偶然所得;经国务院财政部门确定征税的其他所得。

(3) 个人所得税的税率。个人所得税实行超额累进税率和比例税率相结合的税率。工资、薪金所得,适用 7 级超额累进税率,税率为 3%～45%;个体工商户的生产、经营所得和对企事业单位的承包经营、承租经营所得,适用 5%～35% 的超额累进税率;稿酬所得,适用比例税率,税率为 20%,并按应纳税额减征 30%;劳务报酬所得,适用比例税率,税率为 20%,对劳务报酬所得一次收入畸高的,可以实行加成征收;特许权使用费所得,利息、股息、红利所得,财产租赁所得,财产转让所得,偶然所得和其他所得,适用比例税率,税率为 20%。

(4) 个人所得税的减免。下列各项个人所得,免纳个人所得税:省级人民政府、国务院部委和中国人民解放军军以上单位,以及外国组织、国际组织颁发的科学、教育、技术、文化、卫生、体育、环境保护等方面的奖金;国债和国家发行的金融债券利息;按照国家统一规定发给的补贴、津贴;福利费、抚恤金、救济金;保险赔款;军人的转业费、复员费;按照国家统一规定发给干部、职工的安家费、退职费、退休工资、离休工资、离休生活补助费;依照我国有关法律规定应予免税的各国驻华使馆、领事馆的外交代表、领事官员和其他人员的所得;中国政府参加的国际公约、签订的协议中规定免税的所得;经国务院财政部门批准免税的所得。

有下列情形之一的,经批准可以减征个人所得税:残疾、孤老人员和烈属的所得;因严重自然灾害造成重大损失的;其他经国务院财政部门批准减税的。

### (三) 财产税

财产税是以法律规定的财产为征税对象的各个税种的总称。我国现行的财产税有房产税、契税和车船税。

1. 房产税

房产税是以城市、县城、建制镇和工矿区的房产为征税对象征收的一种税。房产税由产权所有人缴纳。产权属于全民所有的,由经营管理的单位缴纳。产权出典的,由承典人缴纳。产权所有人、承典人不在房产所在地的,或者产权未确定及租典纠纷未解决的,由房产代管人或者使用人缴纳。

下列房产免纳房产税:国家机关、人民团体、军队自用的房产;由国家财政部门拨付事业经费的单位自用的房产;宗教寺庙、公园、名胜古迹自用的房产;个人所有非营业用的房产;经财政部批准免税的其他房产。

2. 契税

契税是土地、房屋权属转移时向其承受者征收的一种税收。在我国境内转移土地、房屋权属,承受的单位和个人为契税的纳税人,应当依照规定缴纳契税。在税率设计上,契税采用幅度比例税率。目前,我国采用 3%～5% 的幅度比例,这是国家定下的政策,各省、自治区、直辖市,在这个范围内可以自行确定各自的适用税率。

3. 车船税

车船税是指在中华人民共和国境内的车辆、船舶的所有人或者管理人应缴纳的一种税。

车船税的征税范围为《中华人民共和国车船税法》所规定的车辆、船舶,具体是指:(1) 依法应当在车船管理部门登记的机动车辆和船舶;(2) 依法不需要在车船管理部门登记、在单位内部场所行驶或者作业的机动车辆和船舶。车船税实行有幅度的定额税率,即对各类车辆分别规定一个从最低到最高限度的年税额,车辆的具体适用税额由省、自治区、直辖市人民政府依照《中华人民共和国车船税法》所附的《车船税税目税额表》规定的税额幅度和国务院的规定确定。

### (四) 行为税

行为税是指对某些特定行为征收的税。行为税包括印花税、车辆购置税、城市维护建设税。

#### 1. 印花税

印花税是对合同、凭证、收据、账簿及权利许可证等文件征收的税种,纳税人通过在文件上加贴印花税票,或者盖章来履行纳税义务。印花税的纳税主体是在中国境内书立、领受应税凭证的单位和个人。下列凭证为应纳税凭证:购销、加工承揽、建设工程承包、财产租赁、货物运输,仓储保管、借款、财产保险、技术合同或者具有合同性质的凭证;产权转移书据;营业账簿;权利、许可证照;经财政部确定征税的其他凭证。印花税税率分为比例税率和定额税率两种。

#### 2. 车辆购置税

车辆购置税是国家对购置应税车辆的单位和个人,以其购置应税车辆的计税价格为计税依据,按照规定的税率一次性征收的一种税。车辆购置税的纳税主体,是指在中华人民共和国境内购置《车辆购置税暂行条例》规定的车辆的单位和个人,包括购买、进、自产、受赠、获奖或者以其他方式取得并自用应税车辆等情况。车辆购置税的税率采用固定比例税率,税率为10%。车辆购置税税率的调整,由国务院决定并公布。

#### 3. 城市维护建设税

城市维护建设税,是指国家对缴纳增值税、消费税的单位和个人就其实际缴纳的税额为计税依据而征收的一种税。城建税的纳税主体,是指负有缴纳增值税、消费税义务的单位和个人,包括国有企业、集体企业、私营企业、股份制企业、其他企业、行政单位、事业单位、军事单位、社会团体、其他单位、个体经营者和其他个人。

城市维护建设税按纳税人所在地的不同,设置了三档地区差别比例税率,即:(1) 纳税人所在地在市区的,税率为 7%;(2) 纳税人所在地在县城、镇的,税率为 5%;(3) 纳税人所在地不在市区、县城或镇的,税率为 1%。

### (五) 资源税

资源税是对在我国境内开采应税矿产品和生产盐的单位和个人,就其销售和价格征收的一种税。资源税征税范围包括原油、天然气、煤炭、其他非金属矿原矿、黑色金属矿原矿、有色金属矿原矿、盐。资源税实行定额幅度税率,即按照开采或生产应税产品的课税数量,规定有上下幅度的单位税额。

## 三、税收征收管理

税收征收管理是国家税务机关依法征收税款和进行税务监督管理的活动。税收征管法是指调整税收征收与税收管理过程中发生的社会关系的法律规范的总称。我国于 1992 年 9 月

4 日第七届全国人民代表大会常务委员会第二十七次会议通过了《中华人民共和国税收征收管理法》（以下简称《税收征收管理法》），1995 年 2 月 28 日，第八届全国人民代表大会常务委员会第十二次会议对该法进行了修正。2001 年 4 月 28 日，第九届全国人民代表大会常务委员会第二十一次会议再次修订了《税收征收管理法》，自 2001 年 5 月 1 日起施行。2015 年 4 月 24 日第十二届全国人民代表大会常务委员会第十四次会议第三次修正，自公布之日起施行。

### （一）税务登记

税务登记范围：开业登记，变更登记，停业、复业登记，外出经营报验登记。

1. 开业登记

应当自领取营业执照之日起 30 日内，向所在地税务机关办理税务登记。

2. 变更登记

从事生产、经营的纳税人税务登记事项发生变化的，自工商行政管理机关办理变更登记之日起 30 日内，向原税务机关办理变更税务登记。

3. 注销登记

纳税人应当在向工商行政管理部门申请办理注销登记之前，向原税务机关申报注销税务登记；纳税人被工商行政管理部门吊销营业执照的，应当自营业执照被吊销之日起 15 日内，向原税务登记机关申报办理注销登记。

### （二）账簿、凭证管理

账簿、凭证管理是税务管理的重要内容，它直接关系到征税依据的真实性。纳税人、扣缴义务人按照有关法律、行政法规和国务院财政、税务主管部门的规定设置账簿，根据合法、有效凭证记账，进行核算。

1. 设置账簿时间

从事生产、经营的纳税人、扣缴义务人应当按照国务院财政、税务主管部门的规定设置账簿，账簿应自领取营业执照之日起 15 日内设置。从事生产、经营的纳税人应自领取税务登记证件之日起 15 日内，将其财务、会计制度或财务、会计处理办法报送税务机关备案。纳税人、扣缴义务人采用电子计算机记账的，应当在使用前将其记账软件、程序和使用说明书及有关资料报送主管机关备案。

2. 发票管理

主要包括三方面的内容：

第一，发票领购。对外地来本辖区从事临时经营活动的纳税人申请领购发票，主管税务机关可以要求其提供担保人，或以所购发票面额及数量缴纳不超过 10 000 元的保证金，并限期缴销发票。

第二，已开具的发票存根联、发票登记簿应当保存 5 年。

第三，发票检查中税务机关的权利。检查印制、领购、开具、取得和保管发票情况；调出发票查验；查阅、复制与发票有关的凭证、资料；向当事人各方询问与发票有关的问题和情况；在查处发票案件时，对与案件有关的情况和资料，可以记录、录音、录像、照相和复制。

3. 账簿、凭证等涉税资料的管理

纳税人、扣缴义务人的账簿、记账凭证、完税凭证及其他有关资料应当保存 10 年。

### (三)纳税申报

纳税申报是指纳税人按照税法规定的期限和内容向税务机关提交有关纳税事项书面报告的法律行为,是纳税人履行纳税义务、承担法律责任的主要依据,是税务机关税收管理信息的主要来源和税务管理的一项重要制度。

纳税人必须依照法律、行政法规规定或者税务机关依照法律、行政法规的规定确定的申报期限、申报内容如实办理纳税申报,报送纳税申报表、财务会计报表及税务机关根据实际需要要求纳税人报送的其他纳税资料。

扣缴义务人必须依照法律、行政法规规定或者税务机关依照法律、行政法规的规定确定的申报期限、申报内容如实报送代扣代缴、代收代缴税款报告表及税务机关根据实际需要要求扣缴义务人报送的其他有关资料。

### (四)税款征收

税款征收,是国家税务机关等主体依照税收法律、法规规定将纳税人应当缴纳的税款征收入库的一系列活动的总称。有以下三个原则:

第一,税务机关是税款征收的主体,法律规定必须由税务机关征收的税款,其他部门不得代征。但是,法律赋予海关、财政等部门征收税款的,海关、财政等部门也可成为税款征收的主体,如关税、契税等。

第二,税务机关征税必须依照法律、法规的规定征收税款。税务机关代表国家向纳税人征收税款,不能任意征收,只能依法征收。税务机关不得违反法律、行政法规的规定开征、停征、多征、少征、提前征收或者延缓征收税款或者摊派税款。

第三,税款征收是税务机关将纳税人的应纳税款全部解缴入库,组织国家财政收入的行为。

纳税人、扣缴义务人按照法律、行政法规规定或者税务机关依照法律、行政法规的规定确定的期限,缴纳或者解缴税款。纳税人因有特殊困难,不能按期缴纳税款的,经省、自治区、直辖市国家税务局、地方税务局批准,可以延期缴纳税款,但是最长不得超过3个月。

纳税人未按照规定期限缴纳税款的,扣缴义务人未按照规定期限解缴税款的,税务机关除责令限期缴纳外,从滞纳税款之日起,按日加收滞纳税款万分之五的滞纳金。

纳税人可以依照法律、行政法规的规定书面申请减税、免税。减税、免税的申请须经法律、行政法规规定的减税、免税审查批准机关审批。地方各级人民政府、各级人民政府主管部门、单位和个人违反法律、行政法规规定,擅自做出的减税、免税决定无效。

### (五)税务检查

税务检查制度是税务机关根据国家税法和财务会计制度的规定,对纳税人履行纳税义务的情况进行的监督、审查制度。税务检查是税收征收管理的重要内容,也是税务监督的重要组成部分。搞好税务检查,对于加强依法治税,保证国家财政收入,有着十分重要的意义。

1. 税务机关检查的内容

(1)检查纳税人执行国家税收政策和税收法规的情况。

(2)检查纳税人遵守财经纪律和财会制度的情况。

(3)检查纳税人的生产经营管理和经济核算情况。

(4)检查纳税人遵守和执行税收征收管理制度的情况,检查其有无不按纳税程序办事和违反征管制度的问题。

2. 税务检查中征纳双方的权利与义务

根据《税收征收管理法》的规定,税务机关有权进行下列税务检查:

(1) 检查纳税人的账簿、计账凭证、报表和有关资料;检查扣缴义务人代扣代缴、代收代缴税款账簿、计账凭证和有关资料。

(2) 到纳税人的生产、经营场所和货物存放地检查纳税人应纳税的商品、货物或其他财产;检查扣缴义务人与代扣代缴、代收代缴税款有关的经营情况。

(3) 责成纳税人、扣缴义务人提供与纳税或者代扣代缴、代收代缴税款有关的文件、证明材料和有关资料。

(4) 询问纳税人、扣缴义务人与纳税或者代扣代缴、代收代缴税款有关的问题和情况。

(5) 到车站、码头、机场、邮政企业及其分支机构检查纳税人托运、邮寄应纳税的商品、货物或者其他财产的有关单据、凭证和有关资料。

(6) 经县以上税务局(分局)局长批准,凭全国统一格式的检查存款账户许可证明,查询从事生产、经营的纳税人、扣缴义务人在银行或其他金融机构的存款账户。税务机关在调查税收违法案件时,经设区的市、自治州以上税务局(分局)局长批准,可以查询案件涉嫌人员的储蓄存款。税务机关查询所获得的资料,不得用于税收以外的用途。

税务机关依法进行上述税务检查时,纳税人、扣缴义务人必须接受检查,如实反映情况,提供有关资料,不得拒绝、隐瞒;税务机关有权向有关单位和个人调查纳税人、扣缴义务人和其他当事人与纳税或者代扣代缴、代收代缴税款有关情况,有关部门和个人有义务向税务机关如实提供有关材料及证明材料。税务机关调查税务违法案件时,对与案件有关的情况和资料,可以进行记录、录音、录像、照相和复制。但是,税务人员在进行税务检查时,必须出示税务检查证,并有责任为被检查人保守秘密;未出示税务检查证和税务检查通知书的,纳税人、扣缴义务人及其他当事人有权拒绝检查。

## 四、违反税法的行为及法律责任

### (一) 纳税人、扣缴义务人的违法行为及法律责任

1. 违反税务管理规定的法律责任

(1) 纳税人有下列行为之一的,由税务机关责令限期改正,可以处两千元以下的罚款;情节严重的,处两千元以上一万元以下的罚款:未按照规定的期限申报办理税务登记、变更或者注销登记的;未按照规定设置、保管账簿或者保管记账凭证和有关资料的;未按照规定将财务、会计制度或者财务、会计处理办法和会计核算软件报送税务机关备查的;未按照规定将其全部银行账号向税务机关报告的;未按照规定安装、使用税控装置,或者损毁或者擅自改动税控装置的。纳税人不办理税务登记的,由税务机关责令限期改正;逾期不改正的,经税务机关提请,由工商行政管理机关吊销其营业执照。纳税人未按照规定使用税务登记证件,或者转借、涂改、损毁、买卖、伪造税务登记证件的,处二千元以上一万元以下的罚款;情节严重的,处一万元以上五万元以下的罚款。

(2) 扣缴义务人未按照规定设置、保管代扣代缴、代收代缴税款账簿或者保管代缴、代收代缴税款记账凭证及有关资料的,由税务机关责令限期改正,可以处以两千元以下的罚款;情节严重的,处两千元以上五千元以下的罚款。

（3）纳税人未按照规定的期限办理纳税申报和报送纳税资料的，或者扣缴义务人未按照规定的期限向税务机关报送代扣代缴、代收代缴税款报告表和有关资料的，由税务机关责令限期改正，可以处两千元以下的罚款；情节严重的，可以处两千元以上一万元以下罚款。

2. 偷税、逃税、抗税的法律责任

（1）纳税人伪造、变造、隐匿、擅自销毁账簿、记账凭证，或者在账簿上多列支出或者不列、少列收入，或者经税务机关通知申报而拒不申报或者进行虚假的纳税申报，不缴或者少缴应纳税款的，是偷税。对纳税人偷税的，由税务机关追缴其不缴或者少缴的税款和滞纳金，并处不缴或者少缴的税款百分之五十以上五倍以下的罚款；构成犯罪的，依法追究刑事责任。

扣缴义务人采取上述所列手段，不缴或者少缴已扣、已收税款，由税务机关追缴其不缴或者少缴的税款、滞纳金，并处不缴或者少缴的税款百分之五十以上五倍以下的罚款；构成犯罪的，依法追究刑事责任。

（2）纳税人欠缴应纳税款，采取转移或者隐匿财产的手段，妨碍税务机关追缴欠缴的税款的，由税务机关追缴欠缴的税款、滞纳金，并处欠缴税款百分之五十以上五倍以下的罚款，构成犯罪的，依法追究刑事责任。

（3）以暴力、威胁方法拒不缴纳税款的，是抗税，除由税务机关追缴其拒缴的税款和滞纳金外，依法追究刑事责任。情节轻微，未构成犯罪的，由税务机关追缴其拒缴的税款和滞纳金，并处拒缴税款一倍以上五倍以下的罚款。

### （二）税务机关及税务人员的违法行为及法律责任

税务机关违反规定擅自改变税收征收管理范围和税款入库预算级次的，责令限期改正，对直接负责的主管人员和其他直接责任人员依法给予降级或者撤职的行政处分。

税务人员利用职务上的便利，收受或者索取纳税人、扣缴义务人财物或者谋取其他不正当利益，构成犯罪的，依法追究刑事责任；尚不构成犯罪的，依法给予行政处分。

税务人员徇私舞弊或者玩忽职守，不征或者少征应征税款，致使国家税收遭受重大损失，构成犯罪的，依法追究刑事责任；尚不构成犯罪的，依法给予行政处分。

税务人员滥用职权，故意刁难纳税人、扣缴义务人的，调离税收工作岗位，并依法给予行政处分。

### （三）税务争议的解决程序

税务争议的解决方式有行政复议和诉讼两种方式。

纳税人、扣缴义务人、纳税担保人同税务机关在纳税上发生争议时，必须先依照税务机关的纳税决定缴纳或者解缴税款及滞纳金或者提供相应的担保，然后可以依法申请行政复议，对行政复议决定不服的，可以依法向人民法院起诉。

当事人对税务机关的处罚决定、强制执行措施或者税收保全措施不服的，可以依法申请行政复议，也可以依法向人民法院起诉。

当事人对税务机关的处罚决定逾期不申请行政复议也不向人民法院起诉、又不履行的，做出处罚决定的税务机关可以采取强制执行措施，或者申请人民法院强制执行。

## 本章小结：

财政法是调整财政关系的法律规范的总称。本章介绍了我国财政管理体制和财政管理机构，讲解了预算法的基本知识，包括预算管理体制、预算收支范围、预算的组织管理、决算以及对决算的监督。本章重点阐述了我国现行税法，税法的主要内容包括：税法的构成要素；我国现行主要税种，包括流转税、所得税及财产税、行为税和资源税；违反税法的行为及法律责任。

**思考题：**
1. 简述财政法的调整对象。
2. 简述流转税的基本内容。
3. 简述企业所得税的征税范围。
4. 简述税收征收管理的主要内容。

## 典型案例及分析：

2016 年 5 月 13 日，辽宁省本溪市国税局某分局受理了某药店的纳税申报，4 月份该药店申报税款为零。这张申报表立即引起了税务人员的怀疑。该店 2016 年 4 月 2 日办理税务登记，主要从事药品的批发零售，开业以来生意红火，每天顾客盈门。头一个月怎么会是零申报呢？

分局立即派两名稽查人员，对该药店进行纳税检查，发现该药店在纳税上存在着严重问题。2016 年 4 月，该店实现销售收入 19 万元，应纳增值税税款 7 000 元，该药店零申报属虚假申报。稽查人员在进一步检查时又发现，该店在 4 月 2 日办理税务登记前，已营业了 3 个多月，这 3 个多月累计实现销售收入 75 万元，应纳增值税 3 万余元，该药店未向主管税务机关申报纳税。该药店共计不缴或少缴的增值税税款共计 3.7 万元。

问：(1) 该药店具有哪些违法行为？

(2) 根据查清的事实，稽查人员应如何对该药店的违法行为定性？

分析：(1) 该药店的违法行为有两点：第一，没有及时进行纳税登记。《税收征管法》规定，企业、企业在外地设立的分支机构和从事生产、经营的场所，个体工商户和从事生产、经营的事业单位自领取营业执照之日起 30 日内，持有关证件向税务机关申报办理税务登记。税务机关应当自收到申报之日起 30 日内审核并发给税务登记证件。而该药店在 4 月 2 日办理税务登记之前已经营业 3 个多月了，这远远超过了法律规定的 30 日的期限。

第二，该药店虚假申报税额。《税收征管法》规定，纳税人必须依照法律、行政法规规定或者税务机关依照法律、行政法规的规定确定的申报期限、申报内容如实办理纳税申报，报送纳税申报表、财务会计报表以及税务机关根据实际需要要求纳税人报送的其他纳税资料。2016 年 4 月，该店实现销售收入 19 万元，应纳增值税税款 7000 元，该药店零申报属虚假申报。该店在 4 月 2 日办理税务登记前，已营业了 3 个多月，这 3 个多月累计实现销售收入 75 万元，应纳增值税 3 万余元,该药店未向主管税务机关申报纳税。该药店共计不缴或少缴的增值税税款共计 3.7 万元。

(2) 依据《税收征管法》规定,纳税人伪造、变造、隐匿、擅自销毁账簿、记账凭证,或者在账簿上多列支出或者不列、少列收入,或者经税务机关通知申报而拒不申报或者进行虚假的纳税申报,不缴或者少缴应纳税款的,是偷税。对纳税人偷税的,由税务机关追缴其不缴或者少缴的税款、滞纳金,并处不缴或者少缴的税款百分之五十以上五倍以下的罚款;构成犯罪的,依法追究刑事责任。该药店不缴或少缴的增值税税款共计 3.7 万元,对这 3.7 万元的税款,由税务机关追缴其不缴或者少缴的税款、滞纳金,并处不缴或者少缴的税款百分之五十以上五倍以下的罚款。

# 第十四章　证　券　法

**知识目标：**

- 了解证券的概念、特征和种类
- 理解证券法的基本原则,我国的证券监督管理体制
- 掌握证券市场的主体制度、发行制度、证券上市交易制度

**能力目标：**

- 能分析、判断证券法律关系的性质
- 能根据证券法律规范解析相关案件

## 第一节　证券法概述

### 一、证券的概念和种类

#### (一) 证券的概念

证券是记载并代表一定权利的凭证的通称,是用来证明证券持有者按证券所载内容取得相应权益的凭证。

#### (二) 证券的种类

根据不同的标准,可以把证券作以下分类:(1) 根据证券权利性质不同,可以分为物权证券、债权证券和股权证券;(2) 根据证券权利客体的不同,可以分为商品证券、货币证券和资本证券;(3) 根据证券的转让方式不同,可以分为记名证券和无记名证券;(4) 根据证券的权利载体不同,可以分为实物式证券和簿记式证券;(5) 根据证券上市与否,可以分为上市证券和非上市证券;(6) 根据证券的发行方式不同,可以分为公募证券和私募证券。

我国证券法规定的证券有股票、公司债券和国务院依法认定的其他证券三类。国务院依法认定的其他证券,目前主要是指非公司企业债券、投资基金券、新股认购权证书、金融债券等。

### 二、证券法

#### (一) 证券法的概念、特征

证券法是调整证券市场的参与者与证券监督管理者在证券的募集、发行、交易、监督管理过程中所发生的社会经济关系的法律规范的总称。是商法的特别法。

证券法的概念有狭义和广义之分。狭义的证券法,是指一国制定的关于证券的专门法律。从广义上讲,凡调整证券关系的法律规范都属于证券法范畴。它不仅包括专门的证券法内容,也包括其他法律部门中关于证券方面的规定,如《公司法》、《刑法》以及其他法律、法规关于证券方面的规定。

证券法具有以下特征:

1. 证券法规范主要是强制性规范。
2. 证券法具有较强的技术性。
3. 证券法是公法与私法的结合。
4. 证券法是实体法与程序法的结合。
5. 证券法是具有一定国际性的法律规范。

**(二) 证券法的基本原则**

1. 公开原则

证券法的公开原则所包含的内容是多方面的,凡是与证券和证券市场有关的一切活动与信息都应当公开。

2. 公平原则

公平原则,是指在证券发行和证券交易中双方当事人的法律地位平等、法律待遇平等、法律保护平等,以及所有市场参与者的机会平等。

3. 公正原则

公正原则,是指在证券发行和交易中,应制定和遵守公正的规则,证券监管机关和司法机关应公正地适用法律法规,对当事人应公正平等地对待,不偏袒任何一方。

4. 诚信原则

诚信原则也称诚实信用原则,是指民事主体在从事民事活动时,应讲诚实、守信用,以善意的方式履行其义务,不得滥用权力及规避法律或合同规定的义务。

5. 效率与安全兼顾原则

效率原则是商法的基本原则,也是市场经济的必然要求,市场经济的效率体现为社会资源的有效配置和优胜劣汰。对现代证券市场来说,交易安全以及整个证券市场的安全仍然是重要目标。没有交易安全,不仅投资者利益得不到保障,而且容易产生证券市场的系统风险。证券市场具有很强的投机性和风险性,保障交易安全显得尤为重要。因此,各国证券法律制度愈来愈重视证券交易中的登记结算制度,以及风险控制制度,以防范证券交易的风险。

# 第二节　证券发行与承销

## 一、证券发行概念

所谓证券发行,是指证券发行人依照法定程序将自己的证券出售或交付给投资者的行为。从选择的发行对象进行划分,证券发行有公开发行与非公开发行之区分。证券公开发行是指证券发行人依法向不特定人发出认购证券的要约、要约邀请或单方面表示招募证券的行为。证券非公开发行是指证券发行人依法向特定人发行全部证券。

## 二、证券发行的条件

### (一) 股票公开发行的条件

#### 1. 新设立股份有限公司公开发行股票的条件

根据《证券法》第 13 条规定,公开发行新股,应当符合下列条件:(1) 具备健全且运行良好的组织机构;(2) 具有持续盈利能力,财务状况良好;(3) 最近三年财务会计文件无虚假记载,无其他重大违法行为;(4) 经国务院批准的国务院证券监督管理机构规定的其他条件。

同时,根据国务院《股票发行与交易管理暂行条例》第 8 条规定,设立股份有限公司公开发行股票,应当符合下列条件:(1) 公司的生产经营符合国家产业政策;(2) 公司发行的普通股只限一种,同股同权;(3) 发起人认购的股本数额不少于公司拟发行的股本总额的百分之三十五;(4) 在公司拟发行的股本总额中,发起人认购的部分不少于人民币三千万元,但是国家另有规定的除外;(5) 向社会公众发行的部分不少于公司拟发行的股本总额的百分之二十五,其中公司职工认购的股本数额不得超过拟向社会公众发行的股本总额的百分之十;公司拟发行的股本总额超过人民币四亿元的,证监会按照规定可酌情降低向社会公众发行的部分的比例,但是,最低不少于公司拟发行的股本总额的百分之十五;(6) 发行人在近三年内没有重大违法行为;(7) 证券委规定的其他条件。

#### 2. 原有企业改组设立股份有限公司公开发行股票的条件

原有企业改组设立股份有限公司申请公开发行股票,除了要符合新设立股份有限公司申请公开发行股票的条件外,还要符合下列条件:(1) 发行前一年末,净资产在总资产中所占比例不低于百分之三十,无形资产在净资产中所占比重不高于百分之二十,但是证券委另有规定的除外;(2) 近三年连续盈利。

#### 3. 关于增资发行新股的条件

根据国务院《股票发行与交易管理暂行条例》第 10 条规定,股份有限公司增资申请公开发行股票,除应当符合新设立股份有限公司申请公开发行股票与原有企业改组设立股份有限公司申请公开发行股票的条件外,还应当符合下列条件:(1) 前一次公开发行股票所得资金的使用与其招股说明书所述的用途相符,并且资金使用效益良好;(2) 距前一次公开发行股票的时间不少于十二个月;(3) 从前一次公开发行股票到本次申请期间没有重大违法行为;(4) 证券委规定的其他条件。

#### 4. 定向募集公司公开发行股票的条件

定向募集股份有限公司申请公开发行股票除了要符合新设立和改组设立股份有限公司公开发行股票的条件外,还应符合下列条件:(1) 定向募集所得资金的使用与其招股说明书所述的用途相符,并且资金使用效益好;(2) 距最近一次定向募集股份的时间不少于 12 个月;(3) 从最近一次定向募集到本次公开发行期间没有重大违法行为;(4) 内部职工股权证按照规定范围发放,并且已交国家指定的证券机构集中托管;(5) 证券委规定的其他条件。

### (二) 公司债券发行的条件

初次公开发行公司债券,应当符合下列条件:(1) 股份有限公司的净资产不低于人民币三千万元,有限责任公司的净资产不低于人民币六千万元;(2) 累计债券余额不超过公司净资产的百分之四十;(3) 最近三年平均可分配利润足以支付公司债券一年的利息;(4) 筹集的资金投向符合国家产业政策；(5)债券的利率不超过国务院限定的利率水平；(6)国务院规定的其他条件。公开发行公司债券筹集的资金，必须用于核准的用途，不得用于弥补亏损和非生产性支出。

上市公司发行可转换为股票的公司债券，除应当符合公开发行公司债券的条件外，还应当符合本法关于公开发行股票的条件，并报国务院证券监督管理机构核准。

同时，中国证券监督管理委员会《公司债券发行与交易管理办法》的规定，存在下列情形之一的，不得公开发行公司债券：(1)最近36个月内公司财务会计文件存在虚假记载，或公司存在其他重大违法行为；(2)本次发行申请文件存在虚假记载、误导性陈述或者重大遗漏；(3)对已发行的公司债券或者其他债务有违约或者迟延支付本息的事实，仍处于继续状态；(4)严重损害投资者合法权益和社会公共利益的其他情形。

在再次公开发行债券的情况下，有下列情形之一的，不得再次公开发行公司债券：(1)前一次公开发行的公司债券尚未募足；(2)对已公开发行的公司债券或者其他债务有违约或者延迟支付本息的事实，仍处于继续状态；(3)违反本法规定，改变公开发行公司债券所募资金的用途。

### 三、证券发行的程序

#### (一) 股票发行程序

1. 股东大会批准本次股票发行

发行人董事会应当依法就本次股票发行的具体方案、本次募集资金使用的可行性及其他必须明确的事项做出决议，并提请股东大会批准。股东大会应就本次发行股票做出决议。决议至少应当包括下列事项：本次发行股票的种类和数量；发行对象；价格区间或者定价方式；募集资金用途；发行前滚存利润的分配方案；决议的有效期；对董事会办理本次发行具体事宜的授权；其他必须明确的事项。

2. 主承销商的内核和保荐机构出具推荐文件

发行人向不特定对象发行的证券，法律、行政法规规定应当由证券公司承销的，发行人应当同证券公司签订承销协议。证券公司承销证券，应当对公开发行募集文件的真实性、准确性、完整性进行核查。

发行人申请公开发行股票，依法采取承销方式的应当聘请具有保荐资格的机构担任保荐人。根据中国证券监督管理委员会《证券发行上市保荐业务管理办法》的规定，保荐机构可以担任证券发行的主承销商，因此担任股票发行主承销商的证券公司，应当遵循勤勉尽责和诚实信用的原则，认真履行尽职调查义务，负责向中国证监会推荐发行人，并对其所出具的推荐函和尽职调查报告承担相应的责任。

3. 中国证监会受理申请文件

中国证监会收到申请文件后，应在5个工作日内做出是否受理的决定。

4. 初审

中国证监会如果决定受理，应在受理申请文件后，由相关职能部门对发行人的申请文件进行初审，并由发行审核委员会审核。中国证监会在初审过程中，将征求发行人注册地省级人民政府是否同意发行人发行股票的意见，并就发行人的募集资金投资项目是否符合国家产业政策和投资管理的规定征求国家发展和改革委员会的意见。

**5. 股票发行审核委员会审核**

发行审核委员会由国务院证券监督管理机构的专业人员和所聘请的该机构外的有关专家组成,以投票方式对股票发行申请进行表决,提出审核意见。

**6. 核准发行**

国务院证券监督管理机构依照法定条件对发行人的发行申请做出予以核准或者不予核准的决定,并出具相关文件。股票发行申请经核准后,发行人应自国务院证券监督管理机构核准发行之日起6个月内发行股票;超过6个月未发行的,核准文件失效,须重新经国务院证券监督管理机构核准后方可发行。股票发行申请未获核准的,自国务院证券监督管理机构做出不予核准决定之日起6个月后,发行人可再次提出股票发行申请。

**7. 复议**

发行申请核准后、股票发行结束前,发行人发生重大事项的,应当暂缓或者暂停发行,并及时报告国务院证券监督管理机构,同时履行信息披露义务,影响发行条件的,应当重新履行核准程序。国务院证券监督管理机构对已做出的核准股票发行的决定,发现不符合法定条件或者法定程序,尚未发行股票的,应当予以撤销,停止发行。

**(二) 公司债券发行程序**

**1. 做出发行公司债券的决议**

股份有限公司和符合要求的有限责任公司发行公司债券事宜,由股东(大)会依公司章程规定的议事方式和表决程序做出决议。发行人应当依照《公司法》或者公司章程相关规定对以下事项做出决议:(1)发行债券的数量;(2)发行方式;(3)债券期限;(4)募集资金的用途;(5)决议的有效期;(6)其他按照法律法规及公司章程规定需要明确的事项。

**2. 申报准备工作**

发行人聘请相关中介机构做准备工作。根据《公司债券发行与交易管理办法》公开发行公司债券,应当委托具有从事证券服务业务资格的资信评级机构进行信用评级,出具信资评级报告;聘请律师事务所出具债券募集说明书所引用的法律意见书;与具有证券承销业务资格的证券公司签订承销协议,协商确定公开发行的定价与配售方案、发行定价流程和配售规则等内容。

**3. 提交申请文件**

发行人应当按照中国证监会关于信息披露内容与格式的有关规定编制和报送公开发行公司债券的申请文件。

**4. 公司债券发行审批**

中国证监会受理申请文件后,依法审核公开发行公司债券的申请,自受理发行申请文件之日起3个月内,做出是否核准的决定,并出具相关文件。发行申请核准后,公司债券发行结束前,发行人发生重大事项,导致可能不再符合发行条件的,应当暂缓或者暂停发行,并及时报告中国证监会。影响发行条件的,应当重新履行核准程序。承销机构应当勤勉履行核查义务,发现发行人存在前款规定情形的,应当立即停止承销,并督促发行人及时履行报告义务。

**5. 公告公司债券募集办法**

发行人的发行债券申请经国务院授权的部门核准后,应当公告公司债券募集办法。公司债券募集办法中应当载明下列主要事项:(1)公司名称;(2)债券募集资金的用途;(3)债券总额和债券的票面金额;(4)债券利率的确定方式;(5)还本付息的期限和方式;(6)债券担保情况;(7)债券的发行价格、发行的起止日期;(8)公司净资产额;(9)已发行的尚未到期的公司债券总额;(10)公司债券的承销机构。

6. 向社会公开发行公司债券

公司(发行人)公告债券募集办法后,即可开始募集工作。公司向公众发售公司债券,应记载于发行公司备置的公司债券存根簿。公开发行公司债券,可以申请一次核准,分期发行。自中国证监会核准发行之日起,发行人应当在 12 个月内完成首期发行,剩余数量应当在 24 个月内发行完毕。公开发行公司债券的募集说明书自最后签署之日起 6 个月内有效。采用分期发行方式的,发行人应当在后续发行中及时披露更新后的债券募集说明书。

7. 向中国证监会备案

公司债券发行工作结束后,应在每期发行完成后 5 个工作日内报中国证监会备案。

## 四、证券承销制度

### (一)证券承销的概念

证券承销是指证券公司等证券经营机构依照承销协议包销或者代销发行人所发行的股票和债券,并依照法律和合同收取一定比例承销费(佣金)的行为。证券承销是证券间接发行时所采用的发行方式。

### (二)证券承销的方式

证券承销方式分为证券代销和证券包销。证券代销是指证券经营机构代发行人发售证券,在承销期结束后,将未售出的证券全部退还给发行人的承销方式。证券包销是指证券经营机构将发行人的证券按照协议全部购入或者在承销期结束时将售后剩余证券全部自行购入的承销方式。

### (三)证券承销资格

证券公司、资产管理公司等证券经营机构从事证券承销业务,需按规定取得承销业务资格。承销业务资格分为承销商资格和主承销商资格。

### (四)证券承销协议

发行人和主承销商应当签订承销协议,在承销协议中界定双方的权利义务关系,约定明确的承销基数。采用包销方式的,应当明确包销责任;采用代销方式的,应当约定发行失败后的处理措施。

### (五)证券承销的法定要求

1. 禁止不正当竞争手段招揽承销业务。
2. 不得事先预留所承销的证券。
3. 保证公开发行证券募集文件信息的真实性、准确性和完整性。
4. 及时承销备案制度。

# 第三节　证券上市与交易制度

## 一、证券上市

### （一）证券上市的概念

证券上市，是指公开发行的有价证券，依据法定条件和程序，在证券交易所或其他依法设立的交易市场公开挂牌交易的行为。在证券交易所内买卖的有价证券，称为上市证券，发行上市证券的公司称为上市公司。

### （二）证券上市的条件

证券上市条件，也称证券上市标准，是指证券交易所制定的、证券发行人获得上市资格的基本条件和要求。为保证证券的流通性和交易的安全性，证券必须符合一定的条件方可挂牌上市。这里主要介绍我国股票和公司债券的上市条件。

1. 股票上市条件

股票上市必须具备以下条件：

（1）股票经国务院证券监督管理机构核准已公开发行；

（2）公司股本总额不少于人民币 3 千万元；

（3）公开发行的股份达到公司股份总数的 25% 以上；公司股本总额超过人民币 4 亿元的，公开发行股份的比例为 10% 以上；

（4）公司最近三年无重大违法行为，财务会计报告无虚假记载。

另外，证券交易所可以规定高于上述规定的上市条件，并报国务院证券监督管理机构批准。

2. 公司债券上市的条件

公司申请其公司债券上市交易必须符合下列条件：

（1）公司债券的期限为一年以上；

（2）公司债券实际发行额不少于人民币 5 000 万元；

（3）公司申请债券上市时仍符合法定的公司债券发行条件。

### （三）证券上市的程序

1. 股票上市程序

（1）申请核准；（2）签署上市协议；（3）上市公告；（4）挂牌交易。

2. 公司债券上市程序

（1）申请核准；（2）签署上市协议；（3）上市公告；（4）挂牌交易。

## 二、证券交易

### （一）证券交易程序

1. 开立证券交易账户

证券交易的第一步程序是开立证券交易账户，简称开户，办理开户手续是进行证券交易的前提条件和步骤。依据我国现行证券交易制度,证券投资者开立的账户分为证券账户和资金账户。

证券账户是用于存储投资者已经购买或待售的证券。在开设证券账户时首先进行名册登记,名册登记分为个人名册登记和法人名册登记两种。个人名册登记应载明登记日期和委托人的基本情况、联系方式,并留存印鉴或签名样式。如有委托代理人,委托人须留存其书面授权书。法人名册登记应提供法人证明,并载明法定代表人及证券交易执行人的基本情况、留存法定代表人授权证券交易执行人的书面授权书。

资金账户主要用于存储投资者的投资资金和卖出股票后收回的价金。开立资金账户的最低资金限额,由证券公司根据营业规则确定。

**2. 办理委托手续**

投资者在选择证券公司开立证券账户和资金账户时,需与证券公司签订《指定交易协议书》和《委托交易协议书》,与证券公司建立证券托管与交易代理关系。

由于我国实行指定交易制度,投资者只能在一家证券公司开立一个资金账户,其证券账户中的证券,由开立资金账户的证券公司托管,证券公司根据证券交易所及登记结算公司传送的指定交易证券账户的证券余额,为委托人即证券投资者建立明细账,用于进行相关证券的结算过户。在指定交易期间,证券买卖均需通过该证券公司代理。指定交易可以申请撤销。

**3. 委托指令的竞价与成交**

投资者在完成开户与委托代理手续后,在资金账户上存入资金的次日,即可下达委托指令,进行证券交易。委托指令的竞价,按照价格优先、时间优先的竞价原则进行。所有报价均通过证券交易所电脑系统自动撮合成交,来完成买卖。

**4. 清算与交割**

证券清算是指每日交易终止后,成交的各方证券商根据成交单,互相抵销同种证券的买卖数量与金额,然后再计算出应交割的证券与价款净额,再通过清算公司确定每位证券商应收或应付的净额。证券交割是买卖双方交付给对方证券和价款的过程。由于实行无纸化电脑操作和证券集中保管,办理交割时,由清算机构通过证券集中保管库存账户划转完成。

**5. 证券登记过户**

证券过户是指证券由转让人转移到证券受让人的登记过程。上市的记名证券的过户由证券登记结算公司通过电脑统一办理。

**(二) 证券交易规则**

**1. 交易场所的限制**

根据《证券法》第39条规定,依法公开发行的股票、公司债券及其他证券,应当在依法设立的证券交易所上市交易或者在国务院批准的其他证券交易场所转让。

**2. 交易方式的限制**

《证券法》第42条明确规定:证券交易以现货和国务院规定的其他方式进行交易。

**3. 特定主体证券转让期限的限制**

(1) 发起人股份的转让限制。《公司法》第142条规定:发起人持有的本公司股份,自公司成立之日起一年内不得转让。公司公开发行股份前已发行的股份,自公司股票在证券交易所上市交易之日起一年内不得转让。

(2) 公司高级管理人员股份转让的限制。《公司法》第142条第2款规定:公司董事、监事、高级管理人员应当向公司申报所持有的本公司的股份及其变动情况,在任职期间每年转让的股份不得超过其所持有本公司股份总数的 25％；所持本公司股份自公司股票上市交易之日起一年内不得转让。上述人员离职后半年内，不得转让其所持有的本公司股份。公司章程可以对公司董事、监事、高级管理人员转让其所持有的本公司股份做出其他限制性规定。《证券法》第 47 条规定：上市公司董事、监事、高级管理人员，将其持有的该公司的股票在买入后 6 个月内卖出，或者在卖出后 6 个月内又买入，由此所得收益归该公司所有，公司董事会应当收回其所得收益。

（3）持有一个股份有限公司已发行的股份 5％ 的股东买卖股票的限制。《证券法》第 67 条规定：持有公司 5％ 以上股份的股东或者实际控制人，其持有股份或者控制公司的情况发生较大变化，上市公司应当立即将该情况向国务院证券监督管理机构和证券交易所报送临时报告，并予公告，说明事件的起因、目前的状态和可能产生的法律后果。同时，《证券法》第 47 条规定：持有上市公司股份 5％ 以上的股东，将其持有的该公司的股票在买入后 6 个月内卖出，或者在卖出后 6 个月内又买入，由此所得收益归该公司所有，公司董事会应当收回其所得收益。

### 4. 法定人员持股与买卖股票限制

根据《证券法》第 43 条规定，证券交易所、证券公司和证券登记结算机构的从业人员、证券监督管理机构的工作人员以及法律、行政法规禁止参与股票交易的其他人员，在任期或者法定限期内，不得直接或者以化名、借他人名义持有、买卖股票，也不得收受他人赠送的股票。任何人在成为上述所列人员时，其原已持有的股票，必须依法转让。

### 5. 专业机构及其人员的股票交易限制

根据《证券法》第 45 条规定，为股票发行出具审计报告、资产评估报告或者法律意见书等文件的证券服务机构和人员，在该股票承销期内和期满后 6 个月内，不得买卖该种股票。除前款规定外，为上市公司出具审计报告、资产评估报告或者法律意见书等文件的证券服务机构和人员，自接受上市公司委托之日起至上述文件公开后 5 日内，不得买卖该种股票。

### 6. 持续信息公开及虚假信息责任

根据《证券法》、《上市公司信息披露管理办法》的规定，发行人、上市公司依法披露的信息，必须真实、准确、完整，不得有虚假记载、误导性陈述或者重大遗漏。上市公司依法披露的信息包括公开发行公告文件、中期报告、年度报告、重大事件公告，且上市公司的监事会应当对董事会编制的公司定期报告进行审核并提出书面审核意见。依法必须披露的信息，应当在国务院证券监督管理机构指定的媒体发布，同时将其置备于公司住所、证券交易所，供社会公众查阅。

上市公司公告的招股说明书、公司债券募集办法、财务会计报告、上市报告文件、年度报告、中期报告、临时报告以及其他信息披露资料，有虚假记载、误导性陈述或者重大遗漏，致使投资者在证券交易中遭受损失的，上市公司应当承担赔偿责任；上市公司的董事、监事、高级管理人员和其他直接责任人员以及保荐人、承销的证券公司，应当与上市公司承担连带赔偿责任，但是能够证明自己没有过错的除外；上市公司的控股股东、实际控制人有过错的，应当与上市公司承担连带赔偿责任。

### 7. 禁止的交易行为

为保证上市公司证券交易的公开、公平，保护中小股东利益，维护市场交易的安全与稳定，我国《证券法》规定了一系列禁止的交易行为，包括内幕交易的禁止、内幕信息利用的禁止、操纵证券交易的禁止、虚假信息的禁止、欺诈行为的禁止、挪用公款买卖证券的禁止等。在此，仅对其中部门禁止交易行为作简要阐述。

（1）内幕交易的禁止

《证券法》第 73 条规定：禁止证券交易内幕信息的知情人和非法获取内幕信息的人利用内幕信息从事证券交易活动。证券交易内幕信息的知情人包括：① 发行人的董事、监事、高级管理人员；② 持有公司 5％ 以上股份的股东及其董事、监事、高级管理人员，公司的实际控制人及其董事、监事、高级管理人员；③ 发行人控股的公司及其董事、监事、高级管理人员；④ 由于所任公司职务可以获取公司有关内幕信息的人员；⑤ 证券监督管理机构工作人员以及由于法定职责对证券的发行、交易进行管理的其他人员；⑥ 保荐人、承销的证券公司、证券交易所、证券登记结算机构、证券服务机构的有关人员；⑦ 国务院证券监督管理机构规定的其他人。

（2）内幕信息利用的禁止

证券交易内幕信息的知情人和非法获取内幕信息的人，在内幕信息公开前，不得买卖该公司的证券，或者泄露该信息，或者建议他人买卖该证券。内幕交易行为给投资者造成损失的，行为人应当依法承担赔偿责任。

（3）操纵证券交易的禁止

根据《证券法》规定，禁止任何人以下列手段操纵证券市场：① 单独或者通过合谋，集中资金优势、持股优势或者利用信息优势联合或者连续买卖，操纵证券交易价格或者证券交易量；② 与他人串通，以事先约定的时间、价格和方式相互进行证券交易，影响证券交易价格或者证券交易量；③ 在自己实际控制的账户之间进行证券交易，影响证券交易价格或者证券交易量；④ 以其他手段操纵证券市场。操纵证券市场行为给投资者造成损失的，行为人应当依法承担赔偿责任。

# 第四节　上市公司收购

## 一、上市公司收购的概念

上市公司收购是指收购人通过法定方式，取得上市公司一定比例的发行在外的股份，以实现对该上市公司控股或者合并的行为。

## 二、上市公司收购的分类

上市公司收购，依据不同的标准可以作不同的分类。主要有以下几种：

1. 按照收购方式，可分为要约收购、协议收购和集中竞价收购。

2. 按照收购人与目标公司是否合作，可分为敌意收购和友好收购。

3. 按照收购是否构成法律义务，可分为自愿收购与强制收购。

4. 依据收购目标公司股份的比例和数量，分为部分收购和全部收购，或称控股收购和合并收购。

## 三、上市公司收购的基本原则

### （一）目标公司股东待遇平等原则

目标公司股东待遇平等原则是指在上市公司收购中目标公司的所有股东均应获得平等待

遇,即所有股东,不论大小,也不论持股的先后,在收购中,他们在信息的获得、条件的适用、价格的提高以及出售股份的机会等方面均应被一视同仁。

### (二) 充分披露原则

充分披露原则又称透明原则,即与收购有关的重要信息均应充分披露,使面临收购的目标公司股东能够自行做出有依据的决定。这一原则有助于解决上市公司收购中的信息不对称问题,防止内幕交易和证券欺诈行为的发生,从而保护所有投资者的合法权益。

### (三) 保护中小股东利益原则

保护中小股东利益主要体现在两方面:一是强制收购要约;二是强制购买剩余股票。

强制收购要约是指当收购者收购目标公司股份达到法定比例时,法律将强制其向目标公司的剩余股份持有者发出全面收购要约。其目的在于防止收购者凭借其控股地位压迫中小股东,从而损害他们的合法权益。

强制购买剩余股票是指当要约期满,要约收购人持有股份达到目标公司股份总数的绝对优势比例时,目标公司的其余股东有权以同等条件向收购要约人强制出售其股票,该制度的目的是给予中小股东以选择的权利,以彰显公平。

# 第五节　证券市场主体

## 一、证券交易所

### (一) 证券交易所的性质与组织形式

#### 1. 证券交易所的性质

证券交易所是指依照法定条件设立的,为证券集中交易提供场所、设施,并依法履行相应职责,实行自律性管理的法人。我国证券交易所的性质,是非营利性、实行自律管理的会员制法人。我国证券交易所具有以下特征:

(1) 证券交易所是依法设立的法人组织;

(2) 证券交易所是为证券集中竞价交易提供服务的固定场所;

(3) 证券交易所是非营利法人;

(4) 证券交易所是实行自律性管理的法人。

#### 2. 证券交易所的组织形式

证券交易所的组织形式通常分为两种类型:一是会员制;一是公司制。会员制证券交易所一般为非营利性法人。参加证券交易所的会员是证券自营商和证券经纪商。会员可以是公司法人,也可以是自然人。

公司制证券交易所是依照公司法和证券交易所法等特别法规设立的,以"有限公司"或"股份公司"命名的证券交易服务机构。由股东会员出资设立,并以出资额为限对外承担有限责任。目前从各国和地区的证券交易所的组织形式来看,采用公司制的证券交易所为数较少。

### （二）证券交易所的职能与组织机构

1. 证券交易所的基本职能

我国《证券法》对证券交易所的职能未作具体规定。根据《证券交易所管理办法》的规定，证券交易所的职能主要包括：（1）提供证券交易的场所和设施；（2）制定证券交易所的业务规则；（3）接受上市申请、安排证券上市；（4）组织、监督证券交易；（5）对会员进行监管；（6）对上市公司进行监管；（7）设立证券登记结算机构；（8）管理和公布市场信息；（9）证监会许可的其他职能。

2. 证券交易所的组织机构

会员制证券交易所的组织机构通常由会员大会、理事会、总经理和专门委员会组成。

会员大会为证券交易所的最高权力机构，证券交易所理事会是证券交易所的决策机构，证券交易所总经理是理事会的辅助执行机构。

理事会设监察委员会，每届任期3年。

理事会根据需要，可以下设其他专门委员会。各专门委员会的职责、任期和人员组成等事项，应当在证券交易所章程中做出具体规定。

### （三）证券交易所的设立和解散

证券交易所的设立有三种类型：一是特许制，即证券交易所的设立须经证券主管部门的批准。该制度以日本等国为代表。二是登记制，即证券交易所的设立须向证券主管部门登记。该制度以美国为代表。三是承认制，即证券交易所的管理以自律为原则，政府主管部门予以承认。该制度以英国为代表。

我国证券交易所的设立属于特许制。根据我国《证券法》和《证券交易所管理办法》的规定，设立证券交易所，由证监会审核，报国务院批准。

根据《证券法》规定，设立证券交易所必须制定章程。证券交易所章程的制定和修改，必须经国务院证券监督管理机构批准。

证券交易所的解散有两种情形：一是自愿解散，即出现章程规定的解散事由，由会员大会决议解散，报经证券主管部门批准。二是强制解散，即因违法行为而被证券主管部门做出解散的决定。我国《证券交易所管理办法》规定，证券交易所的解散，经证监会审核同意后，由国务院批准。

### （四）证券交易所的行为规则

1. 不得以营利为目的

为保证证券交易所得公正性，证券交易所不得以营利为目的。证券交易所可以自行支配的各项费用收入，应当首先用于保证其证券交易场所和设施的正常运行并逐步改善。实行会员制的证券交易所的财产积累归会员所有，其权益由会员共同享有，在其存续期间，不得将其财产积累分配给会员。

2. 会员代理交易制

进入证券交易所参与集中竞价交易的，必须是具有证券交易所会员资格的证券公司。投资者应当与证券公司签订证券交易委托协议，在证券公司开立证券交易账户，以书面、电话以及其他方式，委托为其开户的证券公司代其买卖证券。

3. 设立风险基金

我国《证券法》规定,证券交易所应当从其收取的交易费用和会员费、席位费中提取一定比例的金额设立风险基金。风险基金由证券交易所理事会管理。风险基金提取的具体比例和使用办法,由国务院证券监督管理机构会同国务院财政部门规定。证券交易所应当将收存风险基金存入开户银行专门账户,不得擅自使用。

4. 回避制度

证券交易所的负责人和其他从业人员在执行与证券交易有关的职务时,凡与其本人或者其亲属有利害关系的,应当回避。

5. 不得改变交易结果

按照依法制定的交易规则进行的交易,不得改变其交易结果。对交易中违规交易者应负的民事责任不得免除;在违规交易中所获利益,依照有关规定处理。

## 二、证券登记结算机构

### (一)证券登记结算机构的概念和性质

1. 证券登记结算机构的概念

证券登记结算机构是为证券交易提供集中登记、存管与结算服务,不以营利为目的的法人。设立证券登记结算机构必须经国务院证券监督管理机构批准。其有如下四方面的含义:

(1)证券登记结算机构属于法人。证券登记结算机构作为一个法人,具有民事权利能力和民事行为能力,依法独立享有民事权利和承担义务。

(2)证券登记结算机构属于非营利的公益法人。关于这一含义的理解,我们将在"证券登记结算机构的性质"中分析。

(3)证券登记结算机构属于为证券交易提供集中的登记、托管与结算服务的专业机构。证券登记结算机构应当与委托其办理证券登记业务的证券发行人签订证券登记及服务协议,明确双方的权利义务。

(4)证券登记结算机构是特许法人。中国证券登记结算有限责任公司是经中国证监会批准、在工商登记机关登记注册的法人组织。目前,上海、深圳证券交易所内的证券公开发行与买卖、登记、托管和结算服务等业务,均通过中国证券登记结算有限责任公司进行。

2. 关于证券登记结算机构的性质

在证券登记结算机构的性质上,国外有两种基本设立模式,即财团法人制和公司制。财团法人是为一定的目的而设立,并由专门委任的人按规定目的使用的各种财产,称为财产的组合。公司制证券登记结算机构是为营利目的而设立、为股东获取利润的法人组织。我国现有的证券登记结算机构虽然以"公司"命名,但其不以营利为目的、不向其结算会员分配利润,因而在性质上依然属于非营利法人。所谓"不以营利为目的",是相对营利为目的而言的,是指不从事生产经营活动、不为设立人获取利润。因此,我国的证券登记结算机构可归属于公益性机构,旨在维护证券市场的安全运行。这既体现出对投资者利益的最大维护,更是国家建立健全证券市场所需的条件。

### (二)证券登记结算机构的设立条件

根据《证券法》第 156 条的规定,设立证券登记结算机构必须具备以下条件:

1. 资金条件

证券登记结算机构的自有资金不少于人民币 2 亿元。

2. 设备条件

证券登记结算方式,从最初的手工实物清算交割,到目前的证券全部无纸化集中存管、资金实行法人清算,技术支持手段不断提高。因而,证券登记结算机构应该具有证券登记、托管与结算服务所必需的设施,如先进的电脑设备、通信设备,有完整的数据安全保护和数据备份措施等,以防范并减少证券交易登记和清算的风险。

3. 人员条件

证券登记结算机构的主要管理人员和业务人员必须具有证券从业资格。主要管理人员应当是该机构的行政指挥者和组织者及其他公司业务管理人员;业务人员应当是管理人员以外的其他业务人员,比如设备操作人员等。这些人员须取得证券从业资格证书。

4. 有合法确定的名称

证券登记结算机构应标明"证券登记结算"字样,其他任何单位均不能标明该名称。

5. 国务院证券监督管理机构规定的其他条件

这是证券法关于证券登记结算机构设立条件的一条概括性规定。它为中国证监会顺应形势发展的需要而做出相应规定预留的空间。

**(三) 证券登记结算机构的职能**

证券登记结算机构的职能是指证券登记结算机构的业务范围。根据《证券法》第 157 条的规定,证券登记结算机构的职能主要包括:(1) 证券账户、结算账户的设立;(2) 证券的存管和过户;(3) 证券持有人名册的登记;(4) 证券交易所上市证券交易的清算与交收;(5) 受发行人的委托派发证券权益;(6) 办理与上述业务有关的查询;(7) 国务院证券监管机构批准的其他业务。

**(四) 证券登记结算机构的权利义务**

根据《证券法》和《证券交易所管理办法》的规定,证券登记结算机构的主要权利和义务如下:

1. 证券登记结算机构的权利

(1) 有权拒绝他人随意查询证券持有人名册以及相关资料。

(2) 有权要求结算会员缴纳证券结算风险基金。

(3) 有追偿的权利。

证券结算风险基金是一种化解证券市场风险的基金,当出现《证券法》所规定的"因技术故障、操作失误等原因造成的损失"而由证券登记结算机构用风险基金做出先行赔偿后,如果属于"他人"责任造成的损失,则证券登记结算机构有权向"他人"进行追偿。

2. 证券登记结算机构的义务

(1) 法定保管义务

《证券法》第 159 条规定:证券持有人持有的证券,在上市交易时,应当全部存管在证券登记结算机构。证券登记结算机构不得挪用客户的证券。

(2) 资料善管和提供义务

证券登记结算机构应当向证券发行人提供证券持有人名册及其有关资料。证券登记结算机构应当根据证券登记结算的结果,确认证券持有人持有证券的事实,提供证券持有人登记资料。证券登记结算机构应当保证证券持有人名册和登记过户记录真实、准确、完整,不得隐匿、伪造、篡改或者毁损。

(3) 保证业务正常进行的义务

为保证证券登记结算业务的正常进行,确保证券市场的稳定,证券登记结算机构应当采取下列措施:① 具有必备的服务设备和完善的数据安全保护措施;② 建立健全的业务、财务和安全防范等管理制度;③ 建立完善的风险管理系统。

(4) 建立证券结算风险基金的义务

证券结算风险基金是指用于垫付或者弥补证券登记结算机构因技术故障、操作失误、不可抗力导致的重大经济损失,以及防范与证券结算业务相关的重大风险事故而设立的专项基金。证券结算风险基金从证券登记结算机构的业务收入和收益中提取,并可以由结算参与人按照证券交易业务量的一定比例缴纳。证券结算风险基金的筹集、管理办法,由国务院证券监督管理机构会同国务院财政部门规定。

(5) 清算资金专项管理义务

我国《证券交易所管理办法》第 72 条规定:证券交易所的会员为参加证券交易所交易市场的交易而缴存的清算头寸、清算交割准备金,应当由证券登记结算机构专项存储。证券登记结算机构应当在业务规则中明确上述资金的用途及收取标准,并对上述资金严格管理,严禁透支,不得挪作他用。

## 三、证券公司

### (一) 证券公司的概念及法律地位

1. 证券公司的概念

在我国,证券公司是指依法经中国证监会批准设立的、从事证券经营业务的有限责任公司或股份有限公司。

2. 证券公司的法律地位

证券(尤其是股票和公司债券)的发行与交易,一般都要通过证券公司来完成。可以说,证券公司是沟通证券发行与交易的重要中间环节。它的存在,有利于推动证券市场的高效运转,降低社会融资成本。因此,证券公司的经营范围和组织形式决定了其法律地位。这种法律地位表现为它既区别于证券发行人、投资者,也区别于证券交易所。

(1) 证券公司与证券发行人的法律地位区别

① 在证券发行市场上,证券公司与证券发行人均为证券发行关系的当事人。但是,证券公司还拥有证券承销的权利。在证券承销过程中,证券公司只是根据承销协议负责推销证券,是证券销售关系的"卖方"。发行人通过发行证券,达到筹集资本的目的。证券公司通过承销证券,达到收取承销费的目的。② 在证券交易市场上,证券公司拥有参与证券交易的权利,作为交易一方的当事人,可以自营买卖或者代理顾客买卖发行人发行的证券,而发行人除非符合法律规定的减少公司资本的条件,否则,不得收购本公司发行的股票。③ 在证券包销期限届满以后,证券公司依据余额包销协议的包销权有权持有发行人未发行出去的证券,此时,它与发行人的关系是股东(公司所有者)或债权人与公司的关系。

（2）证券公司与一般投资者的法律地位区别

① 一级市场取得证券方式的差异。证券公司可通过包销或代销的方式，直接从发行人手中购得证券（如全额包销）或认购其所承销的剩余证券（如余额包销）；而对一般投资者而言，除法律允许自办发行的证券外，一般都得从证券承销公司处认购证券。② 二级市场买卖证券方式的差异。在证券交易所市场上，证券公司可以以自己的名义在证券交易所直接参与证券交易；而一般的投资者则不能在证券交易所直接参与证券交易，只能以自己的名义委托证券公司在证券交易所代其买卖证券。

（3）证券公司与证券交易所的法律地位区别

① 证券公司是以营利为目的的法人，而在我国，证券交易所是非营利的会员制交易所。② 证券公司与证券交易所虽然都是证券市场的主体，但证券交易所不能成为证券发行关系和证券交易关系的主体，其本身不从事任何证券的买卖。而证券公司则是证券发行关系和证券交易关系中的主体。③ 证券公司和证券交易所都要受证券监管机构的监管，除此之外，证券公司还必须是证券交易所和证券业协会的会员，其有关业务还要受证券交易所的审查和监督。④ 证券公司与证券交易所相互依存。一方面，证券公司要参与证券交易所提供的证券交易必须首先取得交易所的会员资格；另一方面，证券交易所，尤其是会员制证券交易所的存在，必须有一定人数的证券公司作为其会员。

### （二）证券公司的分类与业务范围

**1. 证券公司的分类**

在国外，证券公司又称证券商。根据证券商业务性质的不同，把证券商一般分为证券承销商、证券自营商、证券经纪商和证券综合商四种。我国《证券法》依照组织形式，将证券公司分为证券有限责任公司和证券股份公司。为健全内部控制与实行分业操作，《证券法》第136条的规定：证券公司应当建立健全内部控制制度，采取有效隔离措施，防范公司与客户之间、不同客户之间的利益冲突。证券公司必须将其证券经纪业务、证券承销业务、证券自营业务和证券资产管理业务分开办理，不得混合操作。

**2. 证券公司的业务范围**

证券公司的业务范围，是指《证券法》和中国证监会批准证券公司可以开展经营活动的范围。根据我国证券法的规定，证券公司可以经营的证券业务包括：（1）证券经纪；（2）证券投资咨询；（3）与证券交易、证券投资活动有关的财务顾问；（4）证券承销与保荐；（5）证券自营；（6）证券资产管理；（7）其他证券业务。

### （三）证券公司的设立、变更与终止

**1. 证券公司的设立条件**

关于证券公司的设立，我国《证券法》第122条规定：设立证券公司，必须经国务院证券监督管理机构审查批准。未经国务院证券监督管理机构批准，任何单位和个人不得经营证券业务。按照这一条的规定，我国对证券公司的设立实行审批制（许可制），即证券公司应当依照法定程序，由中国证监会进行设立审核批准，然后由工商行政管理部门登记注册为证券公司，才能经营证券业务。同样，我国证券公司设立分支机构必须经中国证监会审核批准。鉴于证券公司在证券市场中的重要地位，我国证券立法都对其成立条件作了严格规定。这些条件除《公司法》规定的公司成立的一般条件外，集中体现在《证券法》和国务院2008年颁布施行的《证券

公司监督管理条例》中对证券公司的股东出资及资格要求、资本要求和从业人员的适格等方面。

（1）股东出资及资格要求

证券公司的股东除应当符合《公司法》规定的一般条件外，还应当符合《证券法》和《证券公司监督管理条例》中规定的特殊条件。根据《证券法》规定，证券公司的主要股东具有持续盈利能力，信誉良好，最近三年无重大违法违规记录，净资产不低于人民币 2 亿元。根据《证券公司监督管理条例》的规定，证券公司的股东应当用货币或者证券公司经营必需的非货币财产出资，且证券公司股东的非货币财产出资总额不得超过证券公司注册资本的 30%。证券公司股东的出资，应当经具有证券、期货相关业务资格的会计师事务所验资并出具证明；出资中的非货币财产，应当经具有证券相关业务资格的资产评估机构评估。

同时，有下列情形之一的单位或者个人，不得成为持有证券公司 5% 以上股权的股东、实际控制人：① 因故意犯罪被判处刑罚，刑罚执行完毕未逾 3 年；② 净资产低于实收资本的 50%，或者或有负债达到净资产的 50%；③ 不能清偿到期债务；④ 国务院证券监督管理机构认定的其他情形。证券公司的其他股东应当符合国务院证券监督管理机构的相关要求。

（2）对证券公司的资本要求

根据《证券法》的规定，证券公司经营证券经纪、证券投资咨询、与证券交易及证券投资活动有关的财务顾问业务的，注册资本最低限额为人民币 5 000 万元；经营证券承销与保荐、证券自营、证券资产管理及其他证券业务之一的证券公司，注册资本最低限额为人民币 1 亿元；经营证券承销与保荐、证券自营、证券资产管理及其他证券业务中两项以上的，注册资本最低限额为人民币 5 亿元。证券公司的注册资本应当是实缴资本，且国务院证券监督管理机构可以根据审慎监管原则和各项业务的风险程度调整注册资本最低限额，但不得少于上述规定的限额。

（3）业务人员资格要求

证券公司的主要管理人员及其业务人员应当具备中国证监会规定的相应从业资格，既包括证券公司的主要管理人员和业务人员不得有法律禁止的情形，也包括其应符合法律、法规和规章的要求取得相应的从业资格证书和具备相应的素质（如高级管理人员应当符合中国证监会规定的任职条件）。

主要管理人员是指证券公司的董事、监事、经理及其他高级管理人员。业务人员是指在证券公司中，具体办理证券经营业务的人员。证券公司的主要管理人员和业务人员除须具备证券专业知识和从事证券业务的经验外，还不得有法律禁止的情形。如根据我国法律的规定，证券公司的董事、监事或者经理不得有下列情形：①《公司法》第 147 条规定的情形；② 因违法行为或者违纪行为被解除职务的证券交易所、证券登记结算机构的负责人或者证券公司的董事、监事、高级管理人员，自被解除职务之日起未逾五年；③ 因违法行为或者违纪行为被撤销资格的律师、注册会计师或者投资咨询机构、财务顾问机构、资信评级机构、资产评估机构、验证机构的专业人员，自被撤销资格之日起未逾五年。

因违法行为或者违纪行为被开除的证券交易所、证券登记结算机构、证券服务机构、证券公司的从业人员和被开除的国家机关工作人员，不得招聘为证券公司的从业人员。国家机关工作人员和法律、行政法规规定的禁止在公司中兼职的其他人员，不得在证券公司中兼任职务。证券公司的董事、监事、高级管理人员和境内分支机构负责人应当在任职前取得经国务院证券监督管理机构核准的任职资格等。

（4）有固定的经营场所和合格的交易设施

固定的经营场所和与开展证券活动相适应的合格交易设施，是证券公司经营活动的基础。固定的经营场所和合格的交易设施可以是公司自行购买、股东入股或向他人租赁取得等三种形式。

（5）有完善的风险管理与内部控制制度

证券公司应当按照审慎经营的原则，建立健全风险管理与内部控制制度，防范和控制风险。证券公司应当对分支机构实行集中统一管理，不得与他人合资、合作经营管理分支机构，也不得将分支机构承包、租赁或者委托给他人经营管理。两个以上的证券公司受同一单位、个人控制或者相互之间存在控制关系的，不得经营相同的证券业务，但国务院证券监督管理机构另有规定的除外。证券公司应当按照规定提取一般风险准备金，用于弥补经营亏损。

国务院证券监督管理机构应当对证券公司的净资本，净资本与负债的比例，净资本与净资产的比例，净资本与自营、承销、资产管理等业务规模的比例，负债与净资产的比例，以及流动资产与流动负债的比例等风险控制指标做出规定。证券公司不得为其股东或者股东的关联人提供融资或者担保。

同时，《证券法》要求证券公司建立健全内部控制制度，采取有效隔离措施，各种业务间实行分业操作。

（6）有符合法律、行政法规规定的公司章程

证券公司的公司章程除应符合《公司法》的相关规定外，还应当包含以下重要内容：① 证券公司的名称、住所；② 证券公司的组织机构及其产生办法、职权、议事规则；③ 证券公司对外投资、对外提供担保的类型、金额和内部审批程序；④ 证券公司的解散事由与清算办法；⑤ 国务院证券监督管理机构要求证券公司章程规定的其他事项。变更证券公司章程中的以上条款应当经国务院证券监督管理机构批准。

（7）中国证监会规定的其他条件。

2. 证券公司设立的程序

（1）申请：凡具备《证券法》、《公司法》和《证券公司监督管理条例》等规定关于证券公司设立条件者，均可向国务院证券监督管理机构提出证券公司设立申请；（2）审批；（3）公司设立登记：证券公司设立申请经批准后，应向公司登记机关申请设立登记，取得营业执照后，即取得法人资格。

3. 证券公司的终止

证券公司的终止，是指已获准成立的证券公司，因一定事由的发生而丧失其民事主体资格，不再具有民事权利能力与行为能力的状态。导致证券公司终止的事由有以下三种情形：

（1）自行解散。证券公司可因其章程规定的解散事由出现而决定自行解散。当然，证券公司自行解散必须经中国证监会批准。证券公司一经解散，其主体资格即行丧失。

（2）中国证监会依法予以撤销。在证券公司存续期间，如发生严重违法行为，中国证监会可以取消其经营证券业务资格。

（3）依法被宣告破产。如果证券公司的资产不能清偿到期债务，人民法院可根据债权人或债务人的申请，依法宣告其破产。

**4. 证券公司的禁止行为**

（1）证券公司不得接受投资者的全权委托

全权委托是指投资者向证券公司做出的、由证券公司决定证券买卖、选择证券品种、决定买卖数量或者买卖价格的委托指令。我国《证券法》第143条明确规定：证券公司办理经纪业务，不得接受客户的全权委托而决定证券买卖、选择证券种类、决定买卖数量或者买卖价格。

（2）对投资者利益做出非法承诺

在证券经纪业务中，证券公司只是代客买卖证券，由此收取少量的佣金，委托人作为投资者应承担证券交易的风险或收益。因此，《证券法》第144条要求：证券公司不得以任何方式对客户证券买卖的收益或者赔偿证券买卖的损失做出承诺。

（3）证券公司不得私下接受委托

证券交易是在指定营业场所的阳光下交易，因此，根据《证券法》第145条的规定，证券公司及其从业人员不得未经过其依法设立的营业场所私下接受客户委托买卖证券。如果证券公司的从业人员在证券交易活动中，按其所属的证券公司的指令或者利用职务违反交易规则的，则由所属的证券公司承担全部责任。

## 四、证券交易服务机构

### （一）证券交易服务机构的概念和种类

证券交易服务机构是指为证券的发行、交易和相关投资活动提供专业服务的中介机构。这些中介机构包括证券投资咨询机构、资信评级机构、律师事务所、会计师事务所、资产评估机构和土地评估事务所等其他证券交易服务机构。

### （二）证券投资咨询公司

**1. 证券投资咨询公司的概念**

证券投资咨询公司，又称证券投资顾问公司，是指对普通证券投资者、证券发行人和证券交易者筹资活动、投资交易提供咨询服务的专业公司。

**2. 资咨询公司的职责和义务**

证券投资咨询公司的业务范围一般包括：(1) 介绍证券投资的常识性内容；(2) 编辑出版有关证券投资的资料，举办证券知识讲座；(3) 培训证券专业技术人才；(4) 根据投资者的要求进行市场调查和前景预测；(5) 根据筹资者发行证券的需要，代为制作证券发行的有关文件。证券投资咨询机构的从业人员通常不得从事下列行为：(1) 代理委托人从事证券投资；(2) 与委托人约定分配证券投资收益或者分担证券投资损失；(3) 买卖本咨询机构提供服务的上市公司的股票；(4) 利用传播媒介或者通过其他方式提供、传播虚假或者误导投资者的信息；(5) 法律、行政法规禁止的其他行为。有上述行为之一，给投资者造成损失的，依法承担赔偿责任。证券投资咨询公司在进行咨询服务时，应当对自己分析报告的真实性负责，但并不对投资者接受咨询后的投资结果承担法律责任。证券投资咨询公司在进行咨询服务时应当客观公正，不能有诈欺行为或恶意误导行为。

### （三）证券资信评估机构

**1. 证券资信评估机构的概念**

证券资信评级机构也称资信评估机构，是指对公募发行的有价证券的质量进行评价，测定该种证券投资价值的一项制度。其中,专门从事证券资信评级工作的机构即为资信评级机构。根据中国证券监督管理委员会《证券市场资信评级业务管理暂行办法》的规定,证券评级业务,是指对下列评级对象开展资信评级服务:(1)中国证监会依法核准发行的债券、资产支持证券以及其他固定收益或者债务型结构性融资证券;(2)在证券交易所上市交易的债券、资产支持证券以及其他固定收益或者债务型结构性融资证券,国债除外;(3)上述两项规定的证券的发行人、上市公司、非上市公众公司、证券公司、证券投资基金管理公司;(4)中国证监会规定的其他评级对象。

证券评级机构从事证券评级业务,应当遵循一致性原则,对同一类评级对象评级,或者对同一评级对象跟踪评级,应当采用一致的评级标准和工作程序。评级标准有调整的,应当充分披露。

2. 信用评级的级别

目前,我国的资信评级尚无一致标准,在实践中一般采用9级制:(1)AAA,意味着"还本付息能力强,具有可靠的保证,承担风险最小";(2)AA,意味着"还本付息能力强,承担风险很小";(3)A,意味着"还本付息能力一般,但有可靠担保,承担风险小";(4)BBB,意味着"还本付息短期内可靠,承担风险逐渐增大";(5)BB,意味着"还本付息能力暂时可靠,承担风险大";(6)B,意味着"还本付息能力不可靠,承担风险很大";(7)CCC,意味着"还本付息能力很不可靠,随时可能发生违约";(8)CC,意味着"还本付息能力极不可靠,有极大的投机性";(9)C,意味着"完全的投机性"。

**(四)其他证券交易服务机构**

1. 从事证券法律业务的律师事务所和律师

在中国,合法登记的律师事务所和有营业执照的律师均可从事证券法律业务,不需要另行取得证券法律业务资格。按照有关规定,证券法律业务的内容主要包括两项:

(1)证券发行、上市和交易出具的法律意见书。法律意见书是由律师事务所出具的证明证券的发行、上市和进行交易符合有关的规定条件的法律文件。申请人申请公开发行股票及申请股票上市应当附有律师事务所出具的法律意见书。法律意见书以律师事务所的名义制作,由律师签名,并应加盖事务所公章。律师事务所和律师出具法律意见书,应对其所出具报告的真实性、准确性和完整性进行检查和验证,并就其负有责任的部分承担连带责任。

(2)审查、修改、制作与证券发行、上市和交易有关的法律文件。律师事务所和律师包括但不限于审查、修改和制作公司章程、招股说明书、债券(基金)募集办法、上市申请书、年度或中期报告、上市公告书、重大事件公告书以及股东大会决议和董事会决议等。

2. 会计师事务所

会计师事务所的证券业务内容主要包括对证券发行人和上市公司进行财务审计、咨询及其他相关的专业服务。具体说来,这些业务包括:

(1)为股票的发行与上市出具各种报告,包括但不限于发行公司近三年的财务报告、资产评估报告、验资报告、经营业绩审计报告、盈利预测的审核报告等。各种报告均应由两名以上的注册会计师及其所在事务所签字盖章。按照规定,公开发行与交易股票的企业、机构和场所聘请没有取得许可证的会计师事务所进行的财务审计和编报的财会资料,一律无效。

(2)接受委托,对上市公司董事会准备提交给股东会讨论表决的各种财会报表和利润分配方案进行审计和核查。

(3) 接受委托和指定,对证券经营机构向人民银行提供的资产负债表、损益表和其他财务报表进行审计。

(4) 接受委托对股票发行和交易机构的其他业务活动进行监督和咨询。

## 本章小结:

证券法是规范资本市场的主要法律,其目标是确保证券市场的健康和可持续发展,保护投资人利益。本章主要介绍了证券的发行、证券的交易、证券相关机构等方面的内容。其重点在于明确证券运行的基本规则,以及按照证券法所设定的原则进行有效的监管。

**思考题:**

1. 证券法的概念及特征。
2. 证券法的基本原则。
3. 股票上市的条件与程序。
4. 公司债券上市的条件与程序。
5. 上市公司收购的概念及特征。

## 案例分析:

**案情:**

某股份有限公司(下称公司)于 2014 年 6 月在上海证券交易所上市。2015 年以来,公司发生了下列事项:

(1) 2015 年 5 月,董事赵某将所持公司股份 20 万股中的 2 万股卖出;2016 年 3 月,董事钱某将所持公司股份 10 万股中的 2.5 万股卖出;董事孙某因出国定居,于 2015 年 7 月辞去董事职务,并于 2016 年 3 月将其所持公司股份 5 万股全部卖出。

(2) 监事李某于 2015 年 4 月 9 日以均价每股 8 元价格购买 5 万股公司股票,并于 2015 年 9 月 10 日以均价每股 16 元价格将上述股票全部卖出。

(3) 2015 年 5 月 12 日,公司发布年度报告。为该公司年报出具审计报告的注册会计师周某于同年 5 月 20 日购买该公司股票 1 万股。

(4) 公司股东大会于 2015 年 5 月 8 日通过决议,由公司收购本公司股票 900 万股,即公司已发行股份总额的 3%,用于奖励本公司职工。同年 6 月,公司从资本公积金中出资收购上述股票,并将其中的 600 万股转让给公司职工,剩余的 300 万股拟在 2016 年 10 月转让给即将被吸收合并于该公司的另一企业的职工。

**问题:**

(1) 赵某、钱某和孙某卖出所持公司股票的行为是否符合法律规定?并分别说明理由。

(2) 李某买卖公司股票的行为是否符合法律规定?并说明理由。

(3) 周某买入公司股票的行为是否符合法律规定?并说明理由。

（4）公司收购用于奖励职工的本公司股票数额是否符合法律规定？并说明理由。公司从资本公积金中出资收购用于奖励职工的本公司股票的行为是否符合法律规定？并说明理由。公司预留 300 万股股票拟在 2016 年 10 月转让其他职工的行为是否符合法律规定？并说明理由。

分析：

（1）赵某卖出所持公司股票的行为不符合规定。根据规定，董事、监事、高级管理人员所持本公司股份，自公司股票上市交易之日起 1 年内不得转让。本题中，公司 2014 年 6 月上市，董事赵某于 2015 年 5 月转让股份的行为是不符合规定的。

钱某卖出所持公司股票的行为符合规定。根据规定，董事、监事、高级管理人员在任职期间每年转让的股份不得超过其所持有本公司股份总数的 25％。本题中，董事钱某转让的股份未超过其持有股份总数的 25％，因此符合规定。

孙某卖出所持公司股票的行为符合规定。根据规定，董事、监事、高级管理人员离职后 6 个月内，不得转让其所持有的本公司股份。本题中，孙某 2015 年 7 月离职，因此 2016 年 3 月转让其持有股份的行为是符合规定的。

（2）李某买卖公司股票的行为不符合规定。根据《证券法》第 47 条规定，上市公司董事、监事、高级管理人员、持有上市公司股份 5％以上的股东，将其持有的该公司的股票在买入后 6 个月内卖出，或者在卖出后 6 个月内又买入，由此所得收益归该公司所有，公司董事会应当收回其所得收益。本题中，监事李某 2015 年 4 月 9 日买入股票，2015 年 9 月 10 日卖出股票的行为是不符合规定的，其交易收入应当归公司所有。

（3）周某买入公司股票的行为符合规定。根据《证券法》第 45 条第 2 款规定，为上市公司出具审计报告、资产评估报告或者法律意见书等文件的证券服务机构和人员，自接受上市公司委托之日起至上述文件公开后 5 日内，不得买卖该种股票。本题中，2015 年 5 月 12 日公司发布了年度报告，周某在同年 5 月 20 日买入股票的行为是合法的。

（4）公司收购用于奖励职工的本公司股票符合规定。根据规定，将股份奖励给本公司职工，收购的本公司股份，不得超过本公司已发行股份总额的 5％。本题中，收购数量为本公司已发行股份总额的 3％，未超过 5％。

公司从资本公积金中出资收购用于奖励职工的本公司股票的行为不符合规定。根据规定，将股份奖励给本公司职工，用于收购的资金应当从公司税后利润中支出。

公司预留 300 万股股票拟在 2016 年 10 月转让其他职工的行为不符合规定。根据规定，将股份奖励给本公司职工，所收购的股份应当在 1 年内转让给职工。本题中，转让的期限超过了 1 年，因此是不符合规定的。

**最高人民法院 2012 年发布内幕交易、泄露内幕信息犯罪典型案例：**

### 黄光裕等非法经营、内幕交易、泄露内幕信息、单位行贿案

被告人黄光裕，男，汉族，1969 年 5 月 9 日出生，原国美电器有限公司法定代表人、北京鹏润房地产开发有限公司法定代表人，北京中关村科技发展（控股）股份有限公司董事。

被告人杜鹃，女，汉族，1972 年 10 月 25 日出生，原系北京中关村科技发展（控股）股份有

限公司监事。

被告人许钟民,男,汉族,1965年11月3日出生,原系北京中关村科技发展(控股)股份有限公司董事长、总裁。

(一) 基本案情

1. 非法经营犯罪、单位行贿犯罪事实(略)

2. 内幕交易、泄露内幕信息犯罪事实

(1) 2007年4月,中关村上市公司拟与鹏泰公司进行资产置换,黄光裕参与了该项重大资产置换的运作和决策。在该信息公告前,黄光裕决定并指令他人借用龙燕等人的身份证,开立个人股票账户并由其直接控制。2007年4月27日至6月27日间,黄光裕累计购入中关村股票976万余股,成交额共计人民币(以下币种均为人民币)9 310万余元,账面收益348万余元。

(2) 2007年7、8月,中关村上市公司拟收购鹏润控股公司全部股权进行重组。在该信息公告前,黄光裕指使他人以曹楚娟等79人的身份证开立相关个人股票账户,并安排被告人杜鹃协助管理以上股票账户。2007年8月13日至9月28日间,黄光裕指使杜薇等人使用上述账户累计购入中关村股票1.04亿余股,成交额共计13.22亿余元,账面收益3.06亿余元。

期间,被告人许钟民明知黄光裕利用上述内幕信息进行中关村股票交易,仍接受黄光裕的指令,指使许伟铭在广东借用他人身份证开立个人股票账户或直接借用他人股票账户,于同年8月13日至9月28日间,累计购入中关村股票3 166万余股,成交额共计4.14亿余元,账面收益9 021万余元。

被告人许钟民还将中关村上市公司拟重组的内幕信息故意泄露给其妻李善娟及相怀珠等人。同年9月21日至25日,李善娟买入中关村股票12万余股,成交额共计181万余元。

(二) 裁判结果

北京市第二中级人民法院认为,被告人黄光裕等人作为证券交易内幕信息的知情人员,在涉及对证券交易价格有重大影响的信息尚未公开前,买入该证券,内幕交易成交额及账面收益均特别巨大,情节特别严重,黄光裕与被告人杜鹃、许钟民构成内幕交易罪的共同犯罪,许钟民向他人泄露内幕信息,还构成泄露内幕信息罪,其中黄光裕系主犯,杜鹃、许钟民系从犯。据此,北京市第二中级人民法院根据被告人黄光裕、杜鹃、许钟民犯罪的事实,犯罪的性质、情节及对社会的危害程度,以被告人黄光裕犯非法经营罪,判处有期徒刑八年,并处没收个人部分财产2亿元;犯内幕交易罪,判处有期徒刑九年,并处罚金6亿元;犯单位行贿罪,判处有期徒刑二年,决定执行有期徒刑十四年,并处罚金6亿元,没收个人部分财产2亿元。以被告人杜鹃犯内幕交易罪,判处有期徒刑三年六个月,并处罚金2亿元。以被告人许钟民犯内幕交易、泄露内幕信息罪,判处有期徒刑三年,并处罚金1亿元;犯单位行贿罪,判处有期徒刑一年,决定执行有期徒刑三年,并处罚金1亿元。

# 第十五章　国有资产管理法律制度

**◆ 知识目标：**

- 了解国有资产管理及国有资产的取得、认定、使用、收益、管理体制
- 理解国有资产评估、国有资产产权登记和企业国有产权转让

**◆ 能力目标：**

- 国有资产的产权界定与纠纷处理
- 能运用国有资产评估方法解决实际问题

## 第一节　国有资产管理概述

### 一、国有资产的监督管理部门

国有资产实施监督管理的部门，是指国务院国有资产监督管理委员会，省、自治区、直辖市人民政府设立的国有资产监督管理机构和设区的市、自治州人民政府设立的国有资产监督管理机构。

根据规定，国有资产监督管理机构的主要职责是：依照《公司法》等法律、法规，对所出资企业履行出资人职责，维护所有者权益；指导推进国有及国有控股企业的改革和重组；依照规定向所出资企业派出监事会；依照法定程序对所出资企业的企业负责人进行任免、考核，并根据考核结果对其进行奖惩；通过统计、稽核等方式对企业国有资产的保值增值情况进行监管；履行出资人的其他职责和承办本级政府交办的其他事项。国务院国资委除上述职责外，可以制定企业国有资产监督管理的规章、制度。

### 二、国有资产监督管理的内容

#### （一）对企业负责人的管理

1. 任免或者建议任免所出资企业的企业负责人。

2. 对企业负责人经营业绩进行考核。

#### （二）对企业重大事项的管理

1. 国有资产监管机构出资企业中的国有独资企业、国有独资公司的重组、股份制改造方案和所出资企业中的国有独资公司章程，须由国有资产监督管理机构审核批准。

2. 国有资产监管机构依法定程序决定其所出资企业中的国有独资企业、国有独资公司的

分立、合并、破产、解散、增减资本、发行公司债券等重大事项。

3. 国有出资企业的国有股权转让,由国有资产监管机构决定,其中转让全部国有股权或者转让部分国有股权致使国家不再拥有控股地位的,须报经本级人民政府批准。

4. 依照《公司法》的规定,派出股东代表、董事,参加国有控股的公司、国有参股的公司的股东会、董事会,由股东代表、董事代表国有资产监管机构在股东会、董事会上发表意见、行使表决权。

5. 依照国家有关规定组织协调所出资企业中的国有独资企业、国有独资公司的兼并破产工作,拟订所出资企业收入分配制度改革的指导意见,调控所出资企业工资分配的总体水平。

### (三)对企业国有资产的管理和监督

1. 国有资产监管机构依照国家有关规定,负责企业国有资产的产权界定、产权登记、资产评估监管、清产核资、资产统计、综合评价等基础管理工作,协调所出资企业之间的企业国有资产产权纠纷。

2. 国有资产监管机构对其所出资企业的企业国有资产收益,企业的重大投融资规划、发展战略和规划,依法履行出资人职责。

3. 国有资产监管机构代表本级人民政府向其所出资企业中的国有独资企业、国有独资公司派出监事会。

4. 国有资产监管机构依法对所出资企业财务进行监督,建立和完善国有资产保值增值指标体系,维护国有资产出资人的权益。

## 第二节　国有资产产权界定与纠纷处理制度

### 一、国有资产产权界定的概念和原则

#### (一)国有资产产权界定的概念

国有资产产权界定是对国有资产的所有权以及经营权、使用权等产权的归属进行确认的一种法律行为。

国有资产所有权界定,包括两个方面的内容:一是界定哪些资产是归国家所有;二是界定由国有资产所有权派生出来的权利由谁享有。

#### (二)国有资产产权界定的原则

开展国有资产产权界定工作应坚持以下原则:

1. 国家所有、分级分工管理原则。

2. "谁投资、谁拥有产权"的原则。

### 二、国有资产所有权界定

#### (一)国家机关、事业单位、政党和人民团体的国有资产所有权界定

1. 国家机关占有、使用的资产全部属于国有资产。

2. 事业单位国有财产的界定。

3. 政党及人民团体中由国家拨款等形成的资产属于国有资产。

**（二）全民所有制企业中的产权界定**

1. 有权代表国家投资的部门和机构以货币、实物和所有权属于国家的土地使用权、知识产权等无形资产向企业投资，形成的国家资本金，界定为国有资产。

2. 全民所有制企业运用国家资本金及在经营中借入的资金等所形成的税后利润，经国家批准留给企业作为增加投资的部分，以及从税后利润中提取的盈余公积金、公益金和未分配利润等，界定为国有资产。

3. 以全民所有制企业和行政事业单位担保，完全用国内外借入资金投资创办的或完全由其他单位借款创办的全民所有制企业，其收益积累的净资产，界定为国有资产。

4. 全民所有制企业接受馈赠形成的资产，界定为国有资产。

5. 在实行《企业财务通则》、《企业会计准则》以前，全民所有制企业从留利中提取的职工福利基金、职工奖励基金和"两则"实行后用公益金购建的集体福利设施而相应增加的所有者权益，界定为国有资产。

6. 全民所有制企业中的党、团、工会组织等占用企业的财产（不包括以个人缴纳党费、团费、会费以及按国家规定由企业拨付的活动经费等结余购建的资产），界定为国有资产。

**（三）集体所有制企业中的国有资产所有权界定**

1. 国家对集体企业的投资及其收益形成的所有者权益，其产权归国家所有。

2. 全民所有制企业和行政事业单位以货币、实物和所有权属于国家的土地使用权、知识产权等独资（包括几个全民所有制单位合资）创办的以集体所有制名义注册登记的企业单位，其资产所有权界定按照前述全民所有制企业的产权界定办法界定。

3. 全民所有制企业和行政事业单位，用国有资产在非全民所有制单位独资创办的集体企业中的投资，以及按照投资份额应取得的资产收益留给集体企业发展生产的资本金及其权益，界定为国有资产。

4. 集体企业依据国家法律、法规等有关政策规定享受的优惠，包括以税还贷、税前还贷和各种减免税金所形成的所有者权益，1993 年 6 月 30 日前形成的，其产权归劳动者集体所有；1993 年 7 月 1 日后形成的，国家对其规定了专门用途的，从其规定；没有规定的，按集体企业各投资者所拥有财产（含劳动积累）的比例确定产权归属。

5. 集体企业使用银行贷款、国家借款等借贷资金形成的资产，全民单位只提供担保的，不界定为国有资产，但履行了连带责任的.全民单位应予以追索清偿或协商转为投资。

6. 供销、手工业、信用等合作社中由国家拨入的资本金（含资金或实物）界定为国有资产，经国有资产管理部门会同有关部门核定数额后，继续留给合作社使用，由国家收取资产占用费。上述国有资产的增值部分由于历史原因无法核定的，可以不再追溯产权。

7. 集体企业和合作社无偿占用国有土地的，应由国有资产管理部门会同土地管理部门核定其占用土地的面积和价值量，并依法收取土地占用费。集体企业和合作社改组为股份制企业时，国有土地折价部分形成的国家股份或其他所有者权益，界定为国有资产。

**（四）中外合资、合作经营企业中国有资产所有权界定**

1. 对中外合资企业（中方为全民所有制单位）中国有资产所有权界定的方法为：(1) 中方以国有资产出资投入包括现金、厂房建筑物、机器设备、场地使用权、无形资产等形成的资产，界定为国有资产;(2)企业注册资本增加,按双方协议,中方以分得利润向企业再投资,或优先购买另一方股份所形成的资产,界定为国有资产;(3)可分配利润及从税后利润中提取的各项基金中,中方按投资比例所占的相应份额(不包括已提取用于职工奖励、福利等分配给个人消费的基金),界定为国有资产;(4)中方职工的工资差额,界定为国有资产;(5)企业根据中国法律和有关规定按中方工资总额一定比例提取的中方职工的住房补贴基金,界定为国有资产;(6)企业清算或完全解散时,馈赠或无偿留给中方继续使用的各项资产,界定为国有资产。

2. 中外合作经营企业中国有资产所有权界定参照上述办法的原则办理。

### (五)股份制、联营企业中国有资产所有权界定

1. 股份制企业中国有资产所有权界定办法为:(1)国家机关或其授权单位向股份制企业投资形成的股份,包括现有已投入企业的国有资产折成的股份,构成股份制企业中的国家股,界定为国有资产;(2)全民所有制企业向股份制企业投资形成的股份,构成国有法人股,界定为国有资产;(3)股份制企业公积金、公益金中,全民单位按照投资应占有的份额,界定为国有资产;(4)股份制企业未分配利润中,全民单位按照投资比例所占的相应份额,界定为国有资产。

2. 联营企业中国有资产所有权界定参照上述办法的原则办理。

## 三、全民所有制单位之间的产权界定

### (一)全民所有制单位之间产权界定的原则

1. 坚持分级分工管理,非经法定手续,不得随意变更其产权关系。
2. 不得随意无偿调拨。
3. 谁投资、谁拥有产权。
4. 国家机关不能投资创办企业或其他经济实体。

### (二)全民所有制单位之间产权界定的具体办法

1. 国家机关投资创办的企业和其他经济实体,应与该创办机关脱钩,其产权由国有资产管理部门会同有关部门委托有关机构管理。但国家机关所属事业单位经批准以其占用的国有资产出资创办的企业和其他经济实体,其产权归该单位拥有。

2. 对全民所有制单位由于历史原因或管理问题造成的有关房屋产权和土地使用权关系不清或有争议的处理办法为:(1)全民所有制单位租用房产管理部门的房产,因各种历史原因由全民所有制单位实际长期占用,并进行多次投入、改造或翻新,房产结构和面积发生较大变化的,可由双方协商共同拥有产权。(2)对数家全民单位共同出资或由上级主管部门集资修建的职工宿舍、办公楼等,应在核定各自出资份额的基础上,由出资单位按份额共有或共同拥有其产权。(3)对于全民单位已经办理征用手续的土地,但被另一些单位或个人占用,应由原征用土地一方进行产权登记,办理相应法律手续。已被其他单位或个人占用的,按规定实行有偿使用。(4)全民所有制单位按国家规定以优惠价向职工个人出售住房,凡由于分期付款,或者在产权限制期内,或者由于保留溢值分配权等原因,产权没有完全让渡到个人之前,全民单位对这部分房产应视为共有财产。

3. 对电力、邮电、铁路和城市市政公用事业等部门,按国家规定由行业统一经营管理。可由国有资产管理部门委托行业主管部门根据历史因素及其行业管理特点,对使用单位投入资

金形成的资产,依下列办法处理:(1)使用单位投入资金形成的资产交付行业主管部门进行统一管理,凡已办理资产划转手续的,均作为管理单位法人资产;凡没有办理资产划转手续的,可根据使用单位与管理单位双方自愿的原则,协商办理资产划转手续或资产代管手续。对使用单位投入资金形成的资产,未交付这些行业主管部门统一管理而归使用单位自己管理的,产权归使用单位拥有。(2)电力、邮电、铁路和城市市政公用事业等部门的企业代管其他企业、单位的各项资产,在产权界定或清产核资过程中找不到有关单位协商或办理手续的,经通告在一定期限后,可以视同为无主资产,归国家所有,其产权归代管企业。(3)对于地方政府以征收的电力建设资金或集资、筹资等用于电力建设形成的资产,凡属于直接投资实行按资分利的,在产权界定中均按投资比例划分投入资本份额;属于有偿使用已经或者将要还本付息的,其产权划归电力企业。

## 四、产权界定的组织实施

### (一)应当进行产权界定的情形

占有、使用国有资产的单位,发生下列情形的,应当进行产权界定:(1)与外方合资、合作的;(2)实行股份制改造和与其他企业联营的;(3)发生兼并、拍卖等产权变动的;(4)国家所属单位创办企业和其他经济实体的;(5)国有资产监管机构认为需要界定的其他情形。

### (二)产权界定的程序

1. 全民所有制单位的各项资产及对外投资,由全民所有制单位首先进行清理和界定,其上级主管部门负责督促和检查。必要时也可以由上级主管部门或国有资产监管机构直接进行清理和界定。

2. 全民所有制单位经清理、界定,已清楚属于国有资产的部分,按财务隶属关系报同级国有资产监管机构认定。

3. 经认定的国有资产,须按规定办理产权登记等有关手续。

占用国有资产的其他单位的产权界定,可以参照上述程序办理。

# 第三节 国有资产评估管理制度

## 一、国有资产评估的概念和原则

### (一)国有资产评估的概念

资产评估是指对资产某一时点的价格进行评定估算。国有资产评估即是对国家所有的资产某一时点的价格进行评定估算。

资产评估活动必须按照国家统一的规则进行。2005年国务院国有资产监督管理委员会发布了《企业国有资产评估管理暂行办法》,对各级国有资产监督管理机构履行出资人职责的企业的资产评估工作做出了规定。

### (二)国有资产评估的原则

1. 真实性原则。

2. 科学性原则。

3. 可行性原则。

## 二、国有资产评估的对象和范围

国有资产评估的对象是国有资产占有单位所占有的国有资产,其范围包括固定资产、流动资产、无形资产和其他资产。

国有资产占有单位有下列情形之一的,应当对国有资产进行资产评估:(1) 整体或部分改建为有限责任公司或者股份有限公司;(2) 以非货币资产对外投资;(3) 合并、分立、清算;(4) 除上市公司以外的原股东股权比例变动;(5) 除上市公司以外的整体或者部分产权(股权)转让;(6) 资产转让、置换、拍卖;(7) 整体资产或者部分资产租赁给非国有单位;(8) 确定涉讼资产价值;(9) 法律、行政法规规定的其他需要进行评估的事项。

## 三、国有资产评估的组织管理

### (一) 国有资产评估指导监督部门

国有资产评估指导监督部门为国有资产管理行政部门。国务院国有资产管理部门负责指导和监督全国的资产评估工作。地方各级国有资产管理部门或国有资产管理专门机构按照国家政策法规和上级国有资产管理部门的规定,负责管理本级的资产评估工作。

### (二) 资产评估机构

资产评估机构是指依法设立、取得资产评估资格,从事资产评估业务活动的社会中介机构,其组织形式为合伙制或者有限责任公司制。资产评估的范围主要包括各类单项资产评估、企业整体资产评估、市场所需的其他资产评估或者项目评估。

资产评估机构承担评估业务不受地区和行业限制,既可以承接本地和本行业的资产评估业务,也可以承接外地、境外和其他行业的资产评估业务。但是,资产评估机构与被评估单位有直接经济利益关系的,不得对其进行评估。资产评估实行有偿服务。资产评估机构接受委托进行评估时,应依国家规定向委托单位收费,并与委托单位在评估合同中明确具体收费办法。

## 四、国有资产评估项目核准制和备案制

### (一) 核准制

经各级政府批准的涉及国有资产产权变动、对外投资等经济行为的重大经济项目,其国有资产评估实行核准制。凡由国务院批准实施的重大经济项目,其评估报告由国务院国有资产管理部门进行核准。凡由省级(含计划单列市)人民政府批准实施的重大经济项目,其评估报告由省级财政部门或国有资产管理部门进行核准。

国有资产占有单位提出资产评估项目核准申请时,应报送下列文件:(1) 集团公司或有关部门审查同意转报国有资产管理部门予以核准的文件;(2) 资产评估项目核准申请表;(3) 与评估目的相对应的经济行为的批准文件或有效材料;(4) 资产重组方案或改制方案、发起人协议等其他材料;(5) 资产评估机构提交的资产评估报告(包括评估报告书、评估说明书和评估明细表及软盘);(6) 资产评估各当事方的承诺函。

国有资产管理部门收到核准申请后,对符合要求的,应在 20 个工作日内完成对评估报告的审核,下达核准文件。对不符合要求的,则予以退回。

### (二)备案制

除须报经核准的资产评估项目外的国有资产评估项目,实行备案制。国有资产占有单位按有关规定进行资产评估后,在相应经济行为发生前应将评估项目的有关情况专题向国有资产管理部门、集团公司、有关部门报告。国有资产管理部门、集团公司、有关部门应予受理。中央管理的企业集团公司及其子公司,国务院有关部门直属企事业单位的资产评估项目备案工作由国务院国有资产管理部门负责;子公司或直属企事业单位以下企业的资产评估项目备案工作由集团公司或有关部门负责。地方管理的国有资产占有单位的资产评估项目备案工作,分别由地方国有资产管理部门和集团公司或有关部门负责。涉及多个产权主体的评估项目,按国有股权最大股东的资产财务隶属关系办理备案手续;持股比例相等的,经协商可委托其中一方办理备案手续。

占有单位收到评估机构出具的评估报告后,对评估报告无异议的。应将备案材料逐级报送国有资产管理部门、集团公司、有关部门。应报送的文件材料为:(1)占有单位填报的《国有资产评估项目备案表》。(2)资产评估报告。评估报告书、评估说明和评估明细表可以软盘方式报送。(3)其他材料。

国有资产管理部门、集团公司、有关部门收到占有单位报送的备案材料后,对材料齐全的,应在 10 个工作日内办理备案手续;对材料不齐全的,待占有单位或评估机构补充完善有关材料后予以办理。

## 五、国有资产评估方法

### (一)收益现值法

收益现值法是将评估对象剩余寿命期间每年(或每月)的预期收益,用适当的折现率折现,累加得出评估基准日的现值,以此估算资产价值的方法。所谓收益现值是指企业在一定时期内的预期收益折成现值。剩余寿命指资产从评估之日起到丧失获利能力的年限。折现率是指未来收益折算成现时资金或本金的比例,包括安全收益率和风险收益率两个因素。采用收益现值法的基本要素是被评估资产的剩余寿命的长短,每年的预期收益额,以及折现率的高低。采用收益现值法必须具备两个前提条件:一是被评估资产能够独立创收,并能不断地获得预期收益;二是这里的预期收益,以及里面包含多少风险收益等都应当是可以用货币来计算的。

### (二)重置成本法

重置成本法是现时条件下被评估资产全新状态的重置成本减去该项资产的实体性贬值、功能性贬值和经济性贬值,估算资产价值的方法。重置成本是指现今购建一项全新的功能相同资产所需支出的最低金额.分复原重置成本和更新重置成本两种。复原重置即是完全按照被评估资产的原样购置(建造)资产,所谓原样即是在设计、原材料、生产工艺、制造标准等,均与被评估资产一样。更新重置是指重置一个与被评估资产用途一样的资产,但在设计工艺、原材料运用、制造标准等方面都可采用新方法。实体性贬值是指由于使用磨损和自然损耗造成的贬值。功能性贬值是指由于技术相对落后造成的贬值。经济性贬值是指由于外部环境变化引起的贬值。使用成本法评估无形资产时应当注意两个事项:一是无形资产的重置成本应当包括开发者或持有者的合理收益；二是功能性贬值和经济性贬值。

重置成本法主要适用于单项资产评估，对企业进行整体评估时也可以用重置成本法。

### （三）现行市价法

现行市价法是通过市场调查，选择一个或几个与评估对象相同或类似的资产作为比较对象，分析比较对象的成交价格和交易条件，进行对比调整，估算出资产价值的方法。使用市价法评估无形资产时应当注意四个事项：一是确定具有合理比较基础的类似的无形资产；二是收集类似的无形资产交易的市场信息和做评估无形资产以后的交易信息；三是依据的价格信息具有代表性，且在评估基准日是有效的；四是根据宏观经济、行业和无形资产情况的变化，考虑时间因素，对被评估无形资产以后交易信息进行必要调整。

现行市价法主要适用于单项资产的评估。

### （四）清算价格法

清算价格法是指以企业在停业或破产后，进行企业清算，出卖资产时可收回的快速变现价格，来评定企业资产价值的方法。采用这种方法进行资产评估要注重调查与被评估资产相同或类似资产的拍卖价格清理资料，对价格资料的准确性进行认真分析研究，并要逐项将评估对象与参照物进行对比，根据其差异程度来确定评估结果。

清算价格法主要适用于企业停业和破产时的资产评估。

### （五）其他方法

根据有关规定惯例，对流动资产中的原材料、在制品、协作件、库存商品、低值易耗品等存货资产进行评估时，可根据该项资产的现行市场价格、计划价格，考虑购置费用、产品完工程度、损耗等因素，评定重估价值；对有价证券的评估，可参照市场价格评定重估价值，没有市场价格的，可考虑票面价值、预期收益等因素，评定重估价值；对无形资产的评估，应区别情况分别评定：（1）外购的无形资产，根据购入成本及该项资产具有的获利能力评定价值；（2）自创或自身拥有的无形资产，根据其形成时的实际成本及该项资产的获利能力，评定价值；（3）自创或自身拥有的未单独计算成本的无形资产，根据该项资产具有的获利能力评定估算。

# 第四节　国有资产产权登记制度

## 一、企业国有资产产权登记制度概述

### （一）企业国有资产产权登记的性质

企业国有资产产权登记是指国有资产监管机构代表政府对占有国有资产的各类企业的资产、负债、所有者权益等产权状况进行登记，依法确认产权归属关系的行为。

企业国有资产产权登记是一种法律行为，这种行为不是简单地将国有资产记录在册，更重要的是记录在册后，要依法确认产权归属关系，国有资产监管机构将向企业颁发《中华人民共和国企业国有资产产权登记证》，该登记证是依法确认企业产权归属关系的法律凭证，也是企业的资信证明文件。

对企业国有资产产权进行登记由国有资产监管机构承担，依法履行七个方面的职责：一是依法确认企业产权归属,理顺企业集团内部产权关系;二是掌握企业国有资产占有、使用的状况;三是监管企业的国有产权变动;四是检查企业国有资产经营状况;五是监督国家授权投资机构、国有企业和国有独资公司的出资行为;六是备案企业的担保或资产被司法冻结等产权或有变动事项;七是在汇总、分析的基础上,编报并向同级政府和上级产权登记机关呈送产权登记与产权变动状况分析报告。

### (二) 企业国有资产产权登记的范围

根据国务院《企业国有资产产权登记管理办法》及其实施细则和《企业国有资产产权登记业务办理规则》的规定,国有企业、国有独资公司、设置国有股权的有限责任公司和股份有限公司、国有企业、国有独资公司投资设立的企业以及其他形式占有国有资产的企业,都应当依照规定申请办理国有资产产权登记。有限责任公司、股份有限公司、中外合资经营企业、中外合作经营企业和联营企业,应由国有股权持有单位或委托企业按规定申办企业国有资产产权登记。有关部门所属未脱钩企业和事业单位及社会团体所投资企业的产权登记工作,由同级国有资产监管机构组织实施。企业产权归属关系不清楚或者发生产权纠纷的,可以申请暂缓办理产权登记。被批准暂缓办理产权登记的企业应当在暂缓期内.将产权界定清楚,将产权纠纷处理完毕,然后投时办理产权登记。

### (三) 企业国有资产产权登记的管理

企业国有资产产权登记按照统一政策、分级管理的原则,由县级以上国有资产监管机构,按照产权归属关系办理。未设立国有资产监管机构的,由本级政府部门指定的部门或机构负责产权登记工作。

所谓统一政策,即企业国有资产产权登记工作方针、政策由国务院国有资产监管委会员统一制定,全国遵照执行。所谓分级管理即是要按产权的归属关系由各级国有资产监管机构来管理。由两个及两个以上国有资本出资人共同投资设立的企业,按国有资本额最大的出资者的产权归属关系确定企业产权登记的管辖机关;若国有资本各出资者出资额相等,则按其推举的出资者的产权归属关系确定企业产权登记的管辖机关,并由该国有资本出资人的所出资企业申请办理产权登记。

根据规定,国务院国有资产监管机构负责下列企业的国有资产产权登记管理工作:(1) 国务院管辖的企业、行业总公司;(2) 中央政府各部门、各直属机构、各直属事业单位及全国性社会团体管辖的企业;(3) 在国家计划单列的企业集团公司;(4) 国家授权投资的机构;(5) 中央国有企业、国有独资公司投资设立的企业。

省、自治区、直辖市及计划单列市国有资产管理部门负责下列企业国有资产产权登记管理工作:(1) 省级人民政府管辖的企业;(2) 省级政府各部门、直属机构、事业单位及社会团体管辖的企业;(3) 省计划单列的企业集团公司;(4) 省国有企业、国有独资公司投资设立的企业;(5) 国家财政部委托办理产权登记的企业。

地(市)、县国有资产管理部门的产权登记管辖范围由省、自治区、直辖市及计划单列市以下各级国有资产管理部门规定。

上级产权登记机关指导、监督下级产权登记机关的产权登记工作。地方各级国有资产监管机构负责本级所出资企业产权登记监管、汇总和分析工作,并将汇总分析数据资料上报上一级国有资产监管机构。所出资企业负责申请办理本企业及其各级子企业的产权登记,并对各级子企业的产权登记情况进行监管。

## 二、企业国有资产产权登记的内容

### (一) 企业国有资产产权登记的内容

企业国有资产产权登记分为占有产权登记、变动产权登记和注销产权登记。

已取得法人资格的企业未办理产权登记的,应当通过所出资企业向产权登记机关申办占有产权登记;申请取得法人资格的企业,应当于办理工商注册登记前30日内通过所出资企业申办占有产权登记;未办理占有产权登记的企业发生国有资产产权变动时,应当补办占有产权登记后,再申办变动或注销产权登记。

占有产权登记的主要内容包括:(1) 出资人名称、住所、出资金额及法定代表人;(2) 企业名称、住所及法定代表人;(3) 企业的资产、负债及所有者权益;(4) 企业实收资本、国有资本;(5) 企业投资情况;(6) 国务院国有资产管理部门规定的其他事项。

变动产权登记的情形包括:(1) 企业名称改变的;(2) 企业组织形式、级次发生变动的;(3) 企业国有资本额发生增减变动的;(4) 企业国有资本出资人发生变动的;(5) 企业国有资产产权发生变动的其他情形。

企业发生前述第(1) 种情形的,应当于工商行政管理部门核准登记后30日内,向原产权登记机关申办变动登记,发生前述第(2) 至(5) 种情形的,应当自企业出资人或者有关部门批准、企业股东大会或董事会作决定之日内,向工商行政管理部门申请变更登记前,向原产权登记机关申办变动产权登记。

注销产权登记的情形包括:(1) 企业解散、被依法撤销或者被依法宣告破产的;(2) 企业转让全部国有资产产权或改制后不再设置国有股权的;(3) 其他需要注销国有资产产权的情形。

企业解散的应自出资人的所出资企业或上级单位批准之日起30日内、企业被依法撤销的应自政府有关部门决定之日起30日内、企业转让全部国有资产产权(股权)或改制后不再设置国有股权的,应当自出资人的所出资企业或上级单位批准后30日内,由所出资企业向原产权登记机关申办注销产权登记。企业被依法宣告破产的,应自法院裁定之日起60日内由企业破产清算机构向原产权登记机关申办注销产权登记。

### (二) 企业国有资产产权登记的年度检查

企业国有资产产权登记实行年度检查制度。企业应当于每年2月1日至4月30日完成企业产权登记情况的年度检查,并向产权登记机关报送企业产权登记年度汇总表和年度汇总分析报告。各级产权登记机关应当于每年5月31日前对企业产权登记的情况进行抽查,并将本级政府所出资企业产权登记年度汇总表和年度汇总分析报告逐级上报,国务院国有资产监管机构应于每年6月30日前完成全国非金融类企业国有资产产权登记年度汇总检查工作。各级国有资产监管机构可以选择采用统一组织年检或企业自查、各级产权登记机关抽查相结合的年检方式。

企业产权登记年度汇总分析报告书应报告四个方面的内容:(1) 出资人的资本金实际到位和增减变动情况;(2) 企业国有资产的分布及结构变化,包括企业对外投资情况;(3) 本企业及其各级子企业发生国有资产产权变动情况及办理相应产权登记手续情况;(4) 国务院国有资产管理部门规定的其他事项。

# 第五节　企业国有产权转让制度

## 一、企业国有产权转让制度概述

企业国有产权,是指国家对企业以各种形式投入形成的权益、国有及国有控股企业各种投资所形成的应享有的权益,以及依法认定为国家所有的其他权益。企业国有产权转让是指国有资产监督管理机构、持有国有资本的企业(以下称转让方)将所持有的企业国有产权有偿转让给境内外法人、自然人或者其他组织(以下称受让方)的活动。

企业国有产权转让应当遵守国家法律、行政法规和政策规定,有利于国有经济布局和结构的战略性调整,促进国有资本优化配置,坚持公开、公平、公正的原则,保护国家和其他各方合法权益。

除国家法律、行政法规另有规定外,企业国有产权转让应当在依法设立的产权交易机构中公开进行,不受地区、行业、出资或者隶属关系的限制。

企业国有产权转让可以采取拍卖、招投标、协议转让以及国家法律、行政法规规定的其他方式进行。

转让企业国有产权导致转让方不再拥有控股地位的,应当按照有关政策规定处理好与职工的劳动关系,解决转让标的企业拖欠职工的工资、欠缴的各项社会保险费以及其他有关费用,并做好企业职工各项社会保险关系的接续工作。

## 二、企业国有产权转让的监督管理

### (一) 国有资产监督管理机构对企业国有产权转让的监管职责

国有资产监督管理机构决定所出资企业的国有产权转让。其中,转让企业国有产权致使国家不再拥有控股地位的,应当报本级人民政府批准。国有资产监督管理机构对企业国有产权转让的监管职责主要包括:按照国家有关法律、行政法规的规定,制定企业国有产权交易监管制度和办法;决定或者批准所出资企业国有产权转让事项,研究、审议重大产权转让事项并报本级人民政府批准;选择确定从事企业国有产权交易活动的产权交易机构;负责企业国有产权交易情况的监督检查工作;负责企业国有产权转让信息的收集、汇总、分析和上报工作;履行本级政府赋予的其他监管职责。

企业国有产权转让事项经批准或者决定后,如转让和受让双方调整产权转让比例或者企业国有产权转让方案有重大变化的,应当按照规定程序重新报批。

### (二) 所出资企业对企业国有产权转让的职责

所出资企业是指国务院,省、自治区、直辖市人民政府,设区的市、自治州级人民政府授权国有资产监督管理机构履行出资人职责的企业。所出资企业决定其子企业的国有产权转让。其中,重要子企业的重大国有产权转让事项,应当报同级国有资产监督管理机构会签财政部门后批准。其中,涉及政府社会公共管理审批事项的,需预先报经政府有关部门审批。其对企业国有产权转让的职责主要包括:按照国家有关规定,制定所属企业的国有产权转让管理办法,并报国有资产监督管理机构备案;研究企业国有产权转让行为是否有利于提高企业的核心竞争力,促进企业的持续发展,维护社会的稳定;研究、审议重要子企业的重大国有产权转让事项,决定其他子企业的国有产权转让事项;向国有资产监督管理机构报告有关国有产权转让情况。

## 三、企业国有产权转让的程序

### (一) 企业决议

企业国有产权转让应当做好可行性研究,按照内部决策程序进行审议,并形成书面协议。国有独资公司的产权转让,应当由董事会审议,没有设立董事会的,由总经理办公会议审议。涉及职工合法权益的,应当听取转让标的企业职工代表大会的意见,对职工安置等事项应当经职工代表大会讨论通过。

企业应制订企业国有产权转让方案,连同有关决议、产权登记证等文件一并上报有关机构批准。转让方案一般应当载明下列内容:(1) 转让标的企业国有产权的基本情况;(2) 企业国有产权转让行为的有关论证情况;(3) 转让标的企业涉及的、经企业所在地劳动保障行政部门审核的职工安置方案;(4) 转让标的企业涉及的债权、债务包括拖欠职工债务的处理方案;(5) 企业国有产权转让收益处置方案;(6) 企业国有产权转让公告的主要内容。转让企业国有产权导致转让方不再拥有控股地位的,应当附送经债权金融机构书面同意的相关债权债务协议、职工代表大会审议职工安置方案的决议等。

### (二) 清产核资

企业国有产权转让事项经批准或者决定后,转让方应当组织转让标的企业按照有关规定开展清产核资,根据清产核资结果编制资产负债表和资产移交清册,并委托会计师事务所实施全面审计(包括按照国家有关规定对转让标的企业法定代表人的离任审计)。资产损失的认定与核销,应当按照国家有关规定办理。转让所出资企业国有产权导致转让方不再拥有控股地位的,由同级国有资产监督管理机构组织进行清产核资,并委托社会中介机构开展相关业务。在清产核资和审计的基础上,转让方应当委托具有相关资质的资产评估机构依照国家有关规定进行资产评估。评估报告经核准或者备案后,作为确定企业国有产权转让价格的参考依据。

### (三) 确定受让方

转让方应当将产权转让公告委托产权交易机构刊登在省级以上公开发行的经济或者金融类报刊和产权交易机构的网站上,公开披露有关企业国有产权转让信息,广泛征集受让方。产权转让公告期为 20 个工作日。产权转让公告应由产权交易机构按照规定的渠道和时间公开披露,对于重大的产权转让项目或产权转让相关批准机构有特殊要求的,转让方可以与产权交易机构通过委托协议另行约定公告期限,但不得少于 20 个工作日。转让公告期自报刊发布信息之日起计算。产权转让公告发布后,转让方不得随意变动或无故提出取消所发布信息。因特殊原因确需变动或取消所发布信息的,应当出具相关产权转让批准机构的同意或证明文件,并由产权交易机构在原信息发布渠道上进行公告,公告日为起算日。

转让方披露的企业国有产权转让信息应当包括如下内容:转让标的的基本情况;转让标的企业的产权构成情况;产权转让行为的内部决策及批准情况;转让标的企业近期经审计的主要

财务指标数据;转让标的企业资产评估核准或者备案情况;受让方应当具备的基本条件;其他需披露的事项。

在征集受让方时,转让方可以对受让方的资质、商业信誉、经营情况、财务状况、管理能力、资产规模等提出必要的受让条件。受让方一般应当具备如下条件:具有良好的财务状况和支付能力;具有良好的商业信用;受让方为自然人的,应当具有完全民事行为能力;国家法律、行政法规规定的其他条件。在产权转让公告中提出的受让条件不得出现具有明确指向性或违反公平竞争的内容。企业国有产权转让信息公开披露后,有关方面应当按照同样的受让条件选择受让方。

对征集到的意向受让方由产权交易机构负责登记管理,产权交易机构不得将对意向受让方的登记管理委托转让方或其他方面进行。产权交易机构要与转让方按照有关标准和要求对登记的意向受让方共同进行资格审查,确定符合条件的意向受让方的数量。产权交易机构要对有关意向受让方资格审查情况进行记录,并将受让方的登记、资格审查等资料与其他产权交易基础资料一同作为产权交易档案妥善保管。在对意向受让方的登记过程中,产权交易机构不得预设受让登记数量或以任何借口拒绝、排斥意向受让方进行登记。

### (四) 企业国有产权转让价格

企业国有产权转让价格应当以资产评估结果为参考依据,在产权交易市场中公开竞价形成,产权交易机构应按照有利于竞争的原则积极探索新的竞价交易方式。(1)转让企业国有产权的首次挂牌价格不得低于经核准或备案的资产评估结果。经公开征集没有产生意向受让方的,转让方可以根据标的企业情况确定新的挂牌价格并重新公告;如拟确定新的挂牌价格低于资产评估结果的90%,应当获得相关产权转让批准机构书面同意。(2)对经公开征集只产生一个意向受让方而采取协议转让的,转让价格应按本次挂牌价格确定。(3)企业国有产权转让中涉及的职工安置、社会保险等有关费用,不得在评估作价之前从拟转让的国有净资产中先行扣除,也不得从转让价款中进行抵扣。(4)在产权交易市场中公开形成的企业国有产权转让价格,不得以任何付款方式为条件进行打折、优惠。

### (五) 转让成交

经公开征集只产生一个受让方或者按照有关规定经国有资产监督管理机构批准的,可以采取协议转让的方式。采取协议转让方式的,转让方应当与受让方进行充分协商,依法妥善处理转让中所涉及的相关事项后,草签产权转让合同,并按照企业国有产权转让管理暂行办法的有关规定的程序进行审议。对于国民经济关键行业、领域中对受让方有特殊要求的,企业实施资产重组中将企业国有产权转让给所属控股企业的国有产权转让,经省级以上国有资产监督管理机构批准后,可以采取协议转让方式转让国有产权。

经公开征集产生两个以上受让方时,转让方应当与产权交易机构协商,根据转让标的的具体情况采取拍卖或者招投标方式组织实施产权交易。采取拍卖方式转让企业国有产权的,应当按照《中华人民共和国拍卖法》及有关规定组织实施。采取招投标方式转让企业国有产权的,应当按照国家有关规定组织实施。

企业国有产权转让成交后,转让方与受让方应当签订产权转让合同,并应当取得产权交易机构出具的产权交易凭证,凭产权交易凭证,按照国家有关规定及时办理相关产权登记手续。企业国有产权转让合同应当包括如下主要内容:转让与受让双方的名称与住所;转让标的企业国有产权的基本情况;转让标的企业涉及的职工安置方案;转让标的企业涉及的债权、债务处理方案;转让方式、转让价格、价款支付时间和方式及付款条件;产权交割事项;转让涉及的有关税费负担;合同争议的解决方式;合同各方的违约责任;合同变更和解除的条件;转让和受让双方认为必要的其他条款。

转让企业国有产权导致转让方不再拥有控股地位的,在签订产权转让合同时,转让方应当与受让方协商提出企业重组方案,包括在同等条件下对转让标的企业职工的优先安置方案。

### (六) 转让收入处理

企业国有产权转让的全部价款,受让方应当按照产权转让合同的约定支付。

转让价款原则上应当一次付清。如金额较大、一次付清确有困难的,可以采取分期付款的方式。采取分期付款方式的,受让方首期付款不得低于总价款的30%,并在合同生效之日起5个工作日内支付;其余款项应当提供合法的担保,并应当按同期银行贷款利率向转让方支付延期付款期间利息,付款期限不得超过1年。

转让企业国有产权取得的净收益,按照国家有关规定处理。

## 四、企业国有产权的无偿划转

为规范企业国有产权无偿划转行为,保障企业国有产权有序流动,防止国有资产流失,国务院国有资产监督管理委员会制定了《企业国有产权无偿划转管理暂行办法》,规定各级人民政府授权其国有资产监督管理机构履行出资人职责的企业(以下统称所出资企业)及其各级子企业国有产权可以在政府机构、事业单位、国有独资企业、国有独资公司之间无偿转移。

企业国有产权无偿划转应当遵循四个原则:(1) 符合国家有关法律法规和产业政策的规定;(2) 符合国有经济布局和结构调整的需要;(3) 有利于优化产业结构和提高企业核心竞争力;(4) 划转双方协商一致。

划转双方应当组织被划转企业按照有关规定开展审计或清产核资,以中介机构出具的审计报告或经划出方国资监管机构批准的清产核资结果作为企业国有产权无偿划转的依据。双方应当在可行性研究的基础上,按照内部决策程序进行审议,并形成书面决议。划入方(划出方)为国有独资企业的,应当由总经理办公会议审议;已设立董事会的,由董事会审议。划入方(划出方)为国有独资公司的,应当由董事会审议;尚未设立董事会的,由总经理办公会议审议。所涉及的职工分流安置事项,应当经被划转企业职工代表大会审议通过。划出方还应当就无偿划转事项通知本企业(单位)的债权人,并制订相应的债务处置方案。

划转双方协商一致后,应当签订企业国有产权无偿划转协议。划转协议应当包括下列主要内容:(1) 划入划出双方的名称与住所;(2) 被划转企业的基本情况;(3) 被划转企业国有产权数额及划转基准日;(4) 被划转企业涉及的职工分流安置方案;(5) 被划转企业涉及的债权、债务(包括拖欠职工债务)以及或有负债的处理方案;(6) 划转双方的违约责任;(7) 纠纷的解决方式;(8) 协议生效条件;(9) 划转双方认为必要的其他条款。

企业国有产权在同一国资监管机构所出资企业之间无偿划转的,由所出资企业共同报国资监管机构批准。企业国有产权在不同国资监管机构所出资企业之间无偿划转的,依据划转双方的产权归属关系,由所出资企业分别报同级国资监管机构批准。实施政企分开的企业,其国有产权无偿划转所出资企业或其子企业持有的,由同级国资监管机构和主管部门分别批准。下级政府国资监管机构所出资企业国有产权无偿划转上级政府国资监管机构所出资企业或其子企业持有的,由下级政府和上级政府国资监管机构分别批准。企业国有产权在所出资企业内部无偿划转的,由所出资企业批准并抄报同级国资监管机构。

批准企业国有产权无偿划转事项,应当审查下列书面材料:(1)无偿划转的申请文件;(2)总经理办公会议或董事会有关无偿划转的决议;(3)划转双方及被划转企业的产权登记证;(4)无偿划转的可行性论证报告;(5)划转双方签订的无偿划转协议;(6)中介机构出具的被划转企业划转基准日的审计报告或同级国资监管机构清产核资结果批复文件;(7)划出方债务处置方案;(8)被划转企业职代会通过的职工分流安置方案;(9)其他有关文件。

有下列情况之一的,不得实施无偿划转:(1)被划转企业主业不符合划入方主业及发展规划的;(2)中介机构对被划转企业划转基准日的财务报告出具否定意见、无法表示意见或保留意见的审计报告的;(3)无偿划转涉及的职工分流安置事项未经被划转企业的职工代表大会审议通过的;(4)被划转企业或有负债未有妥善解决方案的;(5)划出方债务未有妥善处置方案的。

无偿划转事项按照企业国有产权无偿划转管理暂行办法规定程序批准后,划转协议生效。划转协议生效以前,划转双方不得履行或者部分履行。划转双方应当依据相关批复文件及划转协议,进行账务调整,按规定办理产权登记等手续。企业国有产权无偿划转事项经批准后,划出方和划入方调整产权划转比例或者划转协议有重大变化的,应当按照规定程序重新报批。

下列无偿划转事项,依据中介机构出具的被划转企业上一年度(或最近一次)的审计报告或经国资监管机构批准的清产核资结果,直接进行账务调整。并按规定办理产权登记等手续。(1)由政府决定的所出资企业国有产权无偿划转本级国资监管机构其他所出资企业的;(2)由上级政府决定的所出资企业国有产权在上、下级政府国资监管机构之间的无偿划转;(3)由划入、划出方政府决定的所出资企业国有产权在互不隶属的政府的国资监管机构之间的无偿划转;(4)由政府决定的实施政企分开的企业,其国有产权无偿划转国资监管机构持有的;(5)其他由政府或国资监管机构根据国有经济布局、结构调整和重组需要决定的无偿划转事项。

## 五、法律责任

在企业国有产权转让过程中,转让方、转让标的企业和受让方有下列行为之一的,国有资产监督管理机构或者企业国有产权转让相关批准机构应当要求转让方终止产权转让活动,必要时应当依法向人民法院提起诉讼,确认转让行为无效。对转让方、转让标的企业负有直接责任的主管人员和其他直接责任人员,由国有资产监督管理机构或者相关企业按照人事管理权限给予警告,情节严重的,给予纪律处分,造成国有资产损失的,应当负赔偿责任;由于受让方的责任造成国有资产流失的,受让方应当依法赔偿转让方的经济损失;构成犯罪的,依法移送司法机关追究刑事责任。

1. 未按本办法有关规定在产权交易机构中进行交易的;

2. 转让方、转让标的企业不履行相应的内部决策程序、批准程序或者超越权限、擅自转让企业国有产权的;

3. 转让方、转让标的企业故意隐匿应当纳入评估范围的资产,或者向中介机构提供虚假会计资料,导致审计、评估结果失真,以及未经审计、评估,造成国有资产流失的;

4. 转让方与受让方串通,低价转让国有产权,造成国有资产流失的;

5. 转让方、转让标的企业未按规定妥善安置职工、接续社会保险关系、处理拖欠职工各项

债务以及未补缴欠缴的各项社会保险费,侵害职工合法权益的;

6. 转让方未按规定落实转让标的企业的债权债务,非法转移债权或者逃避债务清偿责任的;以企业国有产权作为担保的,转让该国有产权时,未经担保权人同意的;

7. 受让方采取欺诈、隐瞒等手段影响转让方的选择以及产权转让合同签订的;

8. 受让方在产权转让竞价、拍卖中,恶意串通压低价格,造成国有资产流失的。

社会中介机构在企业国有产权转让的审计、评估和法律服务中违规执业的,由国有资产监督管理机构将有关情况通报其行业主管机关,建议给予相应处罚;情节严重的,可要求企业不得再委托其进行企业国有产权转让的相关业务。

产权交易机构在企业国有产权交易中弄虚作假或者玩忽职守,损害国家利益或者交易双方合法权益的,依法追究直接责任人员的责任,国有资产监督管理机构将不再选择其从事企业国有产权交易的相关业务。

企业国有产权转让批准机构及其有关人员违反本办法,擅自批准或者在批准中以权谋私,造成国有资产流失的,由有关部门按照干部管理权限,给予纪律处分;构成犯罪的,依法移送司法机关追究刑事责任。

## 本章小结:

本章节对国有资产管理的基本制度进行了介绍。重点须了解国有资产管理的部门、内容及国有资产的取得、认定、使用、收益和管理体制。掌握国有资产的评估对象、范围和方法,国有资产产权登记的性质、内容和企业国有产权转让的程序、监督管理和法律责任。

**思考题:**
1. 国有资产监督管理的内容。
2. 国有资产产权界定的概念和原则。
3. 国有资产评估的对象和范围。
4. 企业国有资产产权登记的内容。
5. 企业国有产权转让的程序。

## 典型案例及分析:

### 国有资产流失案例

违反企业内部规定导致国有资产流失的行为认定—王海庆、姚秉昌私分国有资产上诉案

上诉人:王海庆(原审被告人)

原审被告人:姚秉昌

上诉人身为国有企业直接负责的主管人员,按照有关考核规定,无资格向上级公司申请批准发放奖金。其利用职务便利,将部分当年成本延后至下一财务年度入账,上诉人为抬高收

入，虚列利润，制造假账，将账目伪造成收入与成本略有盈余，而后向上级公司报送内容虚假的财务报表，并由上级公司批准，获得公司半年奖、年终奖发放额度。将该款以给本单位职工发放奖金的名义集体私分，数额巨大。

争议要点：上诉人是否构成私分国有资产罪。

裁判理由：法律法规对国有资产的监督管理只能作原则性规定，不能事无巨细，具体的执行有时必须依靠包括企业的内部规定在内的各种规章制度，如果违反企业关于国有资产保值增值的内部规定导致国有资产流失，从而违反国家法律法规，只要达到犯罪的程度，符合私分国有资产罪的构成要件，即构成私分国有资产罪。上诉人身为国有企业直接负责的主管人员，违反国家规定，利用职务便利，采用制作假账的方式虚报利润，以单位名义将国有资产集体私分给个人，数额巨大，且造成企业注册资金缩减，致使国有资产流失，构成私分国有资产罪。

**案例分析**

如果违反企业的内部规定导致国有资产流失，从而违反国家法律法规，只要达到犯罪的程度，符合私分国有资产罪的构成要件，即构成私分国有资产罪。

# 第十六章  经济仲裁与经济诉讼

**知识目标:**

• 了解仲裁法的概念和特点、仲裁委员会、仲裁庭的组成、仲裁程序、经济审判的概念、经济审判的基本原则
• 理解经济仲裁的概念、仲裁协议
• 掌握仲裁法的基本原则、仲裁的基本制度、经济审判的案件管辖与审判程序

**能力目标:**

• 能够对仲裁制度和诉讼制度进行判别
• 能够运用经济仲裁和经济诉讼的理论解决实际问题

## 第一节  经济仲裁

### 一、仲裁法概述

#### (一) 仲裁的概念和特点

仲裁是指发生争议的双方当事人,根据其在争议发生前或争议发生后所达成的协议,自愿将该争议提交中立的第三者进行裁判的争议解决制度和方式。

仲裁具有以下特点:

1. 自愿性

仲裁以双方当事人的自愿为前提,即是否将发生在双方当事人之间的纠纷提交仲裁,交予哪个仲裁机构仲裁,仲裁庭如何组成等都是在当事人自愿的基础上,由双方当事人协商确定的。因此,仲裁是最能体现当事人意思自治的解决争议的方式。

2. 专业性

根据我国仲裁法的规定,仲裁机构都配备有专业的、由专家组成的仲裁员名册供当事人进行选择,专家仲裁由此成为民商事仲裁的重要特点之一。

3. 灵活性

由于仲裁充分体现当事人的意思自治,仲裁中的诸多具体程序可以由双方当事人协商确定与选择,因此与诉讼相比,仲裁程序更加灵活。

4. 保密性

仲裁以不公开审理为原则。我国仲裁法明确规定仲裁不公开进行的同时,还明确规定了仲裁员及仲裁秘书人员的保密义务。

5. 快捷性

仲裁实行一裁终局制，仲裁裁决一经仲裁庭做出即发生法律效力。这使得当事人之间的纠纷能够迅速得以解决。

6. 独立性

仲裁机构独立于行政机构和其他机构，仲裁机构之间也无隶属关系，具有很大的独立性。

### （二）仲裁法的概念和适用范围

仲裁法是国家制定或认可的、规范仲裁法律关系主体的行为和调整仲裁法律关系的法律规范的总称。我国 1994 年 8 月 31 日第八届全国人民代表大会常务委员会第九次会议通过的《中华人民共和国仲裁法》（以下简称《仲裁法》）为狭义的仲裁法，广义的仲裁法还包括所有涉及仲裁制度的法律中的相关法律规范。

根据我国《仲裁法》第 2 条的规定，平等主体的公民、法人和其他组织之间发生的合同纠纷和其他财产权益纠纷，可以仲裁。下列纠纷不能仲裁：

1. 婚姻、收养、监护、扶养、继承纠纷。
2. 依法应当由行政机关处理的行政争议。

### （三）仲裁法的基本原则

1. 自愿原则

自愿原则是仲裁制度的根本原则，是仲裁制度存在和发展的基础。仲裁的自愿原则主要体现在：当事人是否将他们之间所发生的纠纷提交仲裁、提交哪个仲裁委员会仲裁、仲裁庭如何组成、仲裁的审理方式等事项均由双方当事人协商决定。

2. 独立仲裁原则

独立仲裁原则主要体现在仲裁与行政脱钩，仲裁委员会独立于行政机关，与行政机关没有隶属关系；仲裁委员会之间也没有隶属关系；仲裁庭独立裁决案件，仲裁委员会以及其他行政机关、社会团体和个人不得干预。

3. 以事实为依据、以法律为准绳，公平合理解决纠纷的原则

在仲裁中要坚持以事实为依据、以法律为准绳的原则。同时，在法律没有规定和规定不完备的情况下，仲裁庭可以按照公平合理的一般原则来解决纠纷。

### （四）仲裁的基本制度

1. 协议仲裁制度

当事人申请仲裁、仲裁委员会受理仲裁案件以及对仲裁案件的审理和裁决都必须根据双方当事人之间所订立的有效的仲裁协议，没有仲裁协议就不能仲裁。

2. 或裁或审制度

仲裁和诉讼是两种不同的争议解决方式，当事人之间发生争议，只能由双方当事人在仲裁和诉讼中选择其一加以采用。有效的仲裁协议可以排除法院对案件的司法管辖权。

3. 一裁终局制度

我国仲裁法明确规定，仲裁实行一裁终局制度，即仲裁裁决一经仲裁庭做出，即为终局裁决。当事人应当自觉履行仲裁裁决，一方当事人不履行的，另一方当事人可以向法院申请强制执行。

## 二、仲裁机构

### (一) 仲裁委员会

#### 1. 仲裁委员会的设立

根据我国《仲裁法》第10条的规定,仲裁委员会可以在直辖市和省、自治区人民政府所在地的市设立,也可以根据需要在其他设区的市设立,不按行政区划层层设立。仲裁委员会由可以设立仲裁委员会的市的人民政府组织有关部门和商会统一组建,并经省、自治区、直辖市的司法行政部门登记。依法可以设立仲裁委员会的市只能组建一个统一的仲裁委员会,不得按照不同的专业设立不同的专业仲裁委员会或者专业仲裁庭。

第五章仲裁委员会应具备的条件:

(1) 有自己的名称、住所和章程。

(2) 有必要的财产。

(3) 有该委员会的组成人员。

(4) 有聘任的仲裁员。

仲裁员应当符合下列条件之一:从事仲裁工作满8年的;从事律师工作满8年的;曾任审判员满8年的;从事法律研究、教学工作并具有高级职称的;具有法律知识、从事经济贸易等专业工作并具有高级职称或者具有同等专业水平的。

### (二) 仲裁协会

#### 1. 仲裁协会的设立

仲裁协会是以仲裁委员会和仲裁员为成员的自律性、管理性的行业组织。根据我国《仲裁法》第15条的规定,中国仲裁协会是社会团体法人,是仲裁委员会的自律性组织。设立仲裁协会应当向民政部申请登记。

中国仲裁协会应当有自己的章程,章程由全国会员大会制定。仲裁协会实行会员制,各仲裁委员会是中国仲裁协会的法定会员。中国仲裁协会以团体会员为主,也可以接纳个人会员。

#### 2. 仲裁协会的职责

中国仲裁协会是仲裁委员会的自律性组织,指导、协调仲裁委员会的工作。根据章程对仲裁委员会及其组成人员、仲裁员的违纪行为进行监督,同时根据仲裁法和民事诉讼法的有关规定制定仲裁规则和其他仲裁规范性文件。

## 三、仲裁协议

### (一) 仲裁协议的概念

仲裁协议是指双方当事人自愿将他们之间已经发生的或者可能发生的争议提交仲裁解决的书面协议,是双方当事人所表达的采用仲裁方式解决纠纷意愿的法律文书。

### (二) 仲裁协议的类型

我国《仲裁法》第16条规定:仲裁协议包括合同中订立的仲裁条款和以其他书面方式在纠纷发生前或者纠纷发生后达成的请求仲裁的协议。根据仲裁立法和仲裁实践,仲裁协议主要包括以下类型:

1. 仲裁条款

仲裁条款是指双方当事人在合同中订立的，以仲裁方式解决纠纷的条款。是仲裁协议的一种最常见和最重要的形式。

2. 仲裁协议书

仲裁协议书是指在争议发生之前或争议发生之后，双方当事人在自愿的基础上订立的，同意将可能发生或已经发生的争议提交仲裁的一种独立的协议。

3. 其他形式的仲裁协议

在民事经济活动中，当事人除了订立合同之外，还可能在相互之间有信函、电报、电传、传真、电子数据交换、电子邮件或其他书面材料的往来。随着通讯方式的快速发展及广泛应用，这种形式的仲裁协议也较为常见。

### （三）仲裁协议的内容

仲裁协议应当具有下列内容：

1. 请求仲裁的意思表示

当事人应在协议中明确肯定地将争议提交仲裁解决的意思表示出来方可仲裁，即签订的仲裁协议必须是双方当事人在协商一致的基础上的真实意思表示。

2. 提交仲裁的事项

仲裁协议中订立的仲裁事项，必须符合两个条件：（1）争议事项具有可仲裁性；（2）仲裁事项的明确性。

3. 选定的仲裁委员会

仲裁委员会是受理仲裁案件的机构。由于仲裁没有法定管辖的规定，因此仲裁委员会是由当事人自主决定的。如果当事人在仲裁协议中不选定仲裁委员会，仲裁将无法进行。

### （四）仲裁协议的效力

仲裁协议一经有效成立，即对当事人产生法律效力，使双方当事人受到他们所签订的仲裁协议的约束。发生纠纷后，当事人只能通过向仲裁协议中所确定的仲裁机构申请仲裁的方式解决纠纷，而丧失了就该纠纷向法院提起诉讼的权利。有效的仲裁协议可以排除法院的司法管辖权。我国《仲裁法》第5条明确规定：当事人达成仲裁协议，一方向人民法院起诉的，人民法院不予受理，但仲裁协议无效的除外。

另外，仲裁协议又是仲裁委员会受理仲裁案件的基础，我国《仲裁法》第4条规定：当事人采用仲裁方式解决纠纷，应当双方自愿达成仲裁协议。没有仲裁协议，一方申请仲裁的，仲裁委员会不予受理。

仲裁协议在下列情形下无效：

（1）约定的仲裁事项超出法律规定的仲裁范围的；

（2）无民事行为能力人或者限制民事行为能力人订立的仲裁协议；

（3）一方采取胁迫手段，迫使对方订立仲裁协议的。

### 四、仲裁程序

#### (一) 仲裁程序的启动

1. 仲裁的申请

申请仲裁是指平等主体的自然人、法人或其他组织就他们之间所发生的合同纠纷和其他财产权益纠纷,根据他们所签订的仲裁协议,提请所选定的仲裁机构进行仲裁审理和裁决的行为。申请仲裁是启动仲裁程序的第一步。

当事人申请仲裁,必须符合一定的条件,这些条件包括:(1) 存在有效的仲裁协议;(2) 有具体的仲裁请求和事实、理由;(3) 属于仲裁委员会的受理范围。

此外,当事人申请仲裁,应当向仲裁委员会递交仲裁协议、仲裁申请书及副本。

2. 仲裁申请的审查与受理

(1) 对仲裁申请的审查。仲裁委员会对仲裁申请的审查主要从以下两方面进行:一是审查当事人是否符合仲裁法规定的申请仲裁的条件;二是审查仲裁申请书的内容是否完整、明确,申请手续是否齐备。(2) 审理后的处理。我国《仲裁法》第 24 条规定:仲裁委员会收到仲裁申请书之日起 5 日内,认为符合受理条件的,应当受理并通知当事人;认为不符合受理条件的,应当书面通知当事人不予受理并说明理由。

#### (二) 仲裁庭的组成

1. 仲裁庭的组织形式

我国《仲裁法》第 30 条规定:仲裁庭可以由 3 名仲裁员或者 1 名仲裁员组成。由 3 名仲裁员组成的,设首席仲裁员。根据这一规定,在我国仲裁庭的组成形式有两种,即合议仲裁庭和独任仲裁庭。

另外,对于仲裁员的确定问题,《仲裁法》第 31 条规定:当事人约定由 3 名仲裁员组成仲裁庭的,应当各自选定或者各自委托仲裁委员会主任指定 1 名仲裁员,第 3 名仲裁员由当事人共同选定或者共同委托仲裁委员会主任指定。第 3 名仲裁员是首席仲裁员。当事人约定由 1 名仲裁员成立仲裁庭的,应当由当事人共同选定或者共同委托仲裁委员会主任指定仲裁员。

2. 仲裁员的回避

仲裁员的回避是指符合法定回避情形的仲裁员退出仲裁案件审理的一项制度。

我国《仲裁法》第 34 条规定:仲裁员有下列情形之一的,必须回避,当事人也有权提出回避申请:

(1) 是本案当事人或者当事人、代理人的近亲属;

(2) 与本案有利害关系;

(3) 与本案当事人、代理人有其他关系,可能影响公正仲裁的;

(4) 私自会见当事人、代理人,或者接受当事人、代理人的请客送礼的。

当事人提出回避申请,应当说明理由,在首次开庭前提出。回避事由在首次开庭后知道的,可以在最后一次开庭终结前提出。

仲裁员是否回避,由仲裁委员会主任决定;仲裁委员会主任担任仲裁员时,由仲裁委员会集体决定。

#### (三) 仲裁审理的方式

仲裁审理在整个仲裁程序中占有重要地位,它是指仲裁庭按照法律规定的程序和方式,对当事人交付仲裁的争议事项做出裁决的活动。

按照我国《仲裁法》的规定,仲裁审理的方式可以分为开庭审理和书面审理两种。

1. 开庭审理

开庭审理是仲裁审理的主要方式,是指在仲裁庭的主持下,在双方当事人和其他仲裁参与人的参加下,按照法定程序,对案件进行审理并做出裁决的方式。

我国《仲裁法》在规定仲裁的开庭审理原则的同时,又在第 40 条规定,仲裁不公开进行。当事人协议公开的,可以公开进行,但涉及国家秘密的除外。这一规定肯定了开庭审理的仲裁方式以不公开审理为原则,以公开审理为例外。

开庭审理包括以下程序:(1) 宣布开庭;(2) 庭审调查;(3) 庭审辩论。

当事人辩论是开庭审理的重要程序,也是辩论原则的重要体现。我国《仲裁法》第 47 条规定,当事人在仲裁过程中有权进行辩论。辩论终结时,首席仲裁员或者独任仲裁员应当征询当事人的最后意见。

2. 书面审理

我国《仲裁法》第 39 条规定:当事人协议不开庭的,仲裁庭可以根据仲裁申请书、答辩书以及其他材料做出裁决,即进行书面审理。书面审理是指在双方当事人及其他仲裁参与人不到庭参加审理的情况下,仲裁庭根据当事人提供的仲裁申请书、答辩书以及其他书面材料做出裁决的过程。书面审理是开庭审理的必要补充。

### (四) 仲裁中的和解与调解

1. 仲裁和解

我国《仲裁法》第 49 条规定:当事人申请仲裁后,可以自行和解。当事人达成和解协议的,可以请求仲裁庭根据和解协议做出裁决书,也可以撤回仲裁申请。如果当事人撤回仲裁申请后反悔的,则仍可以根据原仲裁协议申请仲裁。

2. 仲裁调解

仲裁调解是指在仲裁庭的主持下,仲裁当事人在自愿协商、互谅互让基础上达成协议,从而解决纠纷的一种制度。我国《仲裁法》第 51 条规定:仲裁庭做出裁决前,可以先行调解。当事人自愿调解的,仲裁庭应当调解。调解不成的,应当及时做出裁决。调解达成协议的,仲裁庭应当制作调解书或者根据协议的结果制作裁决书。调解书与裁决书具有同等法律效力。

### (五) 仲裁裁决

仲裁裁决是指仲裁庭对当事人之间所争议的事项进行审理后所做出的终局权威性判定。仲裁裁决书是仲裁庭对仲裁纠纷案件做出裁决的法律文书。

根据《仲裁法》第 57 条的规定,裁决书自做出之日起发生法律效力。仲裁裁决的效力体现在:(1) 当事人不得就已经裁决的事项再行申请仲裁,也不得就此提起诉讼;(2) 其他任何机关和个人均不得变更仲裁裁决;(3) 仲裁裁决具有执行力。

## 五、法院对仲裁程序的监督

### (一) 申请撤销裁决

根据《仲裁法》第 58 条的规定,当事人提出证据证明裁决有下列情形之一的,可以向仲裁委员会所在地的中级人民法院申请撤销裁决:

    1. 没有仲裁协议的;

    2. 裁决的事项不属于仲裁协议的范围或者仲裁委员会无权仲裁的;

    3. 仲裁庭的组成或者仲裁的程序违反法定程序的;

    4. 裁决所根据的证据是伪造的;

    5. 对方当事人隐瞒了足以影响公正裁决的证据的;

    6. 仲裁员在仲裁该案时有索贿受贿,徇私舞弊,枉法裁决行为的。

人民法院经组成合议庭审查核实裁决有前款规定情形之一的,应当裁定撤销。

人民法院认定该裁决违背社会公共利益的,应当裁定撤销。

### (二) 申请裁定不予执行仲裁裁决

被申请人提出证据证明仲裁裁决有下列情形之一的,经人民法院组成合议庭审查核实,裁定不予执行:

    1. 当事人在合同中没有订有仲裁条款或者事后没有达成书面仲裁协议的;

    2. 裁决的事项不属于仲裁协议的范围或者仲裁机构无权仲裁的;

    3. 仲裁庭的组成或者仲裁的程序违反法定程序的;

    4. 裁决所根据的证据是伪造的;

    5. 对方当事人向仲裁机构隐瞒了足以影响公正裁决的证据;

    6. 仲裁员在仲裁该案时有贪污受贿,徇私舞弊,枉法裁决行为的。

### (三) 法院依职权裁定不予执行仲裁裁决

根据《中华人民共和国民事诉讼法》第 237 条规定,对依法设立的仲裁机构的裁决,一方当事人不履行的,对方当事人可以向有管辖权的人民法院申请执行。受申请的人民法院应当执行,但人民法院认定执行该裁决违背社会公共利益的,裁定不予执行。

# 第二节　经济诉讼

## 一、经济诉讼概述

### (一) 经济诉讼的概念

经济诉讼也称为经济审判,是指人民法院在案件当事人和其他诉讼参与人的参加下,按照法定程序审理经济纠纷案件并做出裁判的活动。

经济诉讼是以司法方式解决平等主体之间的经济纠纷,由人民法院代表国家行使审判权并且做出裁决来解决经济争议的一种方式。裁决发生法律效力后,凭借国家强制力保证裁决的实现。因此,通过诉讼的方式来解决经济纠纷,法律效力最强,权威最高,是解决争议的最终手段和方法。

### (二) 经济诉讼的基本原则

经济诉讼的基本原则是指在经济审判的整个过程中,或者在重要的诉讼阶段,起指导作用的准则。它为人民法院的经济审判活动和诉讼参与人的诉讼活动指明了方向,因此,对于经济诉讼具有普遍性指导意义。经济诉讼的基本原则如下:

1. 当事人诉讼权利平等原则

经济诉讼当事人在诉讼中诉讼地位完全平等，当事人双方在诉讼中平等地享有诉讼权利，平等地承担诉讼义务。同时，人民法院平等地保障双方当事人行使诉讼权利，当事人在适用法律上一律平等。

2. 辩论原则

辩论原则是指在人民法院的主持下，当事人有权就案件事实和争议问题，各自陈述自己的主张和根据，互相进行反驳和答辩，以维护自己的合法权益。辩论是当事人的诉讼权利，又是人民法院审理经济纠纷案件的准则。

3. 自愿合法进行调解的原则

法院调解是我国民事审判工作的优良传统和成功经验。人民法院受理经济纠纷案件后，应当重视通过调解方式解决纠纷，对当事人做耐心、细致的调解工作。另外，法院调解要在自愿和合法的基础上进行，不能因为强调调解而违背自愿合法的精神。

4. 处分原则

处分原则是指经济纠纷诉讼当事人有权在法律规定的范围内，处分自己的民事权利和诉讼权利。处分即自由支配，对于权利可行使，也可放弃。如在诉讼过程中，原告可以申请撤回起诉，也就是放弃请求法院审判、保护的诉讼权利。被告也有权决定是否提出反诉，借以对抗原告的诉讼权利。但是，我国法律赋予当事人处分权的同时，也要求当事人不得违反法律规定，不得损害国家的、社会的、集体的和公民个人的利益。

## 二、经济审判机构及其受案范围

我国审理经济纠纷的审判机构概括地可分为两类，即地方各级法院和各专门法院，具体如下。

### (一) 各专门法院

1. 军事法院

当事人双方均是军队内部单位的经济纠纷案件，由军事法院管辖。但仅有一方当事人是军队内部单位的经济案件，应由有管辖权的地方法院管辖。

2. 海事法院

我国海事法院受理当事人因海事侵权纠纷、海商合同纠纷(包括海上运输合同、海船租用合同、海上保赔合同、海船船员劳务合同等)及法律规定的其他海事经济纠纷提起的诉讼。

3. 铁路运输法院

我国铁路运输法院的受案范围包括：铁路运输合同纠纷；代办托运、包装整理、仓储保管、接取送达等铁路运输延伸服务合同纠纷；铁路系统内部的经济纠纷案件；对铁路造成损害的侵权纠纷案件。

### (二) 地方各级人民法院

1. 基层人民法院

基层人民法院是我国法院系统中最低一级法院，数量多、分布广，遍布各个基层行政区域。当事人的住所地、争议财产所在地、纠纷发生地一般都处在特定的基层法院的辖区之内。我国《民事诉讼法》第17条规定，基层法院管辖第一审民事案件，但本法另有规定的除外。这一规定实际上把大多数经济纠纷案件都划归基层法院管辖。

2. 中级人民法院

中级人民法院管辖的一审经济纠纷案件有三类：(1) 重大的涉外经济案件；(2) 在本辖区有重大影响的经济案件；(3) 最高人民法院确定由中级人民法院管辖的案件。

如诉讼标的金额巨大或者诉讼标的金额较大且一方当事人住所地不在本辖区的经济纠纷案件；重大的涉港、澳、台地区的经济纠纷案件等。

除此以外，中级人民法院还受理由基层人民法院审理的一审案件的上诉案件。

3. 高级人民法院

高级人民法院的主要任务是对本辖区内中级人民法院和基层人民法院的审判活动进行指导和监督，审理在本辖区有重大影响的第一审民事案件，以及由中级人民法院审理的一审案件的上诉案件。

4. 最高人民法院

最高人民法院管辖的第一审经济案件主要有两类：一类是在全国有重大影响的经济案件；另一类是最高法院认为应当由本院审理的经济纠纷案件。

## 三、经济纠纷案件的管辖

经济纠纷案件的管辖是指各级法院之间和同级法院之间受理第一审经济纠纷案件的分工和权限。它是在法院内部具体确定特定的经济案件由哪个法院行使民事审判权的一项制度。

### (一) 一般地域管辖

一般地域管辖实行"原告就被告"的原则，即以被告所在地作为确定管辖的标准。被告为公民的，由被告住所地人民法院管辖；被告住所地与经常居住地不一致的，由经常居住地人民法院管辖。公民的住所地是指该公民的户籍所在地。经常居住地是指公民离开住所地至起诉时已连续居住满1年的地方，但公民住院就医的地方除外。

### (二) 特殊地域管辖

1. 因合同纠纷提起的诉讼，由被告住所地或者合同履行地人民法院管辖。

2. 因保险合同纠纷提起的诉讼，由被告住所地或保险标的物所在地人民法院管辖。

3. 因票据纠纷提起的诉讼，由票据支付地或被告住所地人民法院管辖。

4. 因铁路、公路、水上、航空运输和联合运输合同纠纷提起的诉讼，由运输始发地、目的地或被告住所地人民法院管辖。

### (三) 专属管辖

专属管辖是指法律规定某些特殊类型的案件专门由特定的法院管辖。专属管辖是排他性管辖，排除了诉讼当事人以协议的方式选择国内的其他法院管辖。属于专属管辖的诉讼有以下三类：

1. 因不动产纠纷提起的诉讼，专属不动产所在地人民法院管辖。

2. 因港口作业发生纠纷提起的诉讼，专属港口所在地人民法院管辖。

3. 因继承遗产纠纷提起的诉讼，专属被继承人死亡时住所地或主要遗产所在地人民法院管辖。

### （四）协议管辖

协议管辖是指双方当事人在民事纠纷发生之前或之后，以书面方式约定特定案件的管辖法院。协议管辖只适用于合同纠纷，法律规定当事人可以协议选择的法院包括原告住所地、被告住所地、合同签订地、合同履行地、标的物所在地等与争议有实际联系的地点的人民法院。当事人可以在以上地点中任意协议选择确定管辖的法院，但不得违反《民事诉讼法》中对级别管辖和专属管辖的规定。

## 四、经济纠纷审判程序

### （一）普通程序

普通程序是我国《民事诉讼法》规定的人民法院审理第一审经济案件通常所适用的程序，也是民事案件的当事人进行第一审民事诉讼通常遵循的程序。

1. 起诉与受理

当事人的起诉行为与法院的受理行为相结合，引起民事诉讼程序的开始。

起诉是指公民、法人和其他组织在其民事权益受到侵害或与他人发生争议时，向人民法院提起诉讼，请求人民法院通过审判予以司法保护的行为。当事人的起诉要得到人民法院的受理，必须具备法律规定的起诉条件。根据《民事诉讼法》第119条的规定，起诉的条件如下：

（1）原告是与本案有直接利害关系的公民、法人和其他组织；

（2）有明确的被告；

（3）有具体的诉讼请求和事实、理由；

（4）属于人民法院受理民事诉讼的范围和受诉人民法院管辖。

起诉的方式以书面起诉为原则，以口头起诉为例外。《民事诉讼法》第120条规定：起诉应当向人民法院递交起诉状，并按照被告人数提出副本。书写起诉状确有困难的，可以口头起诉，由人民法院记入笔录，并告知对方当事人。

受理是指人民法院通过对当事人的起诉进行审查，对符合法律规定的条件的，决定立案审理的行为。《民事诉讼法》第123条规定：人民法院收到起诉状或者口头起诉，经审查认为符合起诉条件的，应当在7日内立案，并通知当事人；认为不符合起诉条件的，应当在7日内裁定不予受理；原告对裁定不服的，可以提起上诉。

2. 审理前的准备

审理前的准备是指人民法院接受原告起诉并决定立案受理后，在开庭审理之前，由承办案件的审判员依法所做的各项准备工作，是经济纠纷审判过程中的一个必经阶段。审理前的准备工作如下：

（1）向被告送达起诉状副本，由被告提出答辩状；

（2）告知当事人诉讼权利、义务及合议庭组成人员；

（3）审核诉讼材料，调查收集必要的证据；

（4）追加应当参加诉讼的当事人。

3. 开庭审理

开庭审理是指在人民法院审判人员的主持下，在当事人和其他诉讼参与人的参加下，依法定程序对案件进行实体审查从而做出裁判的全部过程。开庭审理是普通程序中最重要的环节,必须严格按照法定的程序进行。

(1)庭前准备

开庭审理前,书记员应当查明当事人和其他诉讼参与人是否到庭,宣布法庭纪律。开庭审理时,由审判长核对当事人,宣布案由,宣布审判人员、书记员名单,告知当事人有关的诉讼权利、义务,询问当事人是否提出回避申请。

(2)法庭调查

法庭调查是指在法庭上通过展示与案件有关的所有证据,对案件事实进行全面地调查,从而为进入开庭审理的下一阶段做好准备的活动。依照《民事诉讼法》第138条的规定,法庭调查按照下列顺序进行:① 当事人陈述;② 告知证人的权利义务,证人作证,宣读未到庭的证人证言;③ 出示书证、物证、视听资料和电子数据;④ 宣读鉴定意见;⑤ 宣读勘验笔录。

(3)法庭辩论

法庭辩论是指双方当事人及其诉讼代理人充分行使自己的辩论权,在法庭上就有争议的事实和法律问题进行辩驳和论证。法庭辩论的任务是对有争议的问题逐一进行审查和核实,以查明案件的客观真实情况,为明确是非、划分责任、正确适用法律奠定基础。

法庭辩论按照下列顺序进行:① 原告及其诉讼代理人发言;② 被告及其诉讼代理人答辩;③ 第三人及其诉讼代理人发言或者答辩;④ 互相辩论。

法庭辩论终结,由审判长按照原告、被告、第三人的先后顺序征询各方最后意见。

(4)评议和宣判

评议和宣判是由合议庭的人员在法庭调查和法庭辩论的基础上,认定案件事实,确定适用的法律,最后宣告案件的审理结果的活动,这是开庭审理的最后阶段。人民法院对公开审理或者不公开审理的案件,一律公开宣告判决。

宣告判决有两种方式:当庭宣判和定期宣判。当庭宣判的,应当在10日内发送判决书;定期宣判的,宣判后立即发给判决书。

宣告判决时,必须告知当事人上诉权利、上诉期限和上诉的法院。

**(二) 简易程序**

简易程序是指基层人民法院及其派出法庭审理简单民事案件和简单经济纠纷案件所适用的程序。简易程序是与普通程序并存的独立的第一审程序。

简易程序有自己的特定适用范围。我国《民事诉讼法》第157条规定:基层人民法院和它派出的法庭审理事实清楚、权利义务关系明确、争议不大的简单的民事案件,适用简易程序。

在内容上简易程序是普通程序的简化,例如:适用简易程序时原告可以口头起诉;当事人双方可以同时到基层人民法院或者它派出的法庭,请求解决纠纷。基层人民法院或者它派出的法庭可以当即审理,也可以另定日期审理;基层人民法院和它派出的法庭审理简单的民事案件,可以用简便方式传唤当事人和证人、送达诉讼文书、审理案件,但应当保障当事人陈述意见的权利;由审判员一人独任审理;人民法院适用简易程序审理案件,应当在立案之日起3个月内审结。

**(三) 第二审程序**

由于我国实行两审终审制,当事人不服第一审法院做出的裁判,可以向上一级人民法院提起上诉,经上一级法院审理并做出裁判后,诉讼便告终结,所以第二审程序又称上诉程序、终审程序。

1. 上诉的提起

当事人不服地方人民法院第一审判决的,有权在判决书送达之日起 15 日内向上一级人民法院提起上诉。

当事人不服地方人民法院第一审裁定的,有权在裁定书送达之日起 10 日内向上一级人民法院提起上诉。上诉状应当通过原审人民法院提出,并按照对方当事人或者代表人的人数提出副本。

当事人直接向第二审人民法院上诉的,第二审人民法院应当在 5 日内将上诉状移交原审人民法院。

2. 上诉案件的审查范围

第二审人民法院应当对上诉请求的有关事实和适用法律进行审查,并应当组成合议庭开庭审理。经过阅卷、调查和询问当事人,对没有提出新的事实、证据或者理由,合议庭认为不需要开庭审理的,可以不开庭审理。

第二审人民法院审理上诉案件,可以在本院进行,也可以到案件发生地或者原审人民法院所在地进行。

3. 上诉案件的裁判

第二审人民法院对上诉案件,经过审理,按照下列情形,分别处理。

(1) 原判决认定事实清楚,适用法律正确的,以判决、裁定的方式驳回上诉,维持原判决、裁定。

(2) 原判决、裁定认定事实错误或者适用法律错误的,以判决、裁定方式依法改判、撤销或者变更。

(3) 原判决认定基本事实不清的,裁定撤销原判决,发回原审人民法院重审,或者查清事实后改判。

(4) 原判决遗漏当事人或者违法缺席宣判等严重违反法定程序,裁定撤销原判决,发回原审人民法院重审。

当事人对重审案件的判决、裁定,可以上诉。原审人民法院对发回重审的案件做出判决后,当事人提起上诉的,第二审人民法院不得再次发回重审。第二审人民法院的判决、裁定,是终审的判决、裁定。

### (四) 审判监督程序

审判监督程序是指对已经发生法律效力的判决、裁定和调解书,人民法院认为确有错误,对案件再行审理的程序。审判监督程序是纠正生效判决错误的法定程序,也叫再审程序。

1. 审判监督程序的启动

(1) 法院启动

各级人民法院院长对本院已经发生法律效力的判决、裁定,发现确有错误,认为需要再审的,应当提交审判委员会讨论决定。

最高人民法院对地方各级人民法院已经发生法律效力的判决、裁定、调解书,上级人民法院对下级人民法院已经发生法律效力的判决、裁定、调解书,发现确有错误的,有权提审或者指令下级人民法院再审。

(2) 检察院启动

最高人民检察院对各级人民法院已经发生法律效力的判决、裁定,上级人民检察院对下级人民法院已经发生法律效力的判决、裁定,发现有下列情形之一的,应当按照审判监督程序提出抗诉:① 有新的证据,足以推翻原判决、裁定的;② 原判决、裁定认定的基本事实缺乏证据证明的;③ 原判决、裁定认定事实的主要证据是伪造的;④ 原判决、裁定认定事实的主要证据未经质证的;⑤ 对审理案件需要的主要证据,当事人因客观原因不能自行收集,书面申请人民法院调查收集,人民法院未调查收集的;⑥ 原判决、裁定适用法律确有错误的;⑦ 审判组织的组成不合法或者依法应当回避的审判人员没有回避的;⑧ 无诉讼行为能力人未经法定代理人代为诉讼或者应当参加诉讼的当事人,因不能归责于本人或者其诉讼代理人的事由,未参加诉讼的;⑨ 违反法律规定,剥夺当事人辩论权利的;⑩ 未经传票传唤,缺席判决的;⑪ 原判决、裁定遗漏或者超出诉讼请求的;⑫ 据以做出原判决、裁定的法律文书被撤销或者变更的;⑬ 审判人员审理该案件时有贪污受贿,徇私舞弊,枉法裁判行为的。

地方各级人民检察院对同级人民法院已经发生法律效力的判决、裁定,发现有上述情形之一的,或者发现调解书损害国家利益、社会公共利益的,可以向同级人民法院提出检察建议,并报上级人民检察院备案;也可以提请上级人民检察院向同级人民法院提出抗诉。

（3）当事人申请

当事人对已经发生法律效力的判决、裁定,认为有错误的,可以向上一级人民法院申请再审,但不停止判决、裁定的执行。当事人申请再审的理据与上述检察机关按照审判监督程序提出抗诉所依据的情形相同。人民法院对不符合上述规定的申请,应当予以驳回。

当事人申请再审,应当在判决、裁定发生法律效力后 6 个月内提出。在以下情形下,当事人应在自知道或者应当之日起 6 个月内提出:① 有新的证据,足以推翻原判决、裁定的;② 原判决、裁定认定事实的主要证据是伪造的;③ 据以做出原判决、裁定的法律文书被撤销或者变更的;④ 审判人员审理该案件时有贪污受贿,徇私舞弊,枉法裁判行为的。

当事人除可以直接向上一级人民法院申请再审,同时符合下列情形之一的,当事人可以向人民检察院申请检察建议或者抗诉:① 人民法院驳回再审申请的;② 人民法院逾期未对再审申请做出裁定的;③ 再审判决、裁定有明显错误的。人民检察院对当事人的申请应当在 3 个月内进行审查,做出提出或者不予提出检察建议或者抗诉的决定。

2. 审判监督程序的审理

人民法院审理再审案件,应当另行组成合议庭,经过审理,按照下列情形,分别处理。

（1）人民法院按照审判监督程序再审的案件,发生法律效力的判决、裁定是由第一审法院做出的,按照第一审程序审理,所做的判决、裁定,当事人可以上诉。

（2）发生法律效力的判决、裁定是由第二审法院做出的,按照第二审程序审理,所做的判决、裁定,是发生法律效力的判决、裁定。

（3）上级人民法院按照审判监督程序提审的,按照第二审程序审理,所做的判决、裁定是发生法律效力的判决、裁定。

# 五、涉外经济纠纷审判程序

人民法院审理涉外经济纠纷案件,适用我国《民事诉讼法》的特别规定。没有规定的,适用《民事诉讼法》其他有关规定。特别规定主要涉及以下内容:

**（一）一般原则**

涉外经济审判的一般原则是:国际条约优先适用原则;司法豁免权原则;人民法院使用中

华人民共和国通用的语言、文字审理案件的原则;委托律师代理诉讼必须委托中华人民共和国律师的原则。

### (二) 管辖

因合同或其他财产权益纠纷,对在我国领域内没有住所的被告提起的诉讼,可由在我国领域内的合同签订地、合同履行地、诉讼标的物所在地、可供扣押财产所在地、侵权行为地或代表机构住所地人民法院管辖。当事人也可以书面协议选择与争议有实际联系地点的外国法院管辖,但不得违反关于我国有关专属管辖的规定。在我国履行的中外合资经营企业合同、中外合作经营企业合同和中外合作勘探开发自然资源合同发生纠纷提起的诉讼,应由我国人民法院管辖。

### (三) 诉讼期间

涉外经济纠纷案件,规定了较长的诉讼期间。在中华人民共和国领域内没有住所的被告,其答辩期为收到起诉状副本后 30 日内;在中华人民共和国领域内没有住所的当事人,判决、裁定的上诉期是在收到判决书之日起 30 日内;被上诉人的答辩期是自收到上诉状副本后 30 日内。

### (四) 司法协助

人民法院做出的发生法律效力的判决、裁定,如果被执行人或其财产不在我国领域内,当事人可以直接向有管辖权的外国法院申请承认和执行,也可以由人民法院依照我国缔结或参加的国际条约的规定,或按照互惠原则,请求外国法院承认和执行。

## ▌▌▌ 本章小结 ▐▐▐

本章内容共分为两个部分,经济仲裁和经济审判。根据《中华人民共和国仲裁法》和《中华人民共和国民事诉讼法》的规定,阐述了经济仲裁制度和经济审判制度。其具体内容包括仲裁的概念和特点、仲裁法的基本原则、仲裁的基本制度、仲裁机构、仲裁协议、仲裁程序、法院对仲裁程序的监督、经济诉讼的概念及其基本原则、经济审判机构及其受案范围、经济纠纷案件的管辖、经济纠纷审判程序。通过学习使学生明晰诉讼制度与仲裁制度的主要区别。

**思考题:**

1. 仲裁的概念和特点。
2. 仲裁法的基本原则。
3. 我国经济仲裁的基本制度。
4. 简述仲裁的程序。
5. 人民法院经济审判庭的受案范围中包括哪几类案件?
6. 简述经济纠纷案件的管辖。
7. 简述诉讼制度与仲裁制度的主要区别。

## 典型案例及分析：

**[案情介绍]**

2012 年 7 月 20 日,发包方枣庄信达置业有限公司与承包方深圳市黑驹艺术设计有限公司签订《枣庄新城高铁站站前广场瀑布 GRC 塑石工程安装工程承包合同》(以下简称《承包合同》),该合同第十一条就争议解决方式约定为:"凡因本合同或与本合同有关的一切争议,由双方协商解决;协商不成的,发包方提交向枣庄仲裁委员会提请仲裁,承包方提交中国国际贸易仲裁委员会华南分会提请仲裁,对双方均有约束力"。2014 年 4 月 28 日,深圳市黑驹艺术设计有限公司以枣庄信达置业有限公司为被申请人向华南国际经济贸易仲裁委员会申请仲裁。枣庄信达置业有限公司于 2014 年 6 月 11 日向山东省枣庄市中级人民法院提起诉讼,请求确认《承包合同》中的仲裁条款无效,山东省枣庄市中级人民法院对该案做出了民事裁定。后深圳市黑驹艺术设计有限公司因管辖权异议不服山东省枣庄市中级人民法院(2014)枣立确字第2 号民事裁定,向山东省高级人民法院提起上诉称,双方当事人所签订的《承包合同》中的仲裁条款依法有效,双方选定的仲裁机构确定、具体,且仲裁协议已被华南国际经济贸易仲裁委员会确认有效,并予以受理。在承包方先申请仲裁的情况下,华南国际经济贸易仲裁委员就是仲裁协议约定的机构,如欲向人民法院申请确认仲裁协议效力,就应由华南国际经济贸易仲裁委员会所在地的深圳市中级人民法院管辖。请求撤销原审裁定,将该案移送深圳市中级人民法院管辖。

根据以上案情回答下列问题:

(一)《承包合同》中的仲裁条款是否有效? 请说明理由。

(二)深圳市黑驹艺术设计有限公司向华南国际经济贸易仲裁委员会申请仲裁且被该仲裁委员会受理的行为是否能被认定为双方选择了华南国际经济贸易仲裁委员会为唯一仲裁机构? 为什么?

(三)山东省枣庄市中级人民法院受理枣庄信达置业有限公司的诉讼请求是否正确? 为什么?

(四)山东省高院应当如何判决?

**[法律分析]**

1. 该仲裁条款有效。《承包合同》中争议解决方式约定为:"凡因本合同或与本合同有关的一切争议,由双方协商解决;协商不成的,发包方提交向枣庄仲裁委员会提请仲裁,承包方提交中国国际贸易仲裁委员会华南分会提请仲裁,对双方均有约束力"。该仲裁协议约定了两个明确的仲裁机构,符合《仲裁法》规定的对仲裁协议形式和内容的要求,因此该仲裁条款有效。

2. 不能。根据《最高人民法院关于适用〈中华人民共和国仲裁法〉若干问题的解释》第 5 条规定,仲裁协议上约定两个以上仲裁机构的,当事人应当通过协议选择其中一个仲裁机构申请仲裁,因此只有经双方协商一致才能确定最终的有权管辖的仲裁机构。且在深圳市黑驹艺术设计有限公司向华南国际经济贸易仲裁委员会申请仲裁后,枣庄信达置业有限公司向山东省枣庄市中级人民法院提请了仲裁协议效力确认之诉,根据《最高人民法院关于确认仲裁协议效力几个问题的批复》中的规定,一方当事人就合同纠纷或者其他财产权益纠纷申请仲裁,另一方当事人对仲裁协议的效力有异议,请求人民法院确认仲裁协议无效的,人民法院受理后应当通知仲裁机构中止仲裁。因此,华南国际经济贸易仲裁委员受理仲裁申请的行为不能认定其对该《承包合同》的纠纷具有唯一管辖权。

3. 正确。《最高人民法院关于适用〈中华人民共和国仲裁法〉若干问题的解释》第 12 条第一款规定:"当事人向人民法院申请确认仲裁协议效力的案件,由仲裁协议约定的仲裁机构所在地的中级人民法院管辖;仲裁协议约定的仲裁机构不明确的,由仲裁协议签订地或者被申请人住所地的中级人民法院管辖"。涉案仲裁协议约定:发包方提交向枣庄仲裁委员会提请仲裁,承包方提交中国国际贸易仲裁委员会华南分会仲裁。上述仲裁协议约定的两个仲裁机构具体明确,故两个仲裁机构所在地的中级人民法院均对申请确认该仲裁协议效力的案件享有管辖权。枣庄信达置业有限公司选择向仲裁协议约定的两个仲裁机构之一的枣庄仲裁委员会所在地的中级人民法院提起诉讼符合法律规定,山东省枣庄市中级人民法院有权受理。

4. 因山东省枣庄市中级人民法院对该案中涉及的《承包合同》的仲裁条款的效力确认之诉有管辖权,因此对深圳市黑驹艺术设计有限公司的上诉请求,山东省高级人民法院不应予以支持,应当驳回上诉,维持原裁定,且该裁定为终审裁定。

# 参考文献

1. 史际春，邓峰.《经济法总论》，法律出版社，2008。
2. 刘文华，潘静成.《新编经济法学》，高等教育出版社，2007。
3. ［日］金泽良雄.《经济法概论》，满达人译，中国法制出版社，2005。
4. ［英］哈耶克.《法律、立法与自由》，邓正来译，中国大百科全书出版社，2000。
5. 杨紫烜.《经济法》，北京大学出版社，2006。
6. 张守文.《经济法学》，北京大学出版社，2005。
7. 曲振涛，王福友.《经济法》，高等教育出版社，2016。
8. 王保树.《经济法原理》，社会科学文献出版社，2013。
9. 刘文华，肖乾刚.《经济法律通论》，高等教育出版社，2010。
10. 梁慧星.《中国经济法诸问题研究》，中国法制出版社，2012。
11. 石少侠.《经济法新论》，吉林人民出版社，2013。
12. 漆多俊.《经济法论丛》（第三卷），中国方正出版社，2015。
13. 张守文.《经济法学》（2006 年版），北京大学出版社，2006。
14. 江平.《法人制度论》，中国政法大学出版社，2012。
15. 徐学鹿.《商法总论》，民法院出版社，2007。
16. 崔延花译.《日本公司法典》，中国政法大学出版社，2006。
17. 陈鼎庄.《经济法教程》，厦门大学出版社，2016。
18. 李晓安.《经济法教程》，首都经贸出版社，2014。
19. 王守渝，弓孟谦.《经济法》，北京大学出版社，2015。
20. 顾功耘.《经济法教程》，上海人民出版社，2016。